MODERNISM
作家たちのモダニズム
14 Architects
建築・インテリアとその背景

編 黒田 智子 Tomoko KURODA　学芸出版社

はじめに

モダニズムを学ぶ目的

　現在と、そして近未来に求められる生活空間や環境の質とはどのようなものだろうか。それはいかにして実現できるのだろうか。一般の生活者にとっても、また環境全般のデザインに何らかのかたちで関わる建築家、インテリアデザイナー、都市計画家などの専門家にとっても、これは極めて基本的でしかも今日ますます切実な問いかけである。この問いに対する答えを得るための手がかりを求めることが、モダニズムを学ぶ目的である。本書におけるモダニズムとは、「近代」という時代に新たに出現した社会的・文化的価値観に根ざすデザイン一般の志向や特徴を指している。そして、19世紀末から、1950年代までの欧米の建築を中心に、住宅、インテリア、家具を対象として扱っている。

　我々が好むと好まざるとにかかわらず、モダニズムは現代デザインの基盤になっており、その歴史的背景としての近代は現代と近世以前を明確に分けている。したがって、現代デザインの手がかりを求める際に、その基盤となるモダニズムの有効性と限界や、その背景との関わりを検討することを避けて通ることはできない。

本書の読み方：自分に引き寄せて考えてみること

1　自分ならどう生きるか

　モダニズムを学び、その成果を活用するためには、我々日本人は二重の努力をしなければならない。まさにモダニズムが誕生し展開した欧米の社会状況についての理解と、モダニズムを取り込んで自らのものとしてきた近代の日本についての理解である。この努力は、デザインそのものへの創造的意欲と共に、体系的把握と分析的思考のために膨大なエネルギーを要求する。

　本書では、序章においてモダニズムの背景とその変遷を概観し、各章においてモダニズムを作品に表現した欧米の作家を取り上げ、その時代背景、生涯、理念・方法、作品について解説している。これらを自分に引き寄せて等身大でモダニズムを考えることを通じて「生きたモダニズム」を理解することが本書の目的である。そのような理解は、さらに「世界の国・地域のモダニズム」を考える出発点ともなろう。作家を通じて、自らの歴史への眼差しを発見していただければと思う。なお、本書では、読者の多様な興味に応えるため、建築から家具までを作品として実現した作家を重点的に紹介している[*1]。

　1 時代背景：まず、各作家が活動を始める前後の、建築をめぐる社会的・文化的状況について解説している。デザインは芸術と同時に社会と深く関わっており、歴史上重要な建築デザインの流れも、社会の変化や新しい問題の出現と共に起こった。本書では、このようなデザインの流れに何らかのかたちで関わった作家を取り上げている。作家たちの活動と主な建築デザインの流れをまとめた4-7頁の相関図も参考にしながら、現在の社会状況と引き比べてもらいたい。

　2 生涯：次に作家としての生涯を紹介している。原風景となる生

＊1　本書に取り上げた作家以外にも多くの優れた建築家がいる。例えば、ヴァルター・グロピウス（Walter Gropius、1883-1969）は、モダニズムの到達点の一つといわれるバウハウスで初代校長を務め、立場の違う多くの芸術家、デザイナーたちの個性的な活動をまとめていく組織力に長けていた（第13章参照）。また、アドルフ・ロース（Adolf Loos、1870-1933）は、『装飾と罪悪』を著し、次代を先取りする建築表現を探究したことで知られる。

い立ち、建築の学習と修業の方法、作家としての設計活動のやり方と社会的立場などについてである。興味を引かれた作家については、生きた時代、社会、生い立ちと、自分自身の状況を引き比べ、自らの作家としての生き方を探ってもらいたい。

2 自分ならどう考え、どうつくるか

3 理念・方法：次に、作家たちが設計活動を行うにあたって拠り所とした理念と方法について解説する。一般に、デザインを仕事とするなら、独創的な何ものかを生み出す特別な才能がなければならないと考えがちである。確かに才能は重要だが、それより目に見えないコンセプトを「かたち」にするプロセスに苦しみを上回る歓びを感じるかどうかである。このプロセスが独創的と認められる作品を生むのは、神話のように「無」から「有」を生み出す才能によってではなく、独創的な理念と共に発想され、独創的な方法によって完成度が高められた時である。

本書で紹介する14人の作家たちも際立った理念と方法を用いた。しかし彼らは、それらをもまた「無」からつくり出したわけではない。各々が生きた時代の社会的現実に対して、作家として過去の歴史や同時代のデザイン運動の中から理念や方法を自らが選びとり、自分なりに展開したのである。それは、少なくとも表面的な形態の模倣とは全く異なる行為であり、作家の独創性と深く関わるので各作家ごとに比較してもらいたい。また、自分なら、同じ時代に生きてどのような理念や方法を用いるか、同じ着想でどのような理念や方法に向かうか、などについても考えてもらいたい。

4 作品：次に、作家たちの理念と方法が実際の設計活動にどのように反映されているか、建築から家具にわたる作品から読み解く。作家の理念や方法を理解した上で、自分ならどのような理念・方法を用い、どのような作品をつくるかを考え、その結果と作家の作品を比較してもらいたいのはもちろんである。本書では、大半の章でまず代表作品を紹介し、さらにその他の重要な作品を紹介している。

しかし、作家にとっての理念や方法は、数学や物理学の公式のような固定的なものではない。何をいかにしてつくるかという問いに対して、作家の理性と感性を最も自由に解放するための道具なのである。作家とは、本来考えながらつくり、つくりながら考える存在であり、その過程の中で理念・方法という道具はますます発展し使いこなされる場合もあれば、社会的有効性や個人的興味の変化ゆえに放棄される場合もある。したがって、自分自身に適した道具を探すためにモダニズムを学ぼうと思うなら、興味のおもむくままに作品全般の紹介を読んでもらいたい。そして想像の中で、作品の前に立ち、作品の中を歩き、家具に触れてもらいたい。そこから、どのような時代の要請で、またどのような考え方によって、それらがつくられたのかを考え、本書に紹介された内容と比較してもらいたい。

以上のいずれかを実行した読者は、本書の内容だけでは満足できないはずである。章末の参考図書の一読と同時に、実際の空間体験を是非お薦めする。

黒田智子

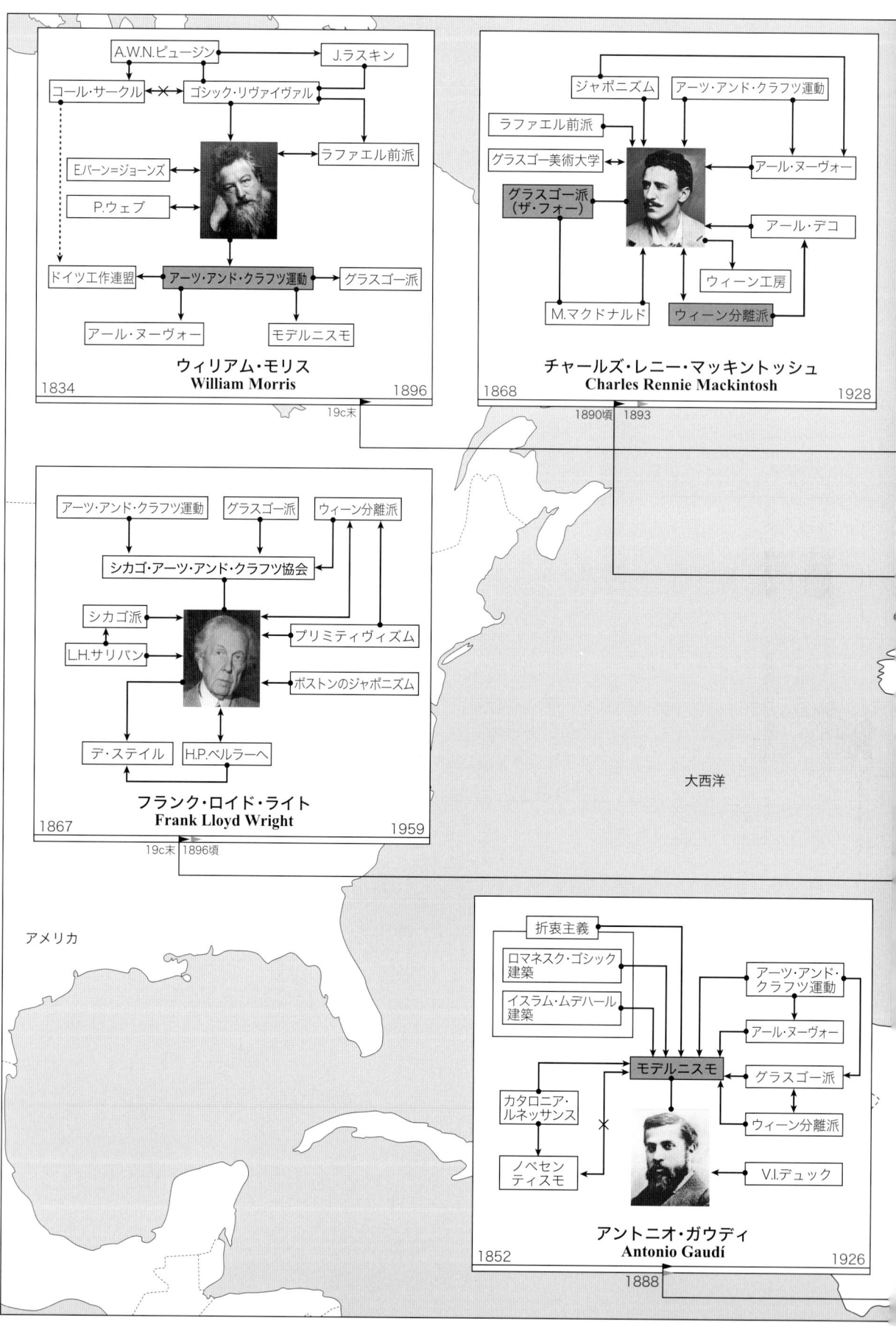

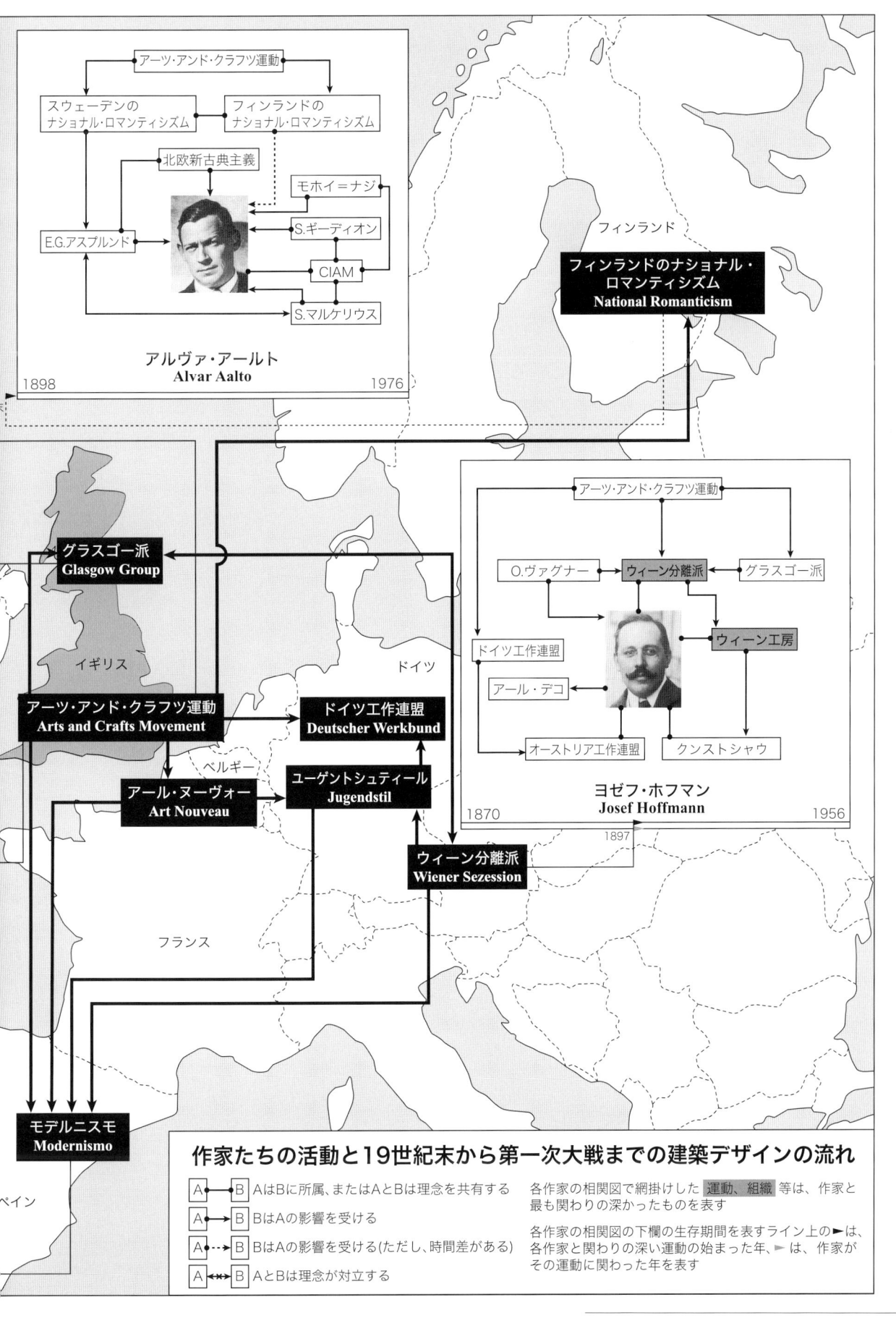

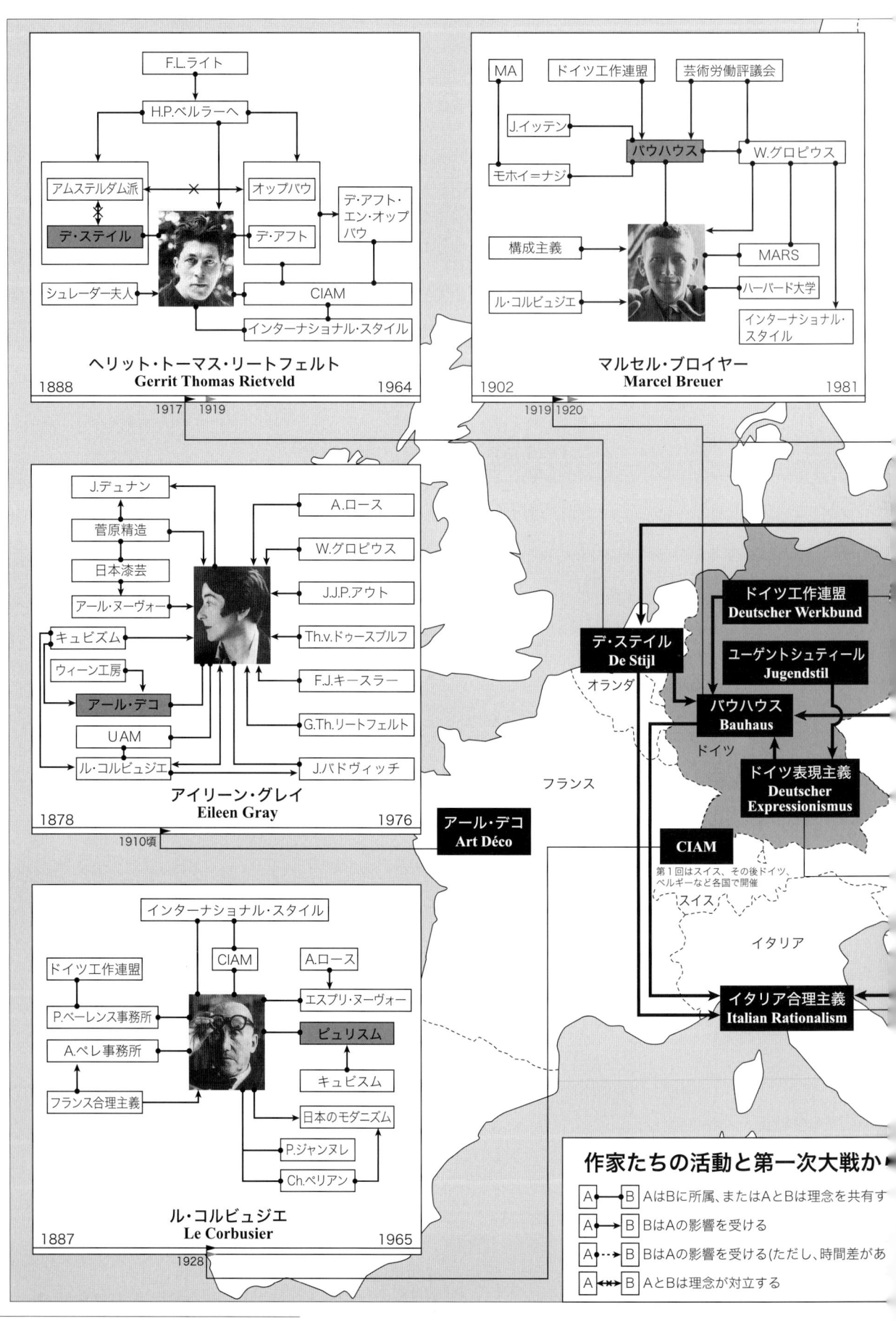

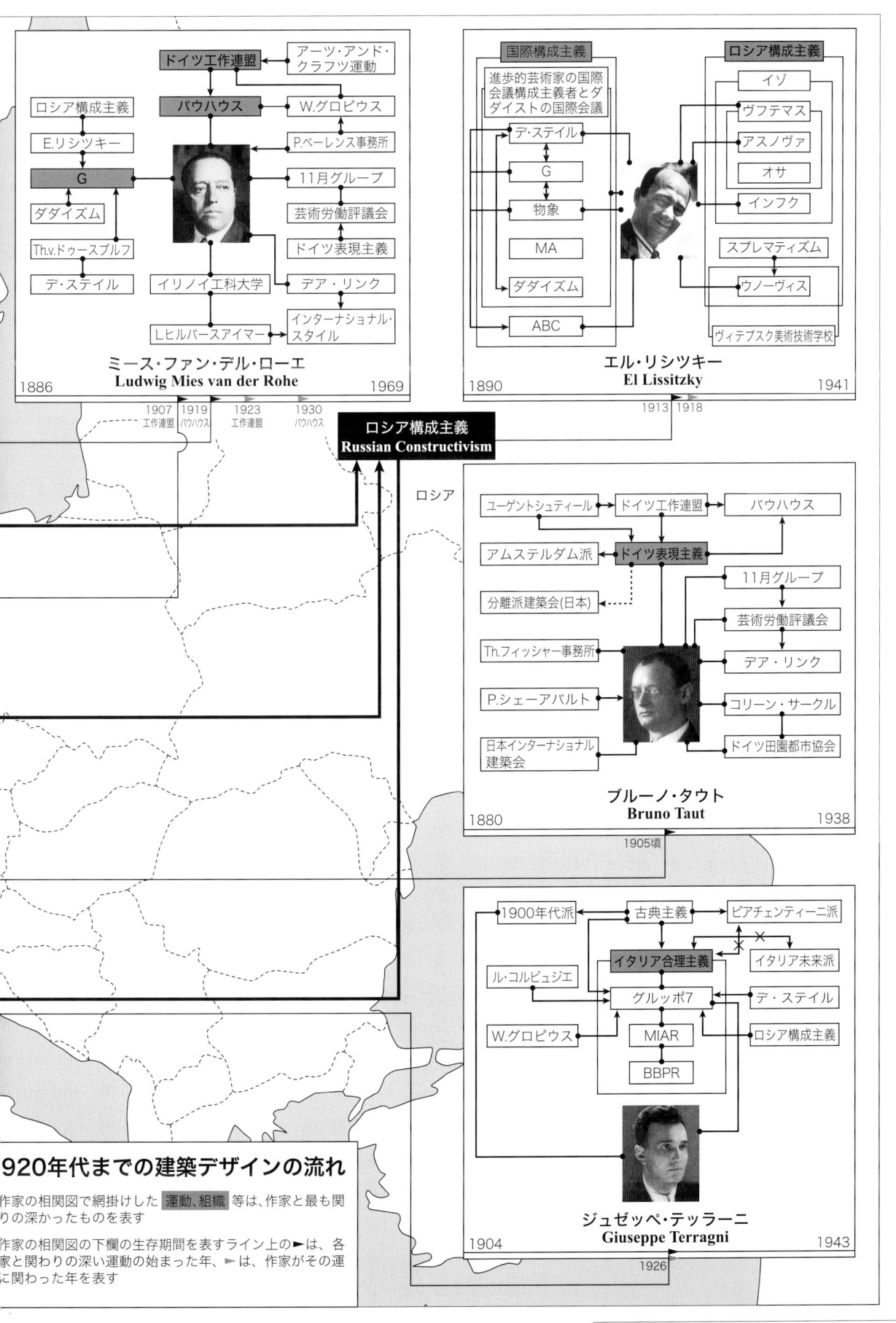

	1850	1860	1870	1880	1890	1900

ウィリアム・モリス 1834-96
- 1852 学生(神学)
- 1856 修業(建築・画家)
- 1861 独立(デザイナー)

アーツ・アンド・クラフツ運動 19c末〜

フランク・ロイド・ライト 1867-1959
- 1885 学生
- 1888 修業
- 1893 独立

アール・ヌーヴォー、モデルニスモ、グラスゴー

アントニオ・ガウディ 1852-1926
- 1873 学生
- 1878 修業
- 1883 独立

チャールズ・レニー・マッキントッシュ 1868-1928
- 1884 学生・修業
- 1889 修業
- 1896 独立

ウィーン分離派

ヨゼフ・ホフマン 1870-1956
- 1892 学生
- 1895 修業
- 1898 独立

ブルーノ・タウト 1880-1938
- 1897 学生・修業
- 1901 修業

ミース・ファン・デル・ローエ 1886-1969
- 1899 学生
- 1901

アイリーン・グレイ 1878-1976
- 1901 学

エル・リシツキー 1890-1941

ヘリット・トーマス・リートフェルト 1888-1964
- 1900

マルセル・ブロイヤー 1902-81

ジュゼッペ・テッラーニ 1904-4

ル・コルビュジエ 1887-1965
- 1900

アルヴァ・アールト 1898-1976

江戸				明治	

- ○ クリスタル・パレス、ロンドン万国博覧会、J・パクストン、*1851*
- ● イタリア王国成立 *1861*
- ● アメリカ、南北戦争 *1861*
- ● 明治維新 *1869*
- ● ドイツ帝国成立 *1871*
- ○ 第一回印象派展 *1874*
- ○ W・モリス、古建築物保護協会 *1877*
- ○ シカゴ派の出現 *1880*
- ○ エッフェル塔 *1889* パリ万国博覧会、G・エッフェル、エ
- ○ E・ハワード、田園都市構想 *1898*

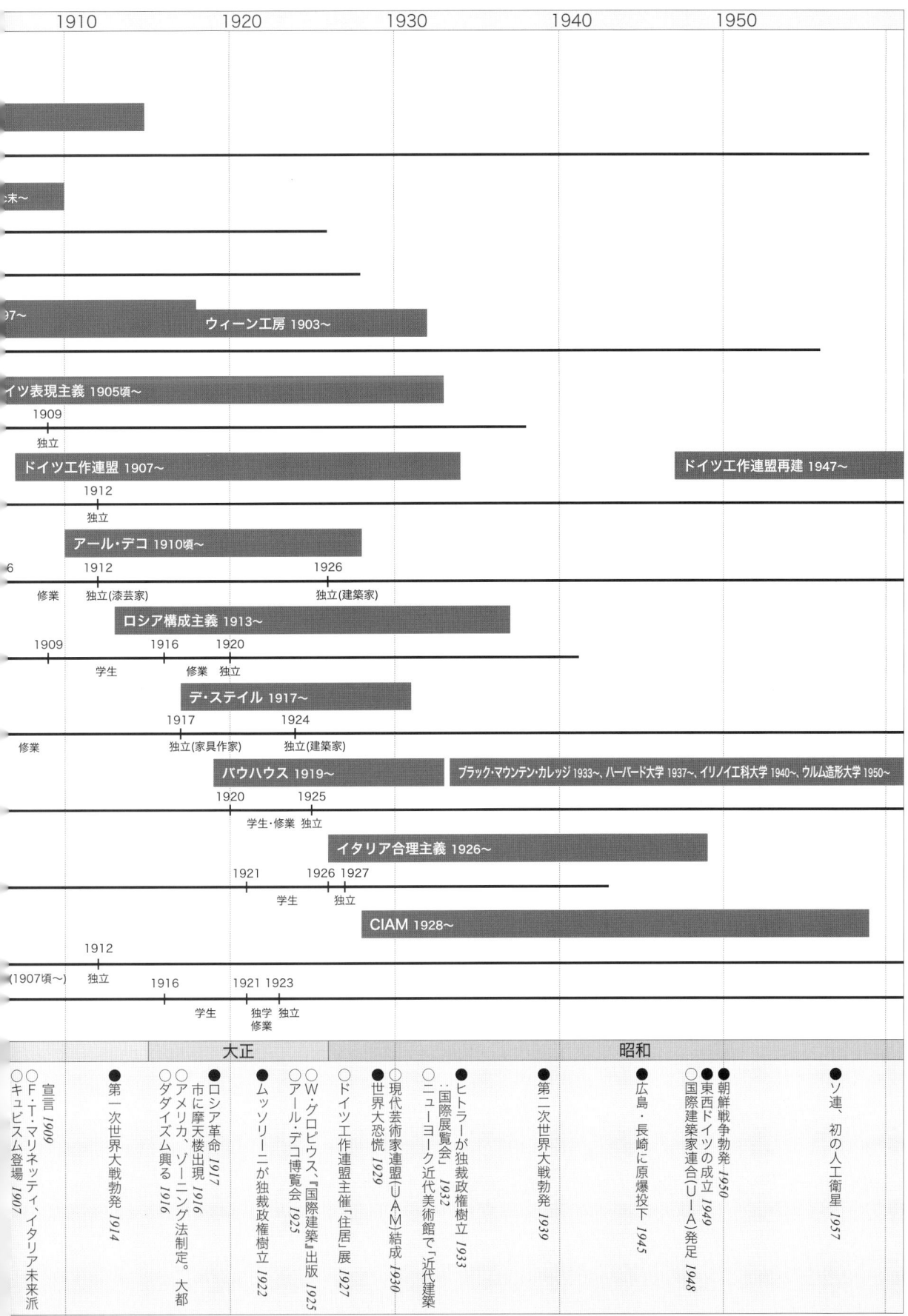

作家たちのモダニズム　目次

はじめに　2
相関図　4
年表　8

序章　11
〈黒田智子〉

二つの革命と社会構造の変化
産業革命がもたらしたもの
建築デザインの流れと作家たちの活動
世紀転換期にイギリスから始まる建築デザインの流れ
戦間期のドイツをめぐる建築デザインの流れ
国際性への流れの高まり

1　ウィリアム・モリス　17
〈小林正子〉

19 世紀英国とアーツ・アンド・クラフツ運動の兆し
ウィリアム・モリスの生涯
ものづくりの原点
理想社会の実現に向けて

2　アントニオ・ガウディ　25
〈黒田智子〉

バルセロナの発展とモデルニスモ
アントニオ・ガウディの生涯
合理性と装飾性の統一と自然の幾何学
サグラダ・ファミリア贖罪聖堂
有機的空間への実践

3　フランク・ロイド・ライト　33
〈黒田智子〉

世紀転換期のアメリカの都市と郊外
フランク・ロイド・ライトの生涯
異文化の幾何学から独自の有機的建築へ
落水荘：カントリー・ハウスの到達点
独創性と普遍性の併存する建築
生活を包み流動する内部空間

4　チャールズ・レニー・マッキントッシュ　41
〈木村博昭〉

世紀末のグラスゴー
チャールズ・レニー・マッキントッシュの生涯
作風の変遷とその背景
モダニズムの先駆的建築
建築と一体化したインテリアと家具

5　ヨゼフ・ホフマン　49
〈谷本尚子〉

ウィーン分離派とその時代
ヨゼフ・ホフマンの生涯
ウィーンの新様式を目指して
重力と軸対称からの解放
変化し続ける表現形式
目を楽しませるインテリア・デザイン

6　アイリーン・グレイ　57
〈川上比奈子〉

フランスの女性デザイナーと東西の装飾芸術
アイリーン・グレイの生涯
屏風・家具・建築に通底するデザイン手法
人の動きに連動する家 E.1027
可動の家具・インテリア・住宅から公共建築へ

7　ブルーノ・タウト　65
〈本田昌昭〉

ドイツ表現主義とその時代
ブルーノ・タウトの生涯
ユートピアを求めて
グラスハウス
様式を超えて

8　ミース・ファン・デル・ローエ　73
〈田所辰之助〉

ドイツにおけるテクノロジーの受容
ミース・ファン・デル・ローエの生涯
建築からバウクンストへ
素材と空間の共鳴

9　ル・コルビュジエ　81
〈廻はるよ〉

世紀転換期のフランス
ル・コルビュジエの生涯
建築の秩序と感動を目指して
ラ・ロッシュ＝ジャンヌレ邸とサヴォア邸
身体から都市まですべての連関へ

10　ヘリット・トーマス・リートフェルト　89
〈奥　佳弥〉

デ・ステイルとその周辺
ヘリット・トーマス・リートフェルトの生涯
家具から建築へ
デ・ステイル以後のリートフェルト

11　エル・リシツキー　97
〈矢代眞己〉

ロシア革命と構成主義
エル・リシツキーの生涯
生成変化する環境へのまなざし
エル・リシツキーの作品

12　アルヴァ・アールト　105
〈川島洋一〉

フィンランドの成立とナショナル・ロマンティシズム
アルヴァ・アールトの生涯
モダニズム精神の理解と自由な表現
人間をテーマに据えて：パイミオのサナトリウム
素材の表情と絶妙なスケール感を生かした建築
建築的実践としてのインテリアと家具

13　マルセル・ブロイヤー　113
〈梅宮弘光〉

バウハウスの開校とその前夜
マルセル・ブロイヤーの生涯
機能分析と規格化
アームチェア「ヴァシリー」：機能と美の統合
住宅：モダン・スタイルの継承と展開

14　ジュゼッペ・テッラーニ　121
〈南　智子〉

未来派とイタリア合理主義
ジュゼッペ・テッラーニの生涯
イタリアの伝統とモダニズムの融合
透明性の実験：カサ・デル・ファッショ
形態の持つ機能の探求

図版出典　129
索引　132

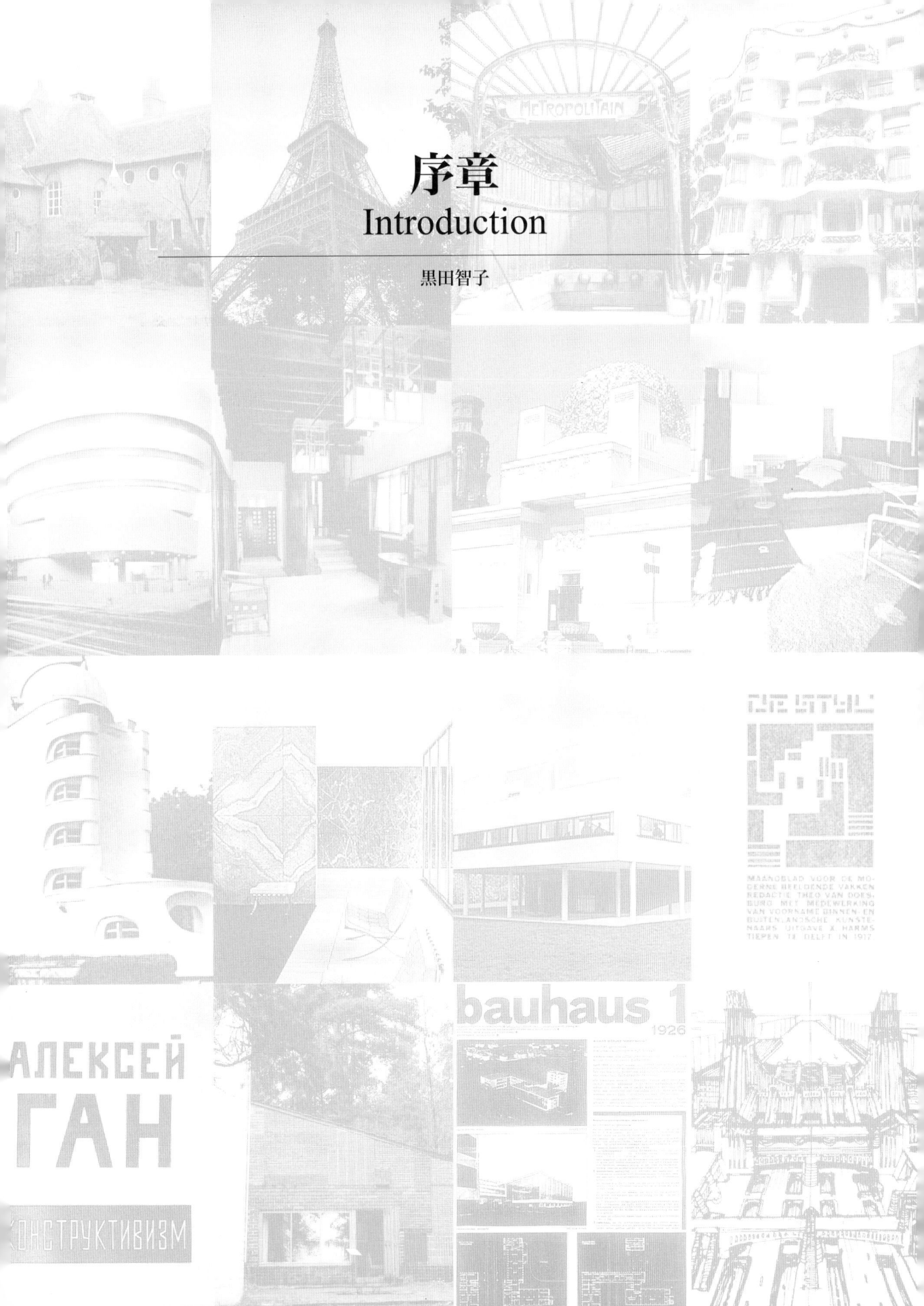

序章
Introduction

黒田智子

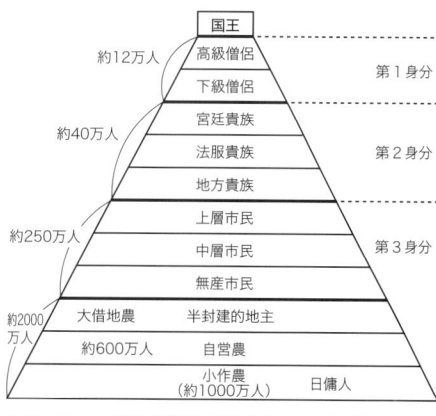

図1　フランス革命以前の旧制度(アンシャン・レジーム)[1)]
——第3身分の市民には多様な階層が含まれていた

*1　**啓蒙主義**：迷信や偏見を取り去って人間の理性に信頼を置く思想に基づいており、17世紀末から18世紀後半にかけて、自然科学・文学・思想・哲学の分野で共有された。オランダ、イギリスに起こり、フランス、ドイツに及んだ。啓蒙主義によって、貧富の差や支配・非支配の関係を固定させる封建的・絶対主義的身分制度は科学的根拠のないものであることが実証された。啓蒙主義は、貴族のサロンや街中のカフェを通じて様々な階層に浸透していった。

図2　イースト・ロンドンの1室(1900頃、ロンドン)[2)]
——大家族が1室のみで暮らしていた

1　二つの革命と社会構造の変化

　万人の自由と平等という考えは啓蒙主義*1に由来しており、この精神を掲げたフランスの市民革命(1789)では、史上初めて市民が絶対王政を倒し政権を奪取した。同時期、イギリスでは産業革命が起こり、工場での機械による大量生産が開始された。その結果、資本家は特権を有する貴族と対立し、一方で資本家と労働者の貧富の差が明確化した。平等を求める人々は社会主義へと向かい、20世紀初頭に起こったロシア革命(1917)は、その帰結の一つであった。

　革命後の混乱を武力で解決したフランスは次に周辺諸国との戦争を開始し、その支配は西はスペイン、東はポーランドに及んだ。その結果、占領下に置かれた地域の人々は、個人の自由と平等だけでなく、民族・国家の独立を求めるに至り、同じ民族は一つの国家をつくるべきだという気運が高まった。

　一方、国益という観点から、ヨーロッパ大陸の諸国は、海を挟んだイギリスから産業革命を順次導入せざるをえなくなった。つまり、大陸諸国の産業革命は、イギリスのように市民の自発的行動による産業革命ではなく、国家主導のもとに市民が行う革命であった。このことは、大陸諸国において経済発展の一方で、封建性が残存し、市民の自由な経済活動と平等な政治への参加に国家が干渉する要因となった。そして、人々が求める国家像と大きく隔たる状況を様々な地域や階層にもたらした。19世紀半ばに国家の統一(1871)と産業革命の一応の達成をとげたドイツにこの傾向は顕著であった。

2　産業革命がもたらしたもの

2.1　人口増加による都市問題の発生

　19世紀には死亡率の低下と農業生産量の増加により各国の人口は急速に増加した。人々は工場に職を求めて農村から都市に流入し、都市人口が爆発的に増加した。その結果、ヨーロッパとアメリカの主要都市は産業革命を成功させた国から順に、19世紀を通じて史上類を見ないスピードとスケールでの都市改造を迫られた。市街地の拡大、公共建築の建設、住宅不足の解消は緊急の課題となり、中世以来の旧市街地が拡張された。主要街路は、新しい都市の顔として必要な造形美を備えること以外に、伝染病の発生を根絶して衛生状態を改善し、物資の運搬・市民の移動などの交通問題を解消することが目的とされた。しかし、市街地の拡張は現実の必要量を大きく下回るもので、大通りに沿った住宅地は主に富裕な人々のために計画され、住宅不足は部分的にしか解決されなかった(図2)。しかも市街地の拡張は同時に貧民街を除去することになり、その結果、都市周辺に新たな貧民街を生むことになった。

2.2　大量生産と生活環境の変化

　機械による大量生産は一般市民に粗悪な日用品を供給し、中世以来の伝統的手工業の市場を圧迫した。手を使って時間をかけて良いものをつくる誇りとそれを大切に長く使うという慣習が失われるこ

とによる倫理的な危惧、工芸品自体がもつ美しさが共有されなくなることに対する美的感性の低下が憂慮された。また、手工業製品の需要が減り、工芸に携わる多くの人々の生計が困難になった。

工場における機械生産によって、鉄とガラスは均質な建材として大量に入手可能になり、性能と規格化の検討が進んだ。強度が高く軽量な鉄骨造は巨大構造物に向いており、ヨーロッパでは18世紀後半から工業都市の必要施設として橋や工場の建設に用いられるようになった。そして19世紀になると、鉄骨造はガラスと共に植物園の温室、万国博覧会の展示会場、百貨店など一般市民の都市生活に楽しみをもたらす場所を驚くほど短い工期で提供した（図3、4）。古代から中世にかけてヨーロッパの人々が長い間見慣れてきた組積造は、構造上不可避的に内部と外部を分ける厚い壁と暗く閉鎖的な内部空間を伴うものであった。それに対して、鉄骨とガラス面を組み合わせた明るく軽やかな大空間は人々に新鮮な驚きを与えた。

図3 クリスタルパレス／水晶宮、内部（J. パクストン、1851、ロンドン）[3] ── 鉄とガラスの明るい大空間。温室で知られ、設計は工学技術者でもあった造園家による。錬鉄製鉄骨造

3 建築デザインの流れと作家たちの活動

3.1 建築家の役割の変化

市民革命と産業革命を契機として始まった近代は、建築の社会性や芸術性にも大きな変更を迫り、建築家は様々な課題に直面した。

第一に、何よりもまず一市民として、社会における自らの位置を問うとともに、建築は誰のためにあるのか、それはどのような芸術的表現をとるべきなのかという極めて本質的な問いを自らに課さねばならなかった。市民革命以前の建築家は、造園家・室内装飾家と共に王・貴族を頂点する政治権力を芸術的空間として表現することが主な役割であった（図5）。しかし革命後は、新たな主人公として登場した多様な階層を含む市民にふさわしい表現手法が求められた。革命以前は主に貴族の城館を設計していた建築家は、革命後、市民のために国会議事堂、美術館、博物館、劇場、コンサートホール、学校、駅など多様な公共建築を手がけることになった。さらに産業革命と資本主義の発達によって、工場、事務所、銀行などがこれらに加わる。したがって視覚表現だけでなく、個別の用途にふさわしい機能的な平面計画と空間構成が建築家に求められるようになった。

図4 エッフェル塔（G. エッフェル、1889、パリ）── 景観を破壊する醜悪な建造物といわれ建設反対運動まで起こったが、竣工後はパリ市民に愛された。設計は工学技術者による。鋼鉄製鉄骨造

第二に、建築家は望ましい都市像、望ましい生活像を自らのデザインの理念と方法の基盤に据える必要に迫られた。産業革命がもたらした都市問題は、建築家にそれまで経験したことのないスケールで、コミュニティや、労働を含む生活の質と環境の関係を新たに構想し、そこに自らの建築像を位置づけていくことを要求したのだった。

第三に、建築家は工業製品としての鉄とガラスによる鉄骨造、鉄筋コンクリート造にふさわしい新しい建築の表現方法を提示しなければならなかった。産業革命以前の建築家にとっては、大理石やレンガによる組積造の建造物を芸術にまで高めることが自らの存在の証であった。ところが、鉄骨造・鉄筋コンクリート造は、柱・梁構造を基本とする点で壁構造の組積造と全く異なるものであり、建築家は根本的な美的・芸術的表現の見直しを迫られたのである。

図5 ヴェルサイユ宮殿、礼拝堂（A. アンサール&R. ド・コット、1710、ヴェルサイユ）

*2　作家たちの活動と建築デザインの流れを示す相関図について：4～7頁に、19世紀末から第一次大戦までと第一次大戦から1920年代までの各国の建築デザインの運動、傾向、公的団体などを地図上に配置し、デザインの理念・方法の流れを示している。また、本書でとりあげた建築家たちが作家としてどの運動、団体などに関わったかを示している。

ウィリアム・モリス（4頁）の理念・方法は、アーツ・アンド・クラフツ運動のもととなったが、運動そのものに関わったわけではないのでいつから関わったかは示していない。アルヴァ・アールト（5頁）については、彼の誕生前にフィンランドのナショナル・ロマンティシズムが起こり、彼自身への影響は同時代的なものではなかったのでいつから関わったかを明記していない。アイリーン・グレイ（6頁）はアール・デコの作家とみなされるが、いつからこの傾向を示したかは断定できないので明記していない。同様にブルーノ・タウト（7頁）は、ドイツ表現主義に関わった作家であるが、いつからこの傾向に関わったか断定できないので明記していない。

また、枠内の各作家の相関図には彼らが生涯の建築デザイン活動においてどの運動・団体・他の作家などと関わったかを示している。各作家の相関図では、作家独自の理念・方法の探求と並行した活動として、運動・団体・他作家との関わりを記しているので、運動や組織の相関関係が各作家ごとの相関図の間で必ずしも一致していない。各章を読む時の理解の助けとして活用してもらいたい。

*3　**歴史主義**：過去の様式や装飾から、用途・目的や好みに応じて形態要素を選び借用すること。19世紀に盛んとなった。古典主義を最上位におく従来の姿勢に対して、各様式に優劣をつけず同列に扱うことを重視した。民族・国家主義と結びついたロマネスクやゴシックの再考と復興、複数の様式を組み合わせる折衷主義が実践された。

図6　イギリス国会議事堂（Ch. バリー＆A.W.N. ピュージン、1860頃、ロンドン）——イギリスでは、19世紀中頃にゴシック様式の復興が行われた。中世を理想の社会モデルとする考えを背景としており、アーツ・アンド・クラフツ運動に影響を与えた

図7　オルタ自邸兼アトリエ（V. オルタ、1901、ブリュッセル）[4]

3.2　作家たちの共同によって生まれるデザインの流れ

　二つの革命を契機に建築家の前に次々にもたらされた問題は、従来の方法のみで、また個人でその解を模索するには余りに膨大だった。一方、社会構造の変化は、社会・経済学者、社会運動家、都市計画家、工学技術者、工業デザイナーといった新しい専門分野を順次出現させていった。建築家は、このような新しい分野の専門家たちと連携をとるようになった。

　また建築家は、思想・理念を共有するもの同士で共同し、活動することを通じて造形の世界を拡げ社会での実践方法を模索した。この場合、建築家だけでなく、画家、詩人など芸術家との共同があり、また建築家自身が画家であったり、歴史家、政治家、教育者である場合も多かった。このような活動は、自発的な個人が集まって形成する運動、公的な機関や主導する団体、歴史上特徴的な傾向として後に分類されるもの等、様々である。いずれにしても、これらの活動は雑誌、展覧会、講演会によってかなりの速さで社会に発信され、国境を越えて伝達された。また、建築家自身が国境を越えて活動の場所を得たり、自らの着想を欧米以外の文化に求めたりすることは珍しくなかった。ただし、建築家は、作家としては常に独立した存在である。彼ら個人の作家活動は建築デザインの大きな流れの中に積極的に関わり、影響を受けつつ、独自に展開したのである[*2]。

4　世紀転換期にイギリスから始まる建築デザインの流れ

4.1　イギリスとドイツをつなぐ工芸と曲線

　19世紀末から20世紀初頭にかけての建築デザインの流れは、イギリスからヨーロッパ各国への波及という、産業革命と同じ道筋を辿った。19世紀末にイギリスで起こったアーツ・アンド・クラフツ運動は、氾濫していた大量生産による粗悪な家具・テキスタイル等の日用品に対する批判を動機とし、芸術と工芸が一つであった中世の手仕事に理想を求め、芸術性が高く使いやすい製品で人々の生活空間を満たすことを目指した。劣悪化した都市から離れた郊外に、この理念に基づいた住宅が建設され、人間環境の形成者としての建築家という考えが生まれた。しかし、手仕事による製品は機械生産品より高価で、現実には余裕のある市民の手にしか届かないという限界があり、機械という存在の再考が試みられた。実践的にこの限界を越える試みがなされたのは、芸術、工芸、工業、商業等の共同を掲げて1907年に設立されたドイツ工作連盟においてである。また、アーツ・アンド・クラフツ運動は過去の様式を表面的に模倣することへの否定を伴うもので（図6）、この理念は運動が波及する過程で、各国の実情に応じ歴史主義[*3]に対する多様な姿勢として展開された。

　アーツ・アンド・クラフツ運動における家具・テキスタイル・グラフィックデザインの特徴として、それ以前には決して見られなかった流れるような曲線がある。この優美な曲線は産業革命を導入した順にベルギーからフランスへの経路を辿って市民に受け入れられ、植物をモチーフとして爆発的な流行となった。これをアール・ヌー

ヴォーと総称している。ブリュッセルでは、1890年代にアーツ・アンド・クラフツ運動の作品を紹介する展覧会が開かれ、その理念・方法に基づいた作品が建てられた（図7）。1900年のパリ万国博覧会では、アール・ヌーヴォーの家具やインテリアが展示され、パリ市内の100を越える地下鉄の駅の入口が改装された（図8）。工芸を尊重し、自然をモチーフとする曲線で空間をトータルにデザインする傾向は、同時期のドイツにも見られ、これをユーゲントシュティールと呼ぶ。ドイツでは、歴史主義を離れてより深くゲルマン民族の伝統を表現するという理念に根ざすものだった。

図8 地下鉄の入口の手すりの装飾（E. ギマール、1900、パリ）

4.2 グラスゴー、ウィーン、シカゴをつなぐ幾何学的表現

アーツ・アンド・クラフツ運動の理念は、イギリス北部の工業都市グラスゴーにも根付いた。しかし、グラスゴー派による、水平・垂直を基調としたトータルデザインによる空間（図9）は、アーツ・アンド・クラフツ運動全盛のイギリスでは認められなかった。一方、直線的・幾何学的デザインを特徴とするウィーン分離派（図10）からは、1900年の展覧会に招待されるなど強い支持を受け、相互に交流した。グラスゴー派のデザインは線と面を効果的に用いた軽さ、浮遊性を特徴とし、日本の住宅空間や工芸品からインスピレーションを得ていた。

図9 ヒル・ハウス（Ch.R. マッキントッシュ、1904、グラスゴー近郊）5)

ウィーン分離派は、過去の様式からの決別を宣言して独自の形態表現を模索していた。彼らは、絵画・文学・音楽を融合した芸術として建築を構想しようとしていた。また、表現形態の規範を求めて過去の様式と共にヨーロッパ以外の建築様式の解釈をも試みた。アーツ・アンド・クラフツ運動をはじめ、グラスゴー派、ウィーン分離派の理念と方法はアメリカの諸都市、特にシカゴで注目された。

4.3 スペインと北欧におけるナショナリズムとの邂逅

アーツ・アンド・クラフツ運動はヨーロッパのさらに遠くの国々にも影響を与えた。例えばスペインとフィンランドは、建築の伝統、産業革命開始と達成の時期など基本的な違いはあったが、共通していたのはナショナリズムの高揚であった。それは、国や地域の伝統的な建築様式の再評価の成果を表現に援用するという姿勢をもたらす。スペインではカタロニア・ルネッサンス、フィンランドではナショナル・ロマンティシズムがアーツ・アンド・クラフツ運動の理念を吸収した。特にスペインではこれを基盤にして1888年のバルセロナ万国博覧会を機にモデルニスモが誕生し、アール・ヌーヴォー、ユーゲントシュティール、ウィーン分離派など同時代の傾向をも参照しながら多様に展開された（図11）。

図10 分離派館（J.M. オルブリッヒ、1898、ウィーン）6)

図11 モデルニスモの建築が並ぶ街並み（L. ドメーネック、A. ガウディなど、1900-06、バルセロナ）7)

5 戦間期のドイツをめぐる建築デザインの流れ

5.1 ドイツにおける内面性の表現と工業化

第一次大戦前のドイツで、人間の内面そのものの表現方法を模索しようとする運動が起こり、ドイツ表現主義と呼ぶ。前述のユーゲントシュティールの理念を受け継ぎながら、方法においては人間の外にある自然の本質を表現する立場からの転換という明確な相違が

図12　大聖堂(L. ファイニンガー、1919)⁸⁾ —— バウハウス綱領の表紙に用いられた。ゴシック教会の上の三つの星は建築家、画家、彫刻家を象徴し、共同して世界を創造することを意味する

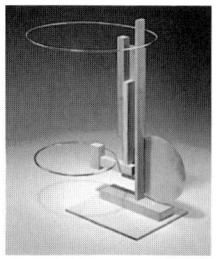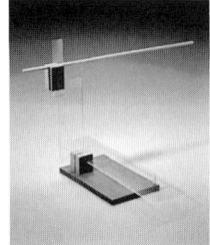

図13　バウハウスの造形教育による作品(モホイ＝ナジ指導の学生、1924頃、デッサウ)⁹⁾

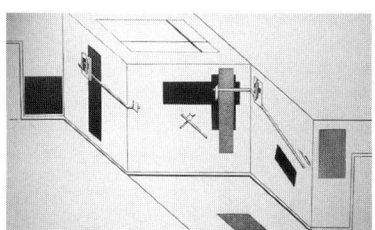

図14　プロウンルーム計画(E. リシツキー、1923)¹⁰⁾

図15　ノイビュール(ABC、1932、チューリッヒ) —— 中流層のための共同住宅。敷地、住戸、インテリア共によく計画され、現在も住まわれている。1925年に提案された計画に基づいている

あった。戦争で親しい人を失い活動の機会も奪われた建築家は、理想世界の構想を通じて自身の内面性とその表現方法を深く模索し、戦後に実現したより民主的な社会において、各自の成果を還元しようとした。彼らの活動は同時代の気運の中で1919年に設立されたバウハウスの理念とその表現にも見ることができる(図12)。

また、前述のドイツ工作連盟の初期の理念に基づく活動は、芸術、工芸、工業に携わる人々のもはや調整しようのない対立を引き起こし、芸術と工業の共同へと重心を移す結果になった。この方向性はバウハウスに受け継がれ、アーツ・アンド・クラフツ運動に始まる生活と芸術の調和の理念は、芸術と工業の共同によって実践が試みられることになった。これは、モダニズムにおける建築家の様々な課題に対する答えの一つの到達点でもある。同時にバウハウスは教育機関としても、様々な造形分野での到達点を示している(図13)。

5.2　国境を越えた前衛建築運動の交流

第一次大戦下のヨーロッパ各地で、社会と芸術の融合を理想とし、一切の既存の価値観や芸術を否定し、いかなる対象からのモチーフにも頼らず、新しい芸術を総合的につくり出そうとする運動が起こった。ロシア構成主義、オランダのデ・ステイルなどが代表的なもので、幾何学の基本形態と限られた色彩を構成要素とし、平面と空間を組み立てる方法が探究された(図14)。1920年代には、ドイツ、スイス、ハンガリー等で同種の運動が活発化し、国境を越えた交流が盛んになった。これらは国際構成主義と総称され、相互交流とともに抽象的理論から実際の建築への具体化が目指された(図15)。構成主義は、ドイツにおいてバウハウスの運営方針に根本的な影響を与えた。また、ファシズムが台頭するイタリアにおいては、独自の古典主義の探究を基盤としたイタリア合理主義に影響を与えた。

6　国際性への流れの高まり

ヨーロッパでは、1928年にCIAM(近代建築国際会議)が設立され、国籍や文化に関係なく建築家が一同に会し、将来の都市・建築・生活像が話し合われた。開催場所も一つの場所に定めず国際性を志向していた。一方、1929年の世界恐慌とナチス・ドイツの台頭によってバウハウスの主要メンバーはアメリカへの亡命を余儀なくされた。彼らは、ブラック・マウンテン・カレッジ、ハーバード大学、後のイリノイ工科大学の前身となるニュー・バウハウスおよびアーモア工科大学等で教鞭をとり、彼らのもとには世界各国から人々が集まり学んだ。さらにアメリカで、1932年に、その前の10年間のヨーロッパにおける建築の傾向を「インターナショナル・スタイル」*4と名付けた論評がなされた。同年に始まった「近代建築：国際展覧会」はアメリカ各都市を巡回して啓蒙的役割を果たした。「インターナショナル・スタイル」は1920年代から1950年代くらいまでの建築が共有した造形的特徴を、過去の様式とは異なる新しい様式とみなす立場から、建築を思想や理念から説明する「機能主義」「合理主義」という言葉と共に広く用いられるようになった。

---

*4　インターナショナル・スタイル　International Style：『インターナショナル・スタイル—1922年以降の建築』(H.R. ヒッチコック&P. ジョンソン、1932)というタイトルで出版され、ル・コルビュジエ、J.J.P. アウト、W. グロピウス、ミース・ファン・デル・ローエ等の作品が取り上げられた。造形原理として、(1)ヴォリューム(面に包まれた空間)、(2)(柱・梁構造の)規則性、(3)装飾付加の忌避を挙げる。1966年に改訂出版された時、(3)は「構造の分節」に置き換えられた。また、1932年の「近代建築：国際展覧会」は同書の著者が企画担当したが、ここにはインターナショナル・スタイルに含まれることを嫌ったF.L. ライトの作品が含まれる。定義づけを困難にする一方、内容の議論を喚起する言葉である。

1
ウィリアム・モリス
William Morris

小林正子

素朴な暮らしを送ること、素朴な趣味を得ること、すなわち、美しく高尚な事物を愛すること—これは、私たちが望んでやまない新しくより良い芸術の誕生のために、何よりも必要なものである。（1877年12月4日の講演「装飾芸術」より）

図1.1 水晶宮／クリスタル・パレス（J. パクストン、1851、ロンドン）[1]

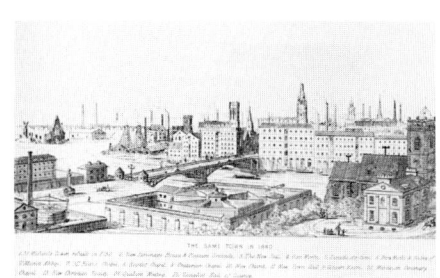

図1.2 英国国会議事堂上院における玉座および天蓋のデザイン（A.W.N. ピュージン、1844 頃、ロンドン）[2]

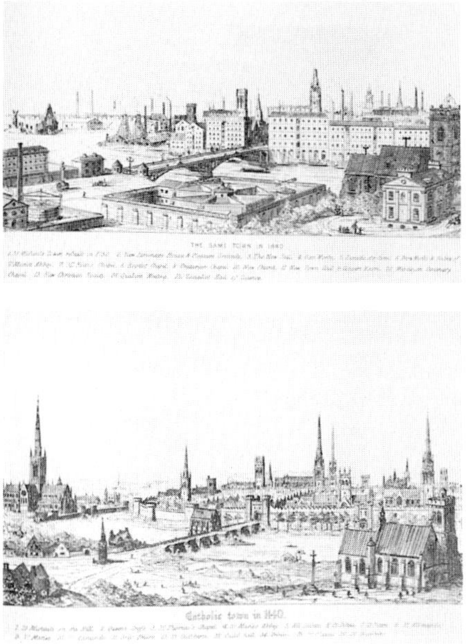

図1.3 『対比（コントラスト）』（A.W.N. ピュージン、1836）[3]
——私家本『対比』のなかでピュージンはゴシック建築で構成された中世の都市（1440年）と19世紀（1840年）の同じ都市を対比させ、中世の都市がいかに卓越していたかを示す。近代社会に対して中世はキリスト教（カトリック）信仰が生きていた理想の社会であったと説く

1.1　19世紀英国とアーツ・アンド・クラフツ運動の兆し

1.1.1　産業革命以降の英国

　大英帝国と呼ばれていた時代の英国は、18世紀後半に興った産業革命、さらに19世紀には資本主義の発展を迎え、「世界の工場」としての繁栄と進歩を手中に収め世界最強の産業国を誇っていた。こうした英国の栄光を示す最大イベントが、1851年、ヴィクトリア女王治世下に挙行された第1回万国博覧会であった。開会式に臨んだ女王に英国歴史上最上の日であったと言わしめ、なかでもJ. パクストン設計による鉄骨とガラスのパヴィリオン、「水晶宮」（図1.1）は、会場を訪れた大衆の熱狂的な人気を博し、博覧会は大成功を収めた。

　ところが博覧会の展示品の美的な質は醜悪で多くの批判を生むことになる。機械の発明による手工業から機械工業体制への移行は、大量生産によって安価な商品を大衆に供給することに貢献したばかりでなく、当時台頭してきた中産階級の社会的地位の象徴となる装飾過剰な製品も材料および技術の模倣という機械生産によって手工業よりも安く提供できるようになった。だがルネサンス以降、芸術家は才能をもった特別な存在として絵画や彫刻など純粋芸術の作品制作に専従していたため、製品デザインは売れるに任せてすべて製造業者の手に委ねられ、それら製品の趣味は俗悪極まりないものでしかなかった。その上、原料の産地および市場となる植民地拡張のため列強国とのせめぎ合いの中もたらされた繁栄は、利潤をすべてに優先させ人間性を欠落した産業資本主義を生み、社会を富める資本家と悲惨な労働者に二分してしまった。質より量を重視する産業化が応用美術の美的水準と労働条件の低下を招いたのである。

1.1.2　理想社会としての中世

　応用美術の質と人々の趣味の向上のためH. コール[*1]は美術館建設や美術教育に力を注ぎ、O. ジョーンズ[*2]と共にデザインの実用性を強調した。彼らの影響下、Ch. ドレッサー[*3]は工業化による優雅で幾何学的なデザインを創作するが、彼の進歩的な試みは、当時隆盛を極めていたゴシック・リヴァイヴァルの潮流とは一線を画する。

　19世紀中頃に興った中世に注目した運動、ゴシック・リヴァイヴァルとは、オックスフォード運動[*4]、ケンブリッジ・キャムデン協会[*5]さらにはA.W.N. ピュージン[*6]（図1.2）によるゴシックの宗教的解釈などの支援を受けた建築運動である。ピュージンは著書『対比』（図1.3）において、中世キリスト教社会を理想とするが故に中世建築としてのゴシックの正当性を主張した。

　ピュージンの思想に共鳴し、手仕事による共同作業で芸術家が職人としてものづくりをしていた中世に理想的社会の範を見出した人物が、ジョン・ラスキンである。ピュージンやラスキンは、博覧会での多くの展示品を生み出した工業化を真っ向から否定する立場にあった。彼らの示した中世主義思想は、ウィリアム・モリスをはじめとする芸術家たちに強い影響を及ぼし、アーツ・アンド・クラフツ運動の契機となるのである。

1.2 ウィリアム・モリスの生涯（1834–96）

1.2.1 中世への目覚め

モリスは、1834年3月24日、9人姉弟の長男としてエセックス州ウォルサムストウに生まれる。父ウィリアムは株の仲買で成功を収めていたが、さらに銅採掘事業への投資によって資産を増やし、亡くなる1847年には十分過ぎる程の財産をモリスに遺すことができた。モリスが6歳の時、一家は東隣村ウッドフォードのエピングの森に隣接する広大な敷地に移る。幼いモリスは2人の姉と共にエピングの森での探検に余念がなく、自然を愛でる心を育む。特にこの森に建つエリザベス女王の狩猟小屋（図1.4）で見た「緑樹のタペストリー」は、モリスに中世ロマンスへの強烈な感銘を与えた。エピングの森での体験が、その頃モリスが愛読していたW. スコット*7の歴史小説と共に、後生彼に中世への思いを募らせることになる。

1852年、モリスは聖職を志し、オックスフォードのエクセター・カレッジ（図1.5）に入学した。そこでモリスは生涯の友人となるエドワード・バーン=ジョーンズと出会う。中世の面影を色濃く残すオックスフォードの町並み、オックスフォード運動、ピュージンの思想、トーマス・リックマン*8による中世ゴシックの建築研究書、ラファエル前派*9との出会い、さらには1854年の初めての大陸旅行など、モリスがオックスフォード時代に触れたものすべてが、結果的には彼を中世の理想へと導くことになった。とりわけラスキンからの影響は計り知れず、モリスの生き方を決定づけたのである。

1.2.2 ジョン・ラスキンとの出会い

モリスはラスキンの『近代画家論』(1843)、『ヴェニスの石』の第2巻『ゴシックの本質』(1853)を愛読する。ラスキンは『ヴェニスの石』でヴェネチアン・ゴシックについての検証を通じて北イタリア中世後期の様式および工匠を高く評価すると共に彼らの生活と創作活動を理想としゴシック建築を激賞した（図1.6）。近代の産業資本主義に対する反感からラスキンは芸術および建築における理想を中世建築とその時代の人々の労働のすがたに求め、装飾が喜びをもって創られたかどうかを問うた。彼は美術評論家であったが、『建築の七灯』(1849)においてデザイナーとしてのあるべき資質を示すなど芸術思想への影響力も大きく、機械による装飾過剰な紛い物排除のための中世生産方式復興による社会改革にも大きな関心を寄せた。

モリスはラスキンの中世職人の誠実なもののつくり方に注目した思想に触れ、中世精神に目覚める。モリスはバーン=ジョーンズと共にラスキンの思想を実践すべく聖職者の道を捨て、1856年、ゴシック・リヴァイヴァリスト、G.E. ストリート*10の事務所で助手として建築を学び始める。だが9ヶ月後、モリスはすでにバーン=ジョーンズが弟子入りしていたラファエル前派の画家D.G. ロセッティの勧めで、建築家から画家への道に転向することになる。その表現領域を変えることはあっても、モリスが中世に理想を追い求める姿勢は、1896年10月3日、彼が生涯を終えるまで常に変わることがなかった。

図1.4 エリザベス女王の狩猟小屋[4] ── ロンドンの北東部、エセックス州に拡がる英国王室の御料林にヘンリー8世が猟のために建設した小屋。御料林は、18世紀にエピングの森と名付けられ、規模が10分の1程度にまで縮小されたが、なおも2400 haの総面積をもつ大森林である。19世紀には一般市民に解放された

図1.5 エクセター・カレッジ（G.G. スコット、1856、オックスフォード）[5] ── J.H. ル=キューの描くエクセター・カレッジのニュー・チャペル。パリのサント・シャペルを模範にした後期ゴシック様式

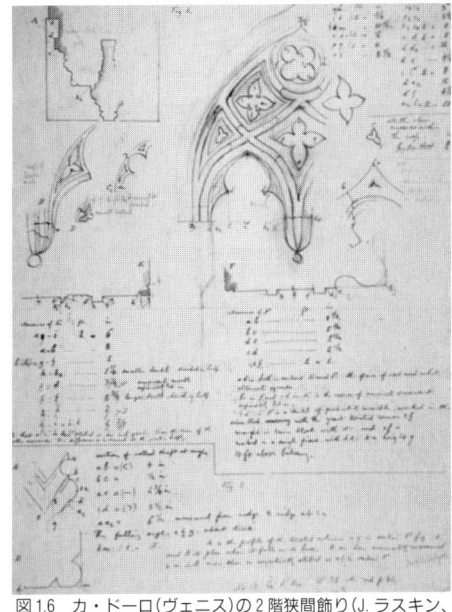

図1.6 カ・ドーロ（ヴェニス）の2階狭間飾り（J. ラスキン、1849）[6] ── ラスキンが『ヴェニスの石』(1851-53)を執筆するにあたり、ヴェニスに滞在し、その調査時に描いた素描および実測記録の一例である

1.3 ものづくりの原点

1.3.1 出発点としての「赤い家」

1859年、モリスはダンテ・ガブリエル・ロセッティのモデルをしていたジェーン・バーデンとの結婚に際して、新居の設計をフィリップ・ウェブに依頼する。ウェブはモリスがストリートの事務所に入った時の設計主任で、モリスが建築家の道を断念した後も彼らは深い友情で結ばれていた。新居のために、中世人がロンドンから英国国教会総本山カンタベリ[*11]へ向かった巡礼路に近い、ケント州ベクスリヒースの果樹園に囲まれた敷地を選んだ。ウェブ設計によるその住宅は、屋根が赤いタイル、外壁も赤煉瓦のまま仕上げられていたことから「赤い家」（図1.7、8、9、10）と名付けられた。

「赤い家」は、近代デザインおよび近代建築史上、有名かつ意義深い作品であるとされる。モリス自身も13世紀様式であると述べているように、その外観はいかにも中世的である。主として教会建築の設計をしていたストリートの事務所で、ウェブが興味をもったウィリアム・バターフィールド[*12]の牧師館の設計に見る様式を彷彿させるものであった。にもかかわらず「赤い家」が近代デザイン史上注目されるのは、L字型の平面構成や機能主義的で住み心地の良い近代における郊外住宅の原形としての評価もさることながら、この住宅で行われたモリスやその仲間たちによる活動が、近代デザイン運動すなわちアーツ・アンド・クラフツ運動の出発点として重要な意味を示すからなのである。

1.3.2 中世を理想としたものづくり

産業革命後の資本主義は、労働者から働く喜びを奪い去り、機械による大量生産がもたらす物質文明は、溢れんばかりの醜悪・俗悪なもので占拠された生活空間を出現させることになった。こうしたヴィクトリア朝社会に対抗するため、モリスはラスキンの思想を継承しつつ、自然と人間の絆が強く結ばれ、親和的なコミュニティが形成されていた中世の共同作業によるギルド・システム[*13]に当時の理想社会を見るのである。彼は中世の職人たちの手仕事を復興させることで、工芸品の美的水準の向上と労働の価値そして職人の地位を高めようとした。美しいものを創造する芸術とは、労働における喜びの表現であるべきだと考えた結果である。芸術とは一部の金持ちや少数の愛好家のものではなく民衆のものであるという。それはつくる人も使う人も幸せであるような芸術を意味する。純粋芸術ではなく応用美術、つまりモリスの主張する「小芸術（レッサー・アート）」の重要性とは、あらゆる階層の人々に美しい工芸品に包まれて生活できる幸福をもたらすことに他ならない。

「赤い家」にはこうしたモリスの中世を理想としたものづくりの理念の萌芽が見て取れる。ここでは家具および室内装飾品すべてがモリスと妻ジェーンそしてウェブ、バーン＝ジョーンズ夫妻、ロセッティら多くの友人たちと共に楽しみながら共同制作された。モリスの理想を具現化したユートピア、それが「赤い家」なのである。

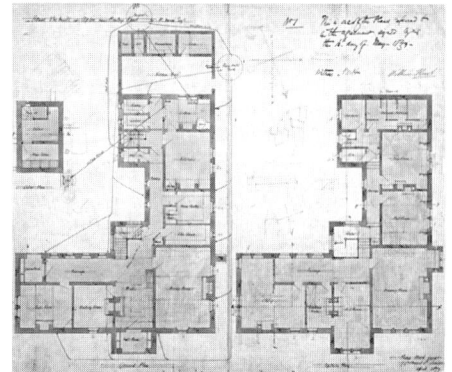

図1.7 赤い家／レッド・ハウス（P.ウェブ、1859-60、ケント州）

図1.8 赤い家、平面図[7]

図1.9 赤い家、ドローイング・ルーム[8] ―― バーン＝ジョーンズによる壁面パネル、ウェブのデザインによる家具に見られるように、室内を構成するあらゆるものが共同制作された。ドローイング・ルームとは、主として接客のために使用される部屋

図1.10 赤い家、ステンドグラス（P.ウェブ、1859-60頃）[9]

1.4 理想社会の実現に向けて

1.4.1 商会での活動

職業選択で紆余曲折を経たモリスは、共同制作における「赤い家」での成功を弾みに、機械大量生産による醜悪なデザインから人々を救済するため、純粋芸術と応用美術が未分化であった中世芸術の復興を求めて立ち上がる。1861年、モリスを中心に建築家ウェブ、ラファエル前派の画家フォード・マドックス・ブラウン、バーン＝ジョーンズ、ロセッティ、会計を担当するC. フォークナー、測量技師のP.P. マーシャルらの共同出資によってモリス・マーシャル・フォークナー商会が設立された。

この商会が取り扱った品目は、壁面装飾、装飾彫刻、ステンドグラス、金属製品、家具、さらに刺繍、皮細工、後には壁紙、チンツ（更紗）、タペストリーにまで至り、モリスが純粋芸術に対して小芸術を対象とし、生活空間の芸術化を求めていたことが知れる。

商会でのモリスは中世ギルドにおける親方の役割を務め、伝統的技法や素材の研究を進めた。機械生産を排除した手仕事を基本とする共同制作は、職人を機械の奴隷から解放し労働の喜びを与える。さらに美しいものを販売、提供することで、使い手と喜びを分かち合うことができると見込んだのである。1862年、第2回万国博覧会への出品（図1.11）により商会は社会的に認められ、セント・ジェームズ宮殿の一部とサウス・ケンジントン博物館*14内グリーン・ダイニングルーム（図1.12）の内装を任される。経営は軌道に乗り受注も増大したが、制作にコストがかかり純益が上がらないこと、父の遺産の株配当金の減少など、主として経済的理由から、1875年、モリスは単独経営のモリス商会への改組に踏み切った。

商会活動でのパターン・デザイン（図1.13、14）は、モリスが得意とする分野であった。産業化の波に失われてゆく自然への愁いから自然の豊かさを尊重しようとするモリスは、パターン・デザインに植物模様を多用するが、彼の描く自然は、決して自然主義的描写がもたらすものではなかった。『装飾の文法』(1856)でオーウェン・ジョーンズが示した幾何学的秩序による様式化への指向でもない。モリスが描く花や葉は、自然の規範に倣った有機的で簡潔な表現であり、英国では誰もが知っている身近な素材であった。ヴィクトリア朝社会への批判であったにもかかわらず、モリスのデザインは壮麗なものが多く、富裕階級が主たる顧客であったのは皮肉である。

確かに手仕事が機械生産に勝り、良いものが作れることはモリスによって証明されたが、時間をかけ丁寧につくられたものは結局高価となり、彼の言うあらゆる階層の人々が等しく芸術品に囲まれて生活することは不可能であった。賃金を得るために働くことを卑しいと蔑んでいた当時の有産階級の労働観からすれば、労働は利益を生むものではなく遊びに等しく、愉しみ以外の何ものでもなかった。労働の喜びを求め商会においてモリスが成そうとした芸術改革は大きな矛盾を孕んでいた。

図1.11 聖ゲオルギウス伝キャビネット（1861–62）[10]——1862年の万国博覧会に出品されたキャビネット。家具デザインはウェブ、描画はモリスによる共同作品

図1.12 グリーン・ダイニングルーム（1866、ロンドン）[11]——現在「ウィリアム・モリス・ルーム」とし展示公開されている部屋。この内装作品においてもモリスとウェブによって天井が、バーン＝ジョーンズによってステンドグラスとパネルの人物画が共同制作された

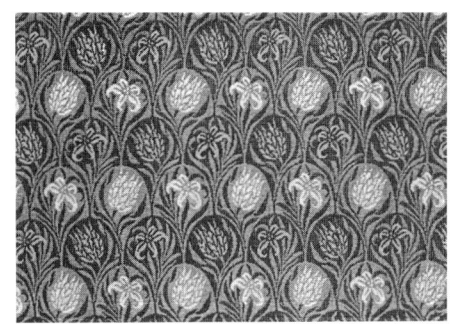

図1.13 チューリップと百合（1875）[12]——モリスはいくつもの機械織りカーペットのためのデザインも行う。彼は機械の使用を全面否定したのではなく、職人が機械の奴隷となることなく機械をうまく使いこなす主人となるよう望んでいた

図1.14 いちご泥棒（1883）[13]

図1.15 ヴァイナーの窓（1872–73）[14] ―― オックスフォードのクライスト・チャーチ大聖堂のためのステンドグラス。バーン=ジョーンズが人物を、モリスが植物などの背景を描くとともに色彩調整を行った、モリス・マーシャル・フォークナー商会での共同制作作品

図1.16 『ジョン・ボールの夢』(1892)[15] ―― 1892年に印刷されたケルムスコット・プレス版の扉絵と第1章第1頁

図1.17 ケルムスコット・プレス版『ユートピアだより』の口絵木版画（W.H. フーパー、1893）[16] ―― ここに見る住宅は、モリスが1871–74年までロセッティとの共同生活のため共同賃借していたコッツウォルズ地方に建つケルムスコット・マナー

図1.18 『地上の楽園』のための挿し絵（1866）[17] ―― デザインはバーン=ジョーンズ、版木の制作はモリス

1.4.2 古建築物保護運動

中世に理想を求めたモリスにとって、中世の教会堂は近代に遺された唯一中世を体現できる空間であった。商会の活動と時期を同じくしてモリスは、古建築物保護運動に手を染める。中世の人々の精神を評価するモリスにとってのゴシック・リヴァイヴァルとは、中世精神を取り戻すことであり、ゴシック建築の復元ではなかった。しかし当時は修復と称して、古建築物に近代的な手法を用いて、ゴシック風あるいはゴシック擬きに化粧直しすることが横行していた。

1877年、モリスを中心に創設された古建築物保護協会は、中世教会堂の保存団体である。ラスキンは当時一般的に行われていた中世教会堂の修復に対して現代の価値観の押しつけであると批判した。モリスもラスキンの保存理念を受け、教会堂の修復は過去の破壊であると考えた。古建築物は現在のものではなく過去および未来のものであるとして、ウェブも参加したこの団体は、中世教会堂に対する修復に反対し壊れないための補強に留めた保護を求める組織であった。ステンドグラス（図1.15）は、商会において最も受注の多い部門であったが、古建築物保護協会の発足以来、モリスは中世教会堂の修復に伴うステンドグラスの制作を中止することになる。

1.4.3 社会主義運動

商会での芸術改革に破れたモリスは、芸術と社会は不可分の関係にあり分離して考えることはできないと、当時の資本主義による社会機構が彼の目指す芸術にとって障害となっていると判断する。モリスは彼の主張する芸術思想と現実との間に生じる矛盾を解決するために社会そのものの改革に乗り出す。1883年、彼は英国の急進的な組織、民主連盟に加入するが、85年、自らをもって社会主義同盟を結成することになる。モリスはより多くの人々に訴えるため、講演活動に加えて、出版物によっても彼の社会改革思想を広めようとした。1885年、モリスは同盟の機関誌『コモンウィール』を創刊し、その編集に当たる。同誌に連載した自著の中世農村での夢体験を綴ったユートピア小説『ジョン・ボールの夢』（1886–87、図1.16）やエドワード・ベラミー*15の小説に対する批判小説として中世を理想とした世界を描いた『ユートピアだより』（1890、図1.17）、その他、詩や自他による論文によって人々の啓蒙に努めた。

モリスの著述活動は青年期の詩集『グウィネヴィアの抗弁』（1858）の自費出版に始まるが、不評のため中断されていた。しかしその後発表された『イアソンの生と死』（1867）、『地上の楽園』（1868–70、図1.18）などによって、彼のロマン派詩人としての地位は、この頃すでに揺るぎないものとなっていた。

モリスの中世社会に理想を求め社会改革を夢見る姿勢をフリードリッヒ・エンゲルスは「感傷的だ」と批評する。観念的理論家でなく実践家であったモリスの思想は、純粋に理想を追い求めるあまり、多くの矛盾を生むことになる。現実との溝を埋め尽くせず苦悩するモリスの姿は、科学的社会主義者エンゲルスにとって、あくまで根本的解決からは程遠いユートピア的理想主義としか映らなかった。

1.4.4　理想の書物

　社会主義運動をもってしても現実社会の早急な変革が不可能だと知ったモリスは、書物の世界で理想の実現を図ろうとする。1890年、モリスが設立したケルムスコット・プレスは、当時粗悪な出版物しかなかった出版界での改革の試みであり、彼の晩年は理想の書物の出版に情熱が注がれた。モリスの蔵書には、見事な中世の手稿本が含まれる（図1.19）。彼は入念に装飾された中世手稿本には中世建築と同様、中世精神が凝縮されていると目する。モリスは中世の書物や造本技術、紙の漉き方の研究を反映させ、さらに自ら制作した字体の使用によって、簡潔な装幀でバランスのよい余白に植物模様を配した美しい書物という一種閉じたユートピアの夢想構築に耽る。

　モリスにとって大切な作品だけを刊行するという思想のもとで印刷された作品の一つが、『ジェフリー・チョーサー著作集』（1896、図1.20）である。敬愛する英国中世詩人G.チョーサーのために4年という制作期間を費やし、亡くなる直前にその完成を見た。モリスの遺作であるこの全集は、ケルムスコット・プレスで最も優れた作品とされる。モリスがデザインしたゴールデン体、チョーサー体、トロイ体の3種類の字体のうち、チョーサー体はこの作品のために創作されたものである。モリスのタイトル・ページ、縁飾り、飾り文字に、バーン＝ジョーンズらの挿絵を加え、終始一貫、共同制作によって、書物も芸術作品となることが示された。

1.4.5　モリスの後継

　ラスキンから影響を受けたモリスの活動および思想を受け継いだ人々が19世紀末に興した近代デザイン運動をアーツ・アンド・クラフツ運動と総称する。1882年、A.H.マクマードウ[16]（図1.21）のセンチュリー・ギルド、1888年のCh.R.アシュビー[17]による手工芸ギルドなど、工芸復興のため多くのギルドが創設された。特にモリスも加入していた1884年発足のW.R.レサビー[18]らによるアート・ワーカーズ・ギルドは、1888年のアーツ・アンド・クラフツ展示協会の結成に中心的役割を果たした。この協会は数多くのギルドの統合と純粋芸術に比べ発表の機会に恵まれない工芸の共同展示会の開催を目的とした。この協会名称から結成の背景となっていた当時のデザイン運動をアーツ・アンド・クラフツ運動と呼ぶ慣わしになり、モリスはこの運動の先駆者とされるのである。だが、中世社会に理想を求めた彼の改革がなぜ近代運動となり得たのか。芸術とは民衆による民衆のための芸術であるべきだとモリスは主張する。近代社会の改革を込めて、つくり手、使い手の側から工芸の質と地位の向上のため、これまで芸術とみなされていなかった工芸（クラフト）を芸術（アート）に高め芸術家の仕事とした点が、近代デザイン運動として評されるのである。しかし手仕事にこだわり、機械の使用を極力排除したモリスの活動は、近代運動として解決の糸口のない矛盾を当初から内包していたのである。モリスの後継者たちは、機械の可能性を積極的に認め、成功を収めきれなかったモリスの試みを礎に、20世紀の近代運動へと大きな展開の第一歩を記すことになる。

図1.19　彩飾手稿本『詩の本』（1870）[18]────モリスのヴィーナス像、バーン＝ジョーンズとC.F.マーリ（1849–1919）による挿絵、G.ウォードル（生没年不詳）による彩飾頭文字で共同制作されたモリスの数少ない手稿本の完成品である

図1.20　ケルムスコット版『ジェフリー・チョーサー著作集』（1896）[19]────G.チョーサーの大作、長編物語詩『カンタベリ物語』も含まれている

図1.21　『レンのシティ・チャーチ』（A.H.マクマードウ、1883）[20]────当時一括取り壊しの危機に迫られていたC.レン（1632–1723）の設計によるロンドン市内に建つ諸教会堂の擁護のためにマクマードウはレンのシティ・チャーチに関する書を著す。これはその著作の扉絵である。長い炎のような曲線を用いたデザインはアール・ヌーヴォーの源泉とみなされている

＊1　ヘンリー・コール　Henry Cole：1808-82。第1回万国博覧会（大英博覧会）の事業運営に中心的役割を果たしたコールは、「サウス・ケンジントン方式」と呼ばれるデザイン教育システムを考案し、O.ジョーンズら当時の先進的デザイナーらと共に「コールのサークル」として知られる。ケンブリッジの美術講座教授を務めるコールのサークルの一人M.D.ワイアット（1820-77）に対してオックスフォードの美術教育に力を注いだJ.ラスキン（1819-1900）は、コールの機械的な反復訓練に対して芸術的想像力を欠いた教育であると批判した。

＊2　オーウェン・ジョーンズ　Owen Jones：1808-74。大英博覧会では工事総指揮者を務めた人物。1856年にM.D.ワイアットとの共著で、デザイナーのために装飾の巧みな扱いを教示した『装飾の文法』を出版した。

＊3　クリストファー・ドレッサー　Christopher Dresser：1834-1904。ジョーンズの『装飾の文法』の挿絵を制作したドレッサーは、植物学で学位を得る。抽象的で簡潔な幾何学的デザインを追求し、日本美術への強い関心を示す。

＊4　オックスフォード運動　Oxford Movement：1833年頃、行き過ぎた新教運動に対してカトリック的な教義を重視するJ.H.ニューマン（1801-90）を中心人物に興った宗教運動。英国国教会の中のカトリック的傾向の強い高教会派に多大な影響を与えた。オックスフォード運動に大学が揺れていた時代をラスキンはオックスフォードで大学生活（1838-39）を送る。1845年ニューマンがカトリックに改宗し、運動は下火になるが、少なからずモリスも影響を受ける。

＊5　ケンブリッジ・キャムデン協会　Cambridge Camden Society：1839年、ケンブリッジの学生、J.M.ニール（1818-66）とB.ウェブ（1819-85）によって創始されたゴシック建築に教会建築の理想を求めた運動。英国国教会の礼拝式に関する研究を通じて理想的な教会建築のあり方を探求する。

＊6　オーガスタス・ウェルビー・ノースモア・ピュージン　Augustus Welby Northmore Pugin：1812-52。チャールズ・バリー（1795-1860）設計の英国国会議事堂（1835-60）をゴシック様式で装飾した建築家として名高いゴシック・リヴァイヴァリスト。ピュージンはゴシック様式が唯一真のキリスト教信仰を具現する建築形態であるとし、キャムデン協会が示すゴシックの宗教的解釈に対しても賞賛を与える。

＊7　ウォルター・スコット　Walter Scott：1771-1832。弁護士など職業の転向を重ねた末、スコットランドの歴史を取材した多数の歴史小説を著した英国ロマン派の代表的作家。

＊8　トーマス・リックマン　Thomas Rickman：1776-1841。1817年、『英国建築様式の識別の試み』を出版。ケンブリッジ、セント・ジョンズ・カレッジ新館（1826-31）の他、主に教会堂建築家として活躍した。

＊9　ラファエル前派　Pre-Raphaelites：当時権威をもっていたロイヤル・アカデミーの保守的な思潮に意義を唱え、S.ラファエロ（1483-1520）以前の芸術精神で制作することを目指したグループである。イタリアの初期ルネサンス絵画における明るく澄んだ色彩の虚飾のない素朴で誠実な画風を理想とした。ラスキンはラファエル前派の自然主義的で写実的な制作を評価し擁護した。D.G.ロセッティ（1828-82）、E.バーン＝ジョーンズ（1833-98）、F.M.ブラウン（1821-93）らに代表されるラファエル前派の画家たちは、中世のアーサー王伝説や聖書などを主題に描くことが多かった。だがそこに描かれる女性は、家庭に閉じこめられ家政と手芸しか許されなかったヴィクトリア朝時代の女性そのものであった。彼らは女性が従順で家庭的であることを求めていたヴィクトリア朝社会への反発を込めて中世を描く。

＊10　ジョージ・エドムンド・ストリート　George Edmund Street：1824-81。ジョージ・ギルバート・スコット（1811-78）の弟子で、代表作品に王立裁判所（1866）がある。ストリートの事務所から設計主任フィリップ・ウェブ（1831-1915）の後任としてリチャード・ノーマン・ショウ（1831-1912）が輩出する。

＊11　カンタベリ　Canterbury：ケント州の都、英国国教会の総本山カンタベリは、モリスが子供時代、父親と古いゴシック聖堂を巡り歩いた思い出の地の一つであった。モリスは8歳の時初めて見たカンタベリ大聖堂について、天国の門が開かれたようであったと、後年その印象を語っている。カンタベリは英国が生んだ偉大な文学者ジェフリ・チョーサー（1340-1400）の代表作で、カンタベリ巡礼の途中で道連れとなった人々の語りを集めた物語『カンタベリ物語』でも有名である。

＊12　ウィリアム・バターフィールド　William Butterfield：1814-1900。高教会派に属するゴシック・リヴァイヴァリスト。牧師館など多くの教会堂建築の設計を行った。

＊13　ギルド：中世ヨーロッパにおける商工業に携わる同業者仲間を指す。商人ギルドや親方、職人、徒弟で構成される手工業者ギルドなどがあった。17世紀以降近代化のなか衰退していったが、19世紀において再び注目される。近代工業化への改革を目指したラスキンによるセント・ジョージのギルドをはじめ、アーツ・アンド・クラフツ運動において中世に理想を求めた社会改革のため多くのギルドが設立された。

＊14　サウス・ケンジントン博物館　The South Kensington Museum：現在のヴィクトリア・アンド・アルバート博物館。第1回万国博覧会の収益をもとに博覧会での展示品を展示するとともに大衆の美術への関心を高めるため、翌1852年に設立された美術館が、1857年、サウス・ケンジントン博物館となる。博覧会での立役者であったコールが初代館長に就任する。1899年にはヴィクトリア・アンド・アルバート博物館と改称され、モリスは初期の最も重要な所蔵品の購入に責任を負い、その後も収蔵品選定や購入に携わった。

＊15　エドワード・ベラミー　Edward Bellamy：1850-98。アメリカの小説家。1888年、機械文明の到達点として2000年にユートピアをみた小説『かえりみれば　2000-1887』を発表する。

＊16　アーサー・ヘイゲイト・マクマードウ　Arthur Heygate Mackmurdo：1851-1942。ラスキンに資質を認められたマクマードウは、1874年、ラスキンのイタリア旅行に同行を許される。マクマードウが設立したセンチュリー・ギルドで1884年に刊行された雑誌『ホビー・ホース』は、モリスのケルムスコット・プレスを予見するものであった。

＊17　チャールズ・ロバート・アシュビー　Charles Robert Ashbee：1863-1942。建築家。貧しい人々の就業を助けるためにギルドや手工芸学校を創設するなど社会改革家としても活躍した。

＊18　ウィリアム・リチャード・レサビー　William Richard Lethaby：1857-1931。ノーマン・ショウの事務所で主任助手を務めた建築家で、モリスの思想を受け継いだ教育工房をもつ中央工芸学校の設立に尽力し教育に当たる。

■ウィリアム・モリスおよびアーツ・アンド・クラフツ運動について理解を深めるための参考図書
† 藤田治彦『ウィリアム・モリス』鹿島出版会、1996
† レイ・ワトキンソン／羽生正気他訳『デザイナーとしてのウィリアム・モリス』岩崎美術社、1985
† フィリップ・ヘンダースン／川端康雄他訳『ウィリアム・モリス伝』晶文社、1990
† 長谷川堯『建築逍遙　W.モリスと彼の後継者たち』平凡社、1990
† ニコラウス・ペヴスナー／鈴木博之他訳『美術・建築・デザインの研究2』鹿島出版会、1980
† ライオネル・ラバーン／小野悦子訳『ユートピアン・クラフツマン』晶文社、1985
† 山田眞實『デザインの国イギリス「用と美」の「モノ」づくり　ウェッジウッドとモリスの系譜』創元社、1997

2
アントニオ・ガウディ
Antonio Gaudí

黒田智子

創造は人間を通して絶えまなく働きかける。しかし、人間は創造しない。発見する。新しい作品のための支えとして自然の諸法則を探求する人々は創造主と共に制作する。模倣する人々は創造主と共には制作しない。それゆえ、独創とは、起源に帰ることである。（プーチ・ボアダ「ガウディは私たちに語りかけた」に収められたガウディの晩年の言葉、『バルセロナ雑纂』所収より）

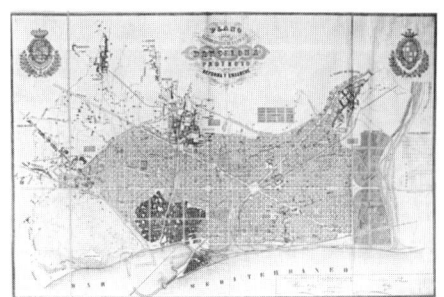

図2.1 バルセロナ周辺の改造・拡張計画(1859)[1]

図2.2 20世紀初頭のグラシア通り（メインストリート）とカタロニア広場[2]

図2.3 左から、カサ・リィエオー・モレラ(L.ドメーネック、1905)、二つおいてカサ・アマリィエル(J.P.カダファルク、1900)、カサ・バトリョ(A.ガウディ、1906)[3]

図2.4 カタロニア音楽堂(L.ドメーネック、1908)[4]

図2.5 レアル広場の街灯(A.ガウディ、1878)[5]

2.1 バルセロナの発展とモデルニスモ

2.1.1 バルセロナにおける新しい都市要求

カタロニア地方はスペインで最も早く産業革命を達成し[*1]、特に1870年以降の経済発展に伴う近代化はめざましく、首都バルセロナは、経済発展による人口と資本の流入で拡張を余儀なくされた。イルデフォンス・セルダー・スニェル[*2]の都市計画案は1860年から実施され、中世の面影を残すゴシック地区と周辺の小さな街が併合された（図2.1）。新市街は広々とした大通りが続き（図2.2）、この通りに沿って、産業資本家たちが競って地方文化の香り高く大胆で個性的な邸宅を求めた（図2.3）。都市とその周辺では、邸宅と共に労働者住宅の建設も行われた。また、病院、学校などの公共建築のほか、劇場、ダンスホール、ホテルなど市民の社交の場となる建築が、ベンチ、街灯、標識などのストリート・ファニチャーと共にモデルニスモを体現するものとして設計され、新しい都市景観をつくり出した（図2.4、5）。

2.1.2 モデルニスモの展開

急速な近代化は、カタロニア主義[*3]、つまりスペインの中の一地方ではなくヨーロッパ諸国と肩を並べる世界の中のカタロニアという気運をもたらした。そこで、マドリッド中央政府に対して自治権の確立と、カタロニア語の公的使用の請求が活発に行われた。また、カタロニア語の新聞や雑誌が相次いで創刊され、詩人や文学者はカタロニア語による表現活動を展開した。芸術家や建築家は、かつてのカタロニアの栄光の時代である中世に建築と装飾芸術表現の源泉を求めた。この芸術運動は、カタロニア・ルネッサンス（文芸復興）と呼ばれ、建築界のモデルニスモの思想的原点とされる。

モデルニスモの特徴として、ロマネスク、ゴシックのほか、スペイン特有のムデハール[*4]など、イスラム的特徴の強い建築様式と装飾の自由な解釈が挙げられる。これは、同時代の中央ヨーロッパの建築理論や設計手法の積極的な参照と並存していた。また、伝統的な組積造と新しい技術がもたらす鉄骨造、鉄筋コンクリート造の総合的な活用や、手工芸品と大量生産品の併用がある。施工は、職人の質の高い手仕事によって行われ、極めて豊かな表情を保ち続けている。

ルイス・ドメーネック・イ・モンタネル[*5]（図2.4）は新設されたバルセロナ建築学校の教授として、このような包括的な価値観による設計を先駆的に理論化した。やがて、1888年のバルセロナ万国博を契機に、カタロニア主義の活動家でもあった建築家ジョセップ・プッチ・イ・カダファルク[*6]のゴシックによる中世主義が全盛となる。

20世紀に入り、文学界での潮流がノベセンティスモ[*7]に代わってもモデルニスモは衰えなかった。モンタネルやアントニオ・ガウディが円熟期の独創性をみせるのはこの頃である。19世紀末にすでにアール・ヌーヴォーを体験した建築家たちは、さらにウィーン分離派[*8]、グラスゴー派[*9]など同時代の建築の潮流に接し、同時にジョン・ラスキン[*10]の思想等に親しむことで自らの考え方を深めた。

2.2 アントニオ・ガウディの生涯 (1852–1926)

2.2.1 生い立ちと原風景

アントニオ・ガウディ・イ・コルネット[*11]は、1852年6月25日、南カタロニア地方で生まれ、タラゴナ平野近郊の小さな街リウドムスで幼年時代を過ごした。タラゴナ平野は、典型的な地中海地方の特徴を備え、岩だらけの乾いた大地にブドウやオリーブなどの果樹が茂り、45度に差し込む独特な陽の光[*12]が、古代ローマの遺跡を照らす（図2.6）。ガウディ家は五代以上にわたり銅細工を生業とし、銅板を叩いてつくる大曲面によるアルコール蒸留用の桶をつくっていた。ガウディは5人兄弟の末子として生まれたが、4人の兄姉はすべて若死し、母もガウディが大学卒業の年に亡くなる。ガウディも病弱で、この頃すでに持病となるリューマチを患い、身の周りの風景を一人で観察することが多かった。

図2.6 ローマ時代の水道橋のあるタラゴナ平野の風景[6)]

2.2.2 学生時代

ガウディは、新設間もないバルセロナ県立建築学校に進学し、学費を得るために建築事務所のアルバイトを掛け持ちする。入学の年、一家は母の財産を処分し共にバルセロナに移り住むが、学費には足りず、ガウディ自身が働かねばならなかった。アルバイトによる豊富な実務経験から、設計科目の成績だけは常に優秀であった。また彼は、時間に余裕ができると図書館へ通い、当時出版されたばかりの世界の建築写真集を読み解き、ウジェーヌ・エマニュエル・ヴィオレ・ル・デュック[*13]等の建築論に親しんだ。

図2.7 最新流行の服装に身を包む若い頃のガウディ（1878頃）[7)]

2.2.3 エウセビオ・グエルとの出会い

ガウディが建築家のタイトルを得た1878年は「黄金の熱」[*14]が始まった年で、彼も他の建築家に混じって仕事を取るために贅沢な社交にいそしんだ（図2.7）。その一方で、彼は、学生時代と同様、相変わらずドラフトマンとして小さな仕事に自己の能力を傾けた。そして、その仕事の一つであったコメーリャス革手袋店のショーケース（図2.8）が、出展先のパリ万国博でエウセビオ・グエル[*15]の目にとまった。グエルは、工場経営者としての確かな手腕と芸術への深い造詣からバルセロナの芸術に貢献した代表的なパトロンで、この運命的な出会いから、様々なガウディの名作が実現した。

図2.8 パリ万博出展のコメーリャス皮手袋店ショーケース（1878）[8)]

2.2.4 サグラダ・ファミリアの建築家として

社交に努めていた1883年、ガウディは、上司の推薦で31歳にしてサグラダ・ファミリアの主任建築家となる。すでに地下聖堂の建設が前任の建築家の設計によって着工していたのを引き継ぐ形であった。教会は小さな書店主の発願によるもので、ガウディ自身も生涯かけての大建築になるとは思っていなかった。やがて彼は、ミサ典礼、聖書、シンボリズム等の正確な理解なしに教会の設計は不可能と思い至り、1894年の断食をきっかけに、敬虔なカソリック教徒として禁欲的生活に向かう（図2.9）。晩年の生活は特に質素で、市電に跳ねられ、1926年6月10日に死亡した時、人々は服装からそれがガウディとはすぐにわからなかった。74歳、生涯独身であった。

図2.9 サグラダ・ファミリアの設計に没頭した晩年のガウディ（1924頃）[9)]

2.3 合理性と装飾性の統一と自然の幾何学

2.3.1 過去の様式の実践的参照

ガウディは、ヴィオレ・ル・デュックから深く思想的影響を受けた。特に、過去の様式の単純な模倣を否定し、地域・時代における優劣などの偏見を持たずに厳密に分類、認識することによって過去の建築原理を学び、それがいかに適用されたかを理解し、それを設計に応用することなど、ヴィオレの一連の考え方においてである。しかし、様式の学習はともかく、多忙な設計現場でこのような建築原理の理解と応用を厳密に実践することは困難である。1800年代のガウディの作品の多くも、当時流行のイスラム、ムデハール、ゴシックなど、多様な様式の組み合わせに留まっている（図2.10）。これらでガウディが実践したのは、敷地に残る史実や記憶を尊重しながら、過去の諸様式と、敷地、機能、予算、施工方法などの実務における与条件が、構造力学上の合理性と美的装飾性の2点において折り合うように、可能な限り試行錯誤することであった。

図2.10 カサ・ヴィセンス（1888）[10]——ガウディが建設地を訪れた際に目にしたシュロの木と敷地一面を覆う黄色の花が装飾モチーフの由来

2.3.2 自然の幾何学による構造と立体的空間把握

自然界の幾何学形態は多様であるにもかかわらず、過去の建築様式が共通に基盤としてきた立方体、球、角柱を含むことは稀である。ガウディは自然界における幾何学を熱心に研究した。初期の作品から一貫して見られるのは、懸垂線のアーチへの適用である（図2.11）。懸垂線は均質の材料でできた紐の両端を固定して、自由に垂らした時にできる曲線である。17世紀末には逆さにすると推力[*16]を発生しないという点で構造上優れていることが知られていたが、定規やコンパスで描けないため、顧みられなかった。晩年の作品では、ヴォールト、柱、屋根など主要なエレメントに線織面[*17]が適用され、ガウディ特有のうねるような曲面を実現した。線織面は、指と指の間、発育過程の植物の芽、山道など至る所に見られる。18世紀末に研究が始まり、ガウディ自身学生時代に学び、1900年代にバルセロナで新たに学術論文が報告された。線織面は、三次元空間における直線の連続的な移動の軌跡として描かれる。この性質は、カタロニアの伝統的なレンガ積みの工法には適しているが、平面上の作図は難しく、ガウディは繰り返し模型による検討を行った（図2.12）。

図2.11 カサ・ミラ（1910）、最上階内部

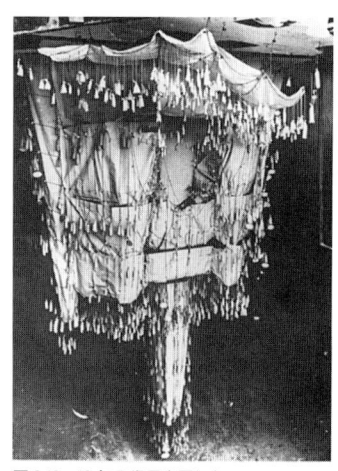

図2.12 10年の歳月を要した、コロニア・グエル地下聖堂の逆さ吊り実験模型[11]

2.3.3 建築における装飾への意志

ガウディは各様式の装飾の参照にも熱心で、建築の装飾は都市文化の現れであり市民の誇りであると考えていた。彼は、装飾を視覚的効果だけでなく、記号や象徴によって建築に意味を語らせるためにも不可欠だと考えていた。全作品を通じて、多様な素材、色彩、形態からなる様々な装飾を見ることができる。一方、様式を手本にした初期作品から有機的曲面を持つ後期の作品に移行する過程で、付加的な彫像や浮彫りなどの様式的手法による装飾は減少する。あたかも自然が芸術性を獲得する意図なく美的形態を生み出すように、線織面の適用が構造的性能と共に建築の表面に装飾的効果をもたらし、建築自体を装飾化したためである（図2.13）。

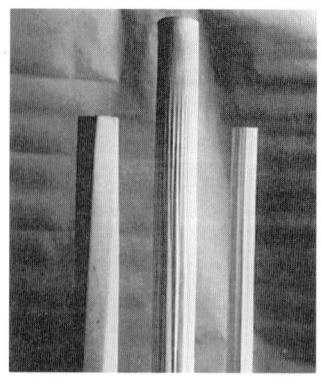

図2.13 螺旋面によるサグラダファミリアの柱。表面の凹凸が光と影の複雑な効果を生む[12]

2.4 サグラダ・ファミリア贖罪聖堂

2.4.1 平面構成：神の家

神の家として、聖家族に捧げられた、五身廊・三袖廊のラテン十字平面のバシリカ形式の聖堂[*18]で、ガウディは前任建築家の規模・形状を大幅に変更した（図2.14）。正面入口を入ると内部がすべて見渡せるように、交差部には内部クーポラを置かない。また、典礼行列のために周囲に回廊が巡る。ガウディが設計を引き継いだ時、すでに地下礼拝堂の建設は着工しており、中心軸の方向からくる三つの正面の方向は変えることができなかった。逆に彼はそこから、日の昇る（北）東の「御生誕の正面」、日の沈む（南）西の「御受難の正面」、最も光に輝く東南の大正面である「栄光の正面」というテーマを設定する。「栄光の正面」の最終案を決定する前にガウディは亡くなったが、サグラダ・ファミリアは今なお建設中で、今世紀中に完成予定である。ガウディ自身、生きている間に聖堂が完成するとは考えておらず、中世の大聖堂建設がそうであったように、数百年の時代を経て複数の建築家が設計を引き継ぐのがよいと考えていたのである。

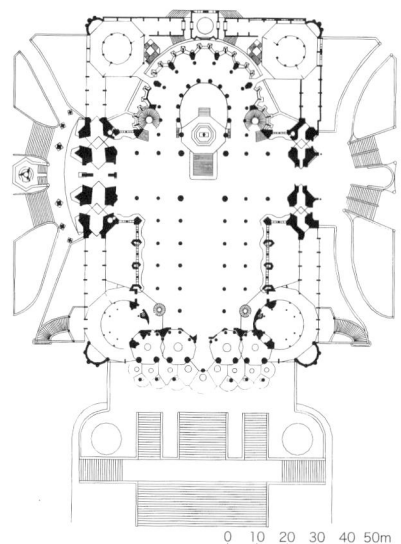

図2.14　サグラダ・ファミリア、平面図[13]

2.4.2 外観：視覚と聴覚で読む巨大な聖書

聖堂は、公的な力を借りずすべて民衆の寄付によって建設された。当時、産業革命後の科学技術への関心から、人々の心は宗教から離れがちであった。ガウディは、巨大な規模・形態・装飾に加え、音と光を総動員することによって世の中の変化に負けない圧倒的な強さで、聖書の内容を語ろうとした。16本の塔[*19]はすべて双曲放物線面からなり、それぞれの塔の頂きから夜空へ、また同時に地上へと光線を放つ。キリストを象徴する中央塔は170mと最も高く、展望台を有する（図2.15）。三つの正面に配された12使徒を表す鐘塔からはそれぞれ別の音色の音楽が奏でられる予定であった。また、現在完成している「御生誕の正面」と「御受難の正面」は、そのテーマの対照性に加え、歴史主義から幾何学主義へとガウディの関心が移る過程を各々反映したものとなっている。

図2.15　サグラダ・ファミリア、完成イメージ図（1950頃）[14]。ガウディの死後、弟子によって描かれる

2.4.3 内部空間：明るい森

内部は、樹木が茂る森の中のように構想された。木の幹と枝が葉の茂みの位置と重さによって傾くのと同様に、柱はヴォールトに向かって二段階に分岐し、受ける荷重の方向にあわせて傾く（図2.16）。この構造により、屋根と塔の全荷重をヴォールトから各柱が受けるにもかかわらず、柱を細くすることが可能となっている。また、外壁は自重だけを支えればよいため、窓を大きくとることができる。特に、窓とヴォールトの双曲線面による光の拡散は、この森をいっそう明るくしている。また、双曲線面は音響効果も併せ持つと考えられている。柱は分岐した節の部分以外は木の成長を表現するかのように螺旋面によって形成される。また、一組の柱とヴォールトの力関係は1本の木のように独立して完結するので、一部の崩壊が全崩壊に連鎖するゴシックの場合と異なり、一度にすべてのヴォールトを施工する必要がない点も合理的である。

図2.16　サグラダ・ファミリア、断面図[15]

2.5 有機的空間への実践

2.5.1 外観とインテリアの一体化：コロニア・グエル聖堂

　グエルは、自身が所有する織物工場を移転した土地に、商店、学校、劇場などを含む労働者のための住宅地を建設し、1892年にスペイン初の工業コロニーの認可を受ける。1898年、居住者の増加に対応して、このコロニーのための教会建築をガウディに依頼した。ガウディは、初めて双曲放物線面による複数のヴォールトと懸垂線アーチの組み合わせによる構造体の設計を決意し、模型実験に着手する。実験では、紐で錘を繋いだものを釣り下げ、その内側に薄い紙を貼ってそれぞれの錘に過大な荷重がかからないように工夫した（図 2.12）。1本の柱の位置を変えるだけで不均衡な状態ができるため、そのつど錘を付け替える作業が繰り返され、完全な形を得るまでに10年を要した。ガウディは、模型ができると写真を撮り、それを逆さまにしてそこに水彩画でイメージを描く手法をとった（図 2.17）。インテリアも同様に模型の内部写真の上に描かれた。つまり、自然の幾何学による構造体は、特異な外観とインテリアを同時に形成する役割を果たしたのである。1914年、ガウディは、サグラダ・ファミリア贖罪聖堂に専念するため、すべての仕事を断る。そのため、この聖堂は完成せず、実現したのは地下部分（1961、図 2.18）だけであったが、模型実験の成果はサグラダ・ファミリアの全体構成に活かされることになる。

図 2.17　コロニア・グエル聖堂、外観スケッチ[16]

図 2.18　コロニア・グエル聖堂（1916）、地下内部[17]

2.5.2 市民に開かれた外部空間：グエル公園

　イギリスに造詣が深かったグエルは、バルセロナの全景を眺望できる南東の斜面地に田園都市[*20]を実現しようとした。20 haの土地を60区画に分譲する予定だったが2区画しか売れず、事業としては失敗に終わる。1904年に主要部分は完成し、1906年にガウディはここに移り住む。同年、グエルはここの中央広場で市民のために慈善パーティを開き、これを期に市民が集まる名所にしようとした。

　宅地として造成することなく、全体として土地の起伏を適切に活かす計画がなされ、地形にそった道路は陸橋で繋がれた。正面入口の階段を登りきったところは中央広場の真下にあたり（図 2.19）、住民のための市場になる予定だった。ドリス式オーダー風の柱が林立して広場を支えることでできた空間である。中央広場のベンチ、陸橋を支える柱など、公園を特徴づける線織面による有機的造形は、破砕タイル（または石）を打ち込んだモルタル製プレキャスト[*21]である。例えば、広場の蛇行するベンチは、裸になった左官が練り立ての石膏に座ることによってとられた型をもとにした 1.5 m 単位のプレキャストで、通常は廃棄される不良品のマジョリカ焼を活用した多彩な破片で覆われている（図 2.20）。このベンチは広場からの転落防止にもなっている。また、陸橋を支える柱は、内転び[*22]の形状によって独特の景観をつくるほか、日陰を提供し、柱頭に植木鉢をかかげたり、柱脚にベンチを置いたりと、複数の機能を同時に併せ持つ親しみやすい建築要素になっている（図 2.21、22）。

図 2.19　グエル公園（1914）、正面の階段とドリス式オーダー風の柱。上部に中央広場のベンチの一部が見える

図 2.20　中央広場とマジョリカ焼のベンチ

(左)図 2.21　陸橋と内転びの柱。後方の柱の柱頭の植木鉢は陸橋を歩く人の目も楽しませる
(右)図 2.22　陸橋を支える内転びの柱と柱脚のベンチ

2.5.3　上流階級の集合住宅：カサ・バトリョとカサ・ミラ

　新しい都市要求によって出現したバルセロナの新市街に位置する集合住宅として、カサ・バトリョ（1906）とカサ・ミラ（1910）は各々計画された。両者とも伝統的な集合住宅の形式、つまり地下と1階が倉庫や店舗、2階（現地では主階と呼ぶ）が施主の住宅、それ以外の階が賃貸アパート、最上階は断熱とサービスのための屋根裏で、採光と通風のために中庭を有する。いずれも、自然界の生命感や有機体の形態的特徴を連想させる有機的曲面をもつバロック風デザインである。この作風は建築ではなく、カサ・カルベット[*23]（1904）の家具（図2.23）から始まった。これらの施主は、グエルと同様に繊維業で成功した富豪である。

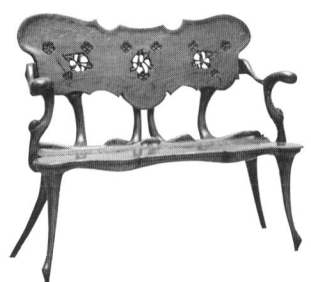

図2.23　カサ・カルベットの家具(1904)[18]

　カサ・バトリョの場合は、既存の5階建集合住宅の増改築で、地階、1階、主階が全面的に、3階から5階のアパートが部分的に改築され、6階と最上階が増築された。建築とインテリアが共に高い完成度で設計されている。例えば、表通りのファサードの表面は、レンガ造の構造壁を波状にはつり、基本色の色モルタルを塗った上に、色ガラスの破片と斑模様の円形の陶板で仕上げることで、爬虫類の腹や静かな水面を思わせる輝く曲面となっている。さらにテラスには人間の頭蓋骨のような手摺を置き（図2.24）、1–3階の窓面は四肢の骨のような砂岩の柱で支えられ（図2.25）、両側に並ぶどの建物よりも目立ったファサードである。表通りに面する入口から主階へ向かう階段部分（図2.26）の壁はすべて曲面が連続しており、人々を柔らかに迎えては送りだす。これらの壁は天井とも切れ目なく連続して曲面をつくり、人体の肌のきめのような塗装仕上げがなされている。また、これらの壁の床からの立ち上がり部分は、白と青を組み合わせたタイル仕上げになっている。この仕上げは、階段が面する吹き抜け部分すべてに施され、青の濃淡と表面の凹凸や光沢の有無によってグラデーションをつくる（図2.27）。吹き抜け部分は、中庭を改築したもので、トップライトが水底へ光を差し入れるような効果を生み出す。

[左]図2.24　カサ・バトリョ(1906)、ファサード
[右]図2.25　同、1階部分の柱

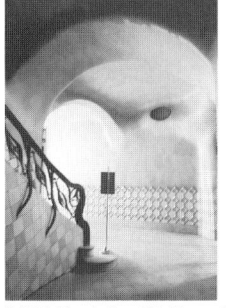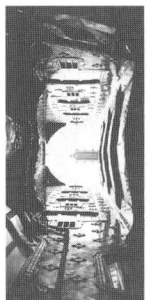

[左]図2.26　カサ・バトリョ、入口周辺と主階への階段
[右]図2.27　同、吹き抜けの見上げ

　カサ・ミラは、水平にうねるような曲面が石張りによって強調された特異な外観（図2.28）を持ち、市民からラ・ペドレラ（石切り場）と呼ばれた。ガウディは、聖母マリアに捧げたモニュメントというコンセプトから、外観をイメージしたといわれる。サグラダ・ファミリアの経験から、図面によらず、石膏模型によってファサードの形態は決定された。大通りの交差する角地に建ち、二つの中庭を有する。地下には将来の自動車の普及を考えて駐車場が設けられた。温暖なバルセロナでは集中式暖房は発達せず、各部屋の煙突が屋根から突き出し、特徴的な景観をつくる。カサ・ミラでは、煙突に中世の兜（かぶと）や未知の生命体のような形態を与えることでさらに特異な景観が生み出されている（図2.29）。ガウディは、カサ・バトリョ以上に流動的な空間を内部において実現しようとしていたが、施主との関係の悪化から、試みは半ばで立ち消えとなった。

図2.28　カサ・ミラ(1910)

図2.29　カサ・ミラ、屋上の煙突

Antonio Gaudí

*1 カタロニア地方における産業革命：カタロニア地方は、スペインの国策とは無関係に、1780年代からイギリス、次いでフランスから紡績機械を輸入し産業革命にいち早く着手した。ナポレオンのスペイン侵入で一時中断したが、独立戦争後はすぐに産業革命を再開し、ヨーロッパ大陸で最も早くこれを達成した。その結果、カタロニアの産業資本家は、マドリッド中央政府に保護貿易を国策とするように働きかけることになった。また新興の資本家たちは爵位を授かり貴族に叙せられ、一方で新しい労働者階級が急増した。新興資本家の中には、カソリックの精神に基づき、多くの慈善事業に寄付・貢献する者があった。

*2 イルデフォンス・セルダー・スニェル Ildofons Cerdà Sunēr：1816–76。工学者、建築家、政治家。1849年からバルセロナに住み、土木技師の職に就く。1850年から国会議員になる。1859年、中央政府の依頼で、バルセロナの都市改造拡張計画に携わった。1967年に『都市計画概論』を出版。

*3 カタロニア主義：1876年にバルセロナで創設された「カタロニア主義科学的探訪協会」が掲げた。探訪とは、小旅行を意味し、カタロニア地方に特有なすべての自然、歴史、芸術、伝統、などを調査・研究し、あらゆる地方を訪れることを目的とした。著名な文化人、経済人など500人からなり、ガウディや彼の施主も属していた。

*4 ムデハール：12–16世紀において、キリスト教徒の失地回復運動以降もスペインに残ったイスラム教徒が、ロマネスク、ゴシック、ルネッサンスの要素を取り入れて生み出した装飾的な様式。

*5 ルイス・ドメーネック・イ・モンタネル Lluis Domenech y Montaner：1850–1923。建築家、歴史家、政治家。バルセロナ建築専門学校の教授を経て、1901年より校長を務める。1888年のバルセロナ万国博覧会のために国際ホテル、レストラン、カフェを設計。彼のカタロニア音楽堂と聖パオロ病院は、モデルニスモの傑作である。J.プッチ・イ・カダファルクと共に『美術史概説』を著す。1901、1903年に国会議員になる。

*6 ジョセップ・プッチ・イ・カダファルク Josep Puig i(y) Cadafalch：1867–1957。建築家、美術史家、政治家。1901年より、バルセロナ建築専門学校で教える。地方主義者連盟の創始者の一人で、1907年国会議員になる。1917–24年まで、カタロニア自治連合の議長。1936年、フランスに亡命。

*7 ノベセンティスモ：中世主義の反動としての古典主義的な運動で、20世紀主義とも呼ばれる。1910年代から建築の分野でモデルニスモ批判が高まり、1920年末に機能主義理論の普及活動へとつながる。

*8 ウィーン分離派：第5章参照。

*9 グラスゴー派：第4章参照。

*10 ジョン・ラスキン：第1章参照。ラスキンの著作は1903年にバルセロナでスペイン語に翻訳・出版された。

*11 アントニオ・ガウディ・イ・コルネット Antonio Gaudí y Cornet：：左記はスペイン語名。カタロニア語名はアントニー・ガウディ・イ・クルネット Antoni Gaudi i Cornet である。生誕地はレウスか、リウドムスかについて諸説ある。

*12 45度に差し込む独特な陽の光：偉大な古代建築を生み出したギリシャ、ローマを含む地中海地域は、太陽の光が斜め45度に差し込む。ガウディはこの光が実体としての建築物を最も明確に見せると考えていた。

*13 ウジェーヌ・エマニュエル・ヴィオレ・ル・デュック Eugène-Emanuel Viollet-le-Duc：1814–79。フランスの建築家、建築修復家。フランスにおいて多くの中世建築の修復工事に参加した。イタリア、フランスの古代研究も各地で行う。

*14 黄金の熱：1878–82。カタロニアが投資熱に沸いた時代の呼称。

*15 エウセビオ・グエル・バシガルーピ Eusebio Güell y Bacigalupi：1847–1918。バルセロナを代表する産業資本家。「カタロニア主義科学的探訪協会」会員。グエルがスポンサーになることによって、ガウディは、「グエル別邸」「グエル邸」「グエル公園」「コロニア・グエル地下聖堂」を実現し、また「コロニア・グエル教会」の逆さ吊り実験に取り組むことができた。

*16 推力：水平に拡がろうとする力のこと。ローマおよびゴシックのアーチは、推力を発生するため、前者は厚い壁、後者はフライングバットレスと控え壁を必要とした。しかし、懸垂線アーチは推力を発生せずに荷重を大地に送ることができるので、このような補助が不用である点が合理的である。

*17 線織面：線織面には、双曲放物線面、双曲面、螺旋面などがあり、これらはねじれ面と呼ばれる。特に、双曲放物線面は、二つの異なる面に引いた2本の直線に接しながら移動する第3の直線の軌跡がつくり出す曲面のことで、懸垂線と同じ力学形状に従う。

*18 五身廊・三袖廊のラテン十字平面のバシリカ形式：正面入口と教会の中心部である奥の聖壇を縦に結ぶ5列の身廊が3列の袖廊と直交する平面構成になっている。このような縦長の十字架型平面は、円、正方形、八角形などの集中式平面に比べ、典礼行列等の儀式に適する。

*19 16本の塔：聖堂の塔を双曲放物線面でつくる構想は、コロニア・グエル教会の設計に先立って、すでにタンジール計画案（1893）に明確な形態を得ている。これは、1889年にカタロニア語に翻訳出版された「アリ・ベイ旅行記」に記載された図版、エジプトの「多数の鳩舎をもつ村」に着想を得たものといわれる。アリ・ベイは、トルコ人旅行家を装おうスペイン人でモロッコ併合の密命を帯びていた。「カタロニア主義科学的探訪協会」でも講演している。

*20 田園都市：第8章参照。

*21 プレキャスト：建物の部材または部分をあらかじめ型に入れてつくり、それを現場で組み立てること。通常は鉄筋コンクリート造に用いる。

*22 内転び：垂直に立つのではなく、内部に向かって傾斜していること。

*23 カサ・カルベット Casa Carvet：施主のカルベット家は、グエル家とも付き合いのある新興の資本家。繊維会社を経営していた。カサ・カルベットは、ガウディの作品の中では個性の薄い作品で、しかも高さ制限を破った違法建築であった。にもかかわらず、衛生面を含む機能性、構造性、材料の適切な選択、威厳を備えた独創性という理由から、バルセロナ市の初年度建築年間賞を受けた。

■アントニオ・ガウディについて理解を深めるための参考図書

† 鳥居徳敏『建築家ガウディ その歴史的世界と作品』中央公論美術出版、2000
† 鳥居徳敏『ガウディの建築』鹿島出版会、1987
† 鳥居徳敏『ガウディの七つの主張』（SDライブラリー7）鹿島出版会、1990
† ザビエル・グエル／入江正之訳『建築の旅 ガウディ』彰国社、1992
† ラケル・ケラスタ＆アントニ・ゴンザーレズ／入江正之訳『建築の旅 カタロニア近代の建築』彰国社、1992
† 入江正之『アントニオ・ガウディ論』早稲田大学出版部、1997
† 田中裕也『ガウディの建築実測図集』彰国社、1987

3
フランク・ロイド・ライト
Frank Lloyd Wright

黒田智子

建築とは生命であることを私は知っている。少なくとも生命それ自体が形式をとったものであることを。したがって、昨日それが世界に存在したように、そして今日存在し、また、永遠に存在し続けるであろうように、生命のもっとも真実の記録であることを、私は知っている。したがって、私の知っている建築とは、偉大な精神である。それは、人間によってこの地上に建てられた建物からなるあるものでは決してありえない——それらのほとんどは、今では駄作の堆積であるか、あるいは間もなくそうなるものである。（1939年の講演「将来—告別の辞」より）

図3.1 ライター・ビル（W. ジェニー、1885、シカゴ）[1]

図3.2 オーディトリウム・ビル（D. アドラー&L. サリヴァン、1889、シカゴ）[2]

図3.3 オーディトリウム・ビル内の装飾[3]

3.1 世紀転換期のアメリカの都市と郊外

3.1.1 シカゴ派の活躍とその背景

　19世紀のアメリカは、工業化の進展とともに都市における人口の流入と経済活動の活発化が目覚ましかった。19世紀半ばには工業生産による鉄とガラスが建築に導入される。シカゴでは、1871年の大火とその後の経済危機の後、空前の建築ブームを迎え、シカゴ派と呼ばれる建築家たちが活躍した。ヘンリー・ホブソン・リチャードソン[*1]、ウィリアム・ル・バロン・ジェニー[*2]（図3.1）、ルイス・ヘンリー・サリヴァン[*3]（図3.2）などがその代表である。彼らは、ボストンやニューヨークなどの東部の都市に肩を並べるようになったシカゴの顔となる建築を設計した。特に地価の上昇から、シカゴに世界最初の摩天楼を実現し、鉄骨造によって従来の組積造の高さを容易に越えた。火に弱い鋼鉄をレンガや石で被覆したことは、摩天楼の外観にあたかも組積造のような表情を与える。形態表現においては、過去の様式の参照が主流であったが、サリバンは構造自体のプロポーションの検討と植物モチーフによる独自の装飾を試みた（図3.3）。

　世界各地からの情報は、移民が持ち込む生活文化以外にも、専門家の相互交流、雑誌や博覧会を通じて得ることができた。シカゴ・アーツ・アンド・クラフツ協会[*4]を中心に、W. モリス[*5]以来のイギリスの運動の精神が受け継がれる一方で、工業技術の可能性が積極的に認められ、Ch.R. マッキントッシュ[*6]を含む一連の作品が検討されていた。20世紀初頭に開催されたセントルイス万国博覧会では、ユーゲントシュティール[*7]やウィーン分離派[*8]なども紹介された。

　また、シカゴ派の建築家たちは、ヨーロッパで留学や修業を経験した者も珍しくなかった。一方、ジャポニズム[*9]への関心はアメリカでも高く、浮世絵の収集・日本文化の解釈が盛んで、1876年のフィラデルフィア建国百年祭博覧会、1893年のシカゴ万国博覧会では、伝統的な日本の木造建築の建設過程を実際に見ることができた。

3.1.2 東部から中西部にかけての郊外住宅の住要求と特徴

　5年にわたる南北戦争は1865年に終結し、自立して生きる完全に自由な個人による民主的な理想社会を、建国以来の新しいアメリカ像として再考する気運が高まった。ウォルド・ホイットマン[*10]、ラルフ・ウォルド・エマーソン[*11]等が広く読まれ、特にシカゴではG. W.F. ヘーゲル[*12]が翻訳され、関心を集めた。一方、都市では経済的活況とは裏腹に居住環境の劣悪化が激しく、広々とした緑の中での健康的な生活を求める中産階級は郊外に移り住んだ。彼らが住宅に求めるのは、もはや開拓時代の仮住まいではなく、安全を約束する永続的な強固さと節度をもった独自性であった。高い居住密度に対応したヨーロッパ型住宅に規範を求めるのが一般的だった当時、リチャードソンは、大地に伸び広がる平面構成を有し、地域に産する木材・石材を用いたカントリー・ハウスを手がけた（図3.4）。さらに1880年代には日本の木造住宅の特徴を取り入れたり、アーツ・アンド・クラフツ運動[*13]の理念に倣った住宅が建設された。

図3.4 H. リチャードソンによる石材を多用したカントリー・ハウス（ノースイーストン）[4]

3.2 フランク・ロイド・ライトの生涯 (1867–1959)

3.2.1 ライトの原風景

フランク・ロイド・ライトは、1867年6月8日、ウィスコンシン州のリッチランド・センターに生まれた。母は、ライトが幼少の頃にはすでに彼を建築家にすると決めて熱心に教育を行い、彼が9歳の時、フレーベルの贈り物*14（図3.5）を与えた。当時としては画期的な子供の教育用の遊具で、幾何学形態を駆使した彼のデザインを深い部分で方向づけることになる。また、ライトはベートーベンの楽曲をピアノで弾くのを好み、よく建築を交響楽に例えたが、それは牧師であった音楽好きの父の影響である。さらにライトは10歳の夏に、スプリング・グリーンの叔父の農場での厳しい農作業から、屋外労働の爽快さと自然の壮大な神秘を感得した。

3.2.2 シカゴでの修行時代

ライトは、ウィスコンシン大学の工学部に入学するが、建築や土木の授業に興味が持てず、土木事務所で2年間働き、建設技術と製図を実務から学んだ。20歳でシカゴに出て、8ヶ月間、ジョセフ・ライマン・シルスビー*15の事務所で働いた。その後、シカゴ派の頂点にいたサリバンのもとで6年近く勤め、自然を範とする彼の装飾や建築に関する考えに深い影響を受けた。

3.2.3 フリー・アーキテクトとして

26歳で自分の事務所を開いたライトは、91歳で亡くなるまで組織に属さず、自らの自由の証として設計活動に邁進した。まず、シカゴ郊外のオーク・パークでの10年間で住宅作家として成功し、カントリー・ハウスの独自のスタイルとしてプレーリーハウス（草原住宅）を完成させ、6人の子供に恵まれ家庭的にも幸福なはずであった。

にもかかわらず、彼はその生活を捨て、M.B. チェイニー*16とヨーロッパへ旅立つ。2年後に帰国したライトがヴァスムート社*17から出版した作品集は、デ・ステイル*18などヨーロッパの若手建築家に影響を与えた。同時に、拠点をスプリング・グリーンに構えタリアセン*19と命名する（図3.6, 7）。しかし、チェイニー夫人との新生活は使用人の放火、殺人という惨劇によって灰に帰し、スキャンダルは第一次大戦の影響と共に彼から仕事を奪った。帝国ホテル（1923、5節参照）やカリフォルニアの一連の住宅等を実現した1920年代以後、目立った実施作品はない。しかもタリアセンはこの時期二度目の火災、負債のための差し押えなどに見舞われるが、生涯の伴侶オルギヴァンナ*20（図3.8）の助力も得て乗り越えた。同時期、ライトは独自のグリッドの手法と構造上の新しい試みを発展させ、70歳近くになって迎える第二黄金時代の名作、ジョンソン・ワックス・ビル（1936、図3.29）、グッゲンハイム美術館（1959、5節参照）などのアイデアの多くを、すでに計画案に具体化していた。冬はアリゾナ砂漠、それ以外はウィスコンシンのアトリエを拠点に若い弟子たちと共に精力的に活動を展開した彼は、1959年4月9日に亡くなるまで、計画案約800点のうち約430点を実現したのだった（図3.9）。

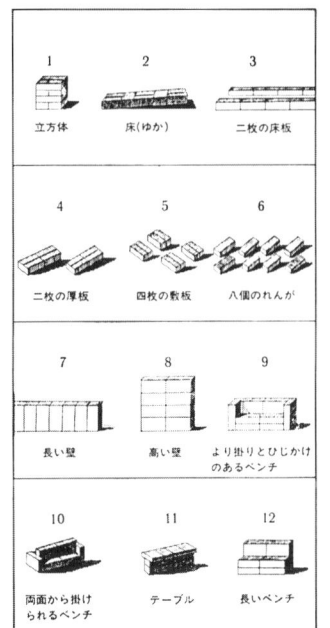

図3.5 フレーベルの贈り物[5]

図3.6 タリアセン・イースト／タリアセンⅢ（1925、スプリング・グリーン）[6]

図3.7 タリアセン・ウエスト（1959、フェニックス）[7]——1937年以来、弟子たちによる施工で増築が続けられた

図3.8 ライト(左)とオルギヴァンナ(右)[8]

図3.9 タリアセンで弟子に囲まれるライト（1937頃）[9]

図3.10 リトル邸(1913、ディープヘブン)に見られる日本の長押の影響[10]

図3.11 バーンズドール邸(1917、ロサンジェルス)、屋上庭園へ導く階段部分に取り付けられた装飾[11] ── 施主の好んだ花タチアオイが装飾モチーフとなっている

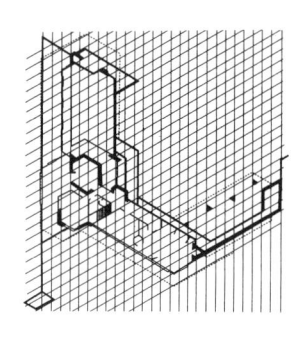

図3.12 ウォール邸(1941、プリマス)、平行四辺形のグリッド[12]

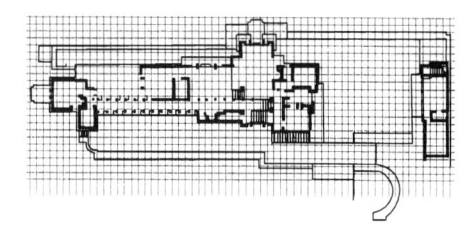

図3.13 エニス邸(1923、ロサンジェルス)、正方形のグリッド[13]

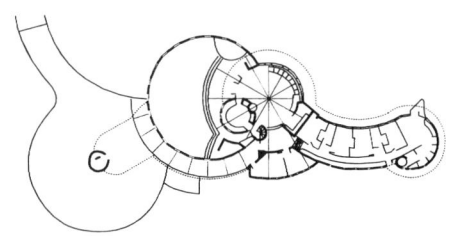

図3.14 ライクス邸(1959、フェニックス)、円のグリッド[14]

3.3 アメリカ独自の様式としての有機的建築

3.3.1 内側の生活を外側へ表現し、敷地と調和する建築

　ライトは、アメリカ独自の建築様式を確立しようという強い使命感を持ち、それを有機的建築と名づけた。まず、ヨーロッパの様式の枠に当てはめて設計条件を詰め込む姿勢を全面的に否定する。そうではなく、内部に展開する生活やそこに息づく精神を高め、外部に虚飾なく表現する姿勢を根本とした。その理念は、母方のユニテリアン[*21]の信仰や、師・サリヴァンの影響と共に、ホイットマン、エマーソン、とりわけ、トマス・カーライル[*22]や岡倉覚三[*23]の著作を通じて深められた。そして、住み手が求める生活の理想、敷地と建築の調和、素材を活かした構造などを模索した。

　そのような有機性が表現されたものとして、ライトは、日本の芸術を愛情と熱意をもって参照した。1893年のシカゴ万国博覧会では、浮世絵の展覧会、日本館(鳳凰殿)と日本庭園を目にした。さらに、1905年から1922年まで度々来日して多くの美術骨董品を入手し、浮世絵に関しては日本人の間でも収集家として有名だった。その構図から、自然と生活の関係、単純化や配色のバランスなどを学んだと考えられる。また、日光をはじめ各地を訪ねて建築写真を撮り、精巧な模型を持ち帰っている。自然地形との調和、大地と並行に深い軒を持つ屋根、内部と外部の連続性、家具で緩やかに間仕切った空間(図3.10)、上昇性を促す格天井、片持ち梁の効果、人間を基準とした寸法の扱いなど、多くの特徴が作品に認められる。

3.3.2 幾何学形態の選択と反復：装飾とグリッド

　ライトが自ら影響を認めるフレーベルの贈り物は、幾何学図形を自然の背後にある神の摂理と捉える理念からつくられていた。一方、ライトはすべての人々が自由を求める心を持っており、それを人類が共有する神性と捉えていた。また、各人が心の中に神性を拡げていくことこそ真の民主主義だと考えていた。幾何学図形と神性は有機的建築と生活において呼応し社会改革へと導くのである。

　ライトが幾何学による造形について、日本の伝統文化やマヤ遺跡など広く事例を渉猟したのはそのためだったと考えられる。さらに、画家・工芸作家に影響を与えたアーサー・ダウ[*24]や、幾何学的な様式を含む世界の装飾を紹介したオーウェン・ジョーンズ[*25]の著作に親しんだ。また、H.P.ベルラーへ[*26]やウィーン分離派との交流を通じ、西洋以外の文化に注目するプリミティヴィズム[*27]について独自の解釈を進めた。同時に、自然の中の樹木や草花を観察し、それらの形態的特徴を幾何学に変換して構造だけでなく装飾の発想源とした(図3.11)。

　幾何学の探求は空間全体に広がり、正方形、長方形の格子グリッドに加え、円、六角形、平行四辺形などに基づいたグリッドを考案する(図3.12、13、14)。ライトは、様々なグリッドを大地に展開し、人の流れと光の分量を考慮しながら、柱、壁、造り付けの家具から庭の敷石まで、すべての構成要素をグリッドの上で検討した。

3.4　落水荘：カントリー・ハウスの到達点

3.4.1　立地と構成

　落水荘（1935、ミルラン）は、竣工前からアメリカのメディアを賑わし、70歳を目前にすでに過去の人とみなされていたライトの、作家としての健在ぶりを世に示した。落水荘は、百貨店経営で成功していたE.J. カウフマンとその家族が休暇を過ごすための住宅で、流れ落ちる水の姿を眺めるだけでなく、その水と共に生活するために流れる川の上に建設された（図3.15）。カウフマンの所有地から切り出された石による組積造の壁から、鉄筋コンクリート造のスラブが片持梁によって張り出し、水平方向に延び拡がりながら層を成す。これによって、住宅は積み重なる自然の岩の一部であるかのような構成となった。1階は家族のための居間、2、3階は寝室と書斎で、背後の斜面にゲストハウスが配され渡り廊下でつながれた（図3.16、17）。A. アインシュタインやW. グロピウス[*28]など多くの著名人がここでの滞在を楽しみ、モホイ＝ナジ[*29]にいたっては雪の積もったクリスマスシーズンに流れる水と戯れたのだった。

3.4.2　オープンプランの居間

　川を渡って小道を進むと石壁で囲まれた暗くて小さな玄関へ導かれる。一歩内部に踏み込むと、南側に張り出し三方に開口部のある明るい居間が広がる（図3.18）。外側に向かって低くなった天井は水平に連続する窓やテラスに続く扉と共に視線を外部へと導く。同時にその視線を受け止めるように造り付けのソファベンチや石積みの暖炉が配され、最初に佇む場所の選択を促しながら人を迎え入れる。暖炉の斜め向かいには、階下の浅瀬へ降りられる吊り階段があり、ガラスを透過した光が水面まで降り注いでいる。一方、北側は対照的に石壁が重なり合い、家族の食卓とプライベートな2階へ続く階段が配されている。落水荘には明確なグリッドや支配的な軸線は見られず、空間の主要な構成要素が向かい合わないように周到に各々の位置が決められている。さらに、ライトによって住宅の内外に東洋の美術工芸品が配置され、空間の特徴はより際立つことになった。

3.4.3　生活者としてのクライアントとの共作

　空間の豊かさやくつろぎは、カウフマン一家の生活者としての強い要望からももたらされた。例えばライトは、居間の暖炉の位置をカウフマン一家がピクニックをした思い出の岩場に決めたが、彼は床の一部となった岩を水平に削って自らがデザインした豪華なカーペットを敷くつもりだった。結局、施主の反対に遭い、岩は元のままとなり床や壁の石と共に居間に独特の味わいを加えた（図3.19）。暖炉脇に取り付けられた球形の赤いケトルは回転して火の上にくべられるなど、ディテールに至るまでライトは情熱を注いでデザインしたために、建設工事のために切り倒されたクルミの切り株をそのまま使ったサイドテーブルは、その素朴さゆえにライトを苛立たせた。また、食卓にはライトのデザインによる椅子の代わりに、イタリア農村部の伝統的な木の椅子が置かれることになった。

図3.15　落水荘、全景(1935、ミルラン)[15]　──　金色に塗装される予定だった壁面は、施主の反対でクリーム色になった

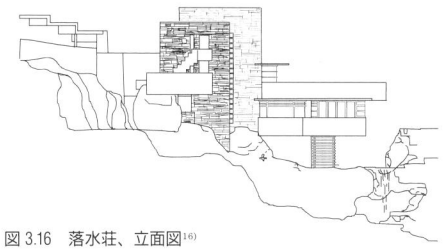

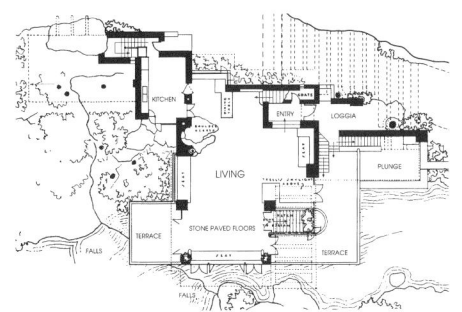

図3.16　落水荘、立面図[16]

図3.17　落水荘、主階平面図[17]

図3.18　落水荘、居間[18]

図3.19　落水荘、居間の暖炉周辺[19]

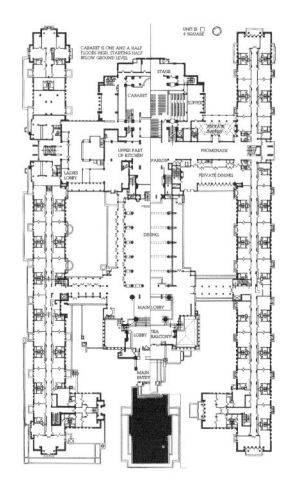

図 3.20 帝国ホテル（1923、東京）、1-2 階平面図[20]

図 3.21 帝国ホテル[21]

図 3.22 帝国ホテル、室内の装飾[22]

図 3.23 グッゲンハイム美術館（1959、ニューヨーク）[23]

図 3.24 グッゲンハイム美術館、インテリア[24]

3.5 独創性と普遍性の併存する建築

3.5.1 帝国ホテル

手狭になった旧館の立て替えのために建築家を探していた帝国ホテル支配人の林愛作に、浮世絵蒐集仲間の友人がライトを紹介したことが設計の発端であった。十数年にわたる関わりの中で、特に1919-22 年の間は、ライトは第二の妻となったミリアム・ノエル[*30]と共に現場監理のため日本に長期滞在をしている。

外国人と日本人の社交場となるホールや宴会場は、豪華でダイナミックで変化に富んだ空間として中心軸上に配置された。その両翼に、外国人客が大半を占める客室が、家具や建具が極端に小ぶりで簡素な空間として対称に配置された（図 3.20）。内外の壁面の大谷石の装飾は、幾何学形態の構成の連続と反復によって西洋でも東洋でもないあたかも古代マヤ神殿のような表情を生み出す（図 3.21、22）。西洋の様式を持ち込むだけの外国人建築家の作品と一線を画す、極めて独創性の高い建築である。予算のオーバー、工期の遅れ、林の辞職などの逆境の中、最初の大きな試練は、構造についてのホテル側の無理解であった。軟弱な地盤と地震に対応するため、建築は互いに独立した部分に分けられ、船のように浮かべられた基礎にピン接合され、各部分間にはエキスパンションジョイントが設けられた。結局この構造の採用によって、1923 年の関東大震災においても無傷で残り、世界中にライトの名を知らしめることになった。

3.5.2 グッゲンハイム美術館

ニューヨーク、セントラルパークの東側の通りに垂直の壁が続く街並みが突然途切れ、カタツムリのようなグッゲンハイム美術館が現れる（図 3.23）。エレベーターで最上階に上がり、明るい吹き抜けの周りを緩やかに取り囲む螺旋状の斜路を降りながら、家の中にいるような親密な距離感で展示物を鑑賞することができる（図 3.24）。

1943 年、ライトはモダンアートの蒐集家 S.R. グッゲンハイムのコレクションのために他に類を見ない新しい美術館の設計を依頼された。それから 16 年間、ライトは隣地の買収による敷地の拡張という幸運と同時に、グッゲンハイム本人の死、クライアント側の計画責任者の突然の交代、建築資材の高騰などの逆境に耐え忍耐強く取り組んだ。特に 2 年の工事期間は、都市生活を批判し続けたライトがプラザホテルの特別室を改装してアトリエとし、現場監理にあたった。ライトは螺旋斜路のアイデアを 1925 年の観光施設の計画案ですでに用いていたが、上昇するにつれて広がる構成に発展させて美術館の初期スケッチに採用し、これを楽観的なジッグラト[*31]と呼んだ。彼を何より悩ませたのは、独特のコンセプトから必然的に導かれる外側へ斜めに傾斜した壁や天井の低さなどが、多様な展示に柔軟に対応せず美術品鑑賞の質を損なうというクライアント側や芸術家たちからの批判であった。ライトは、完成を見ることなく竣工の半年前に世を去ったが、1993 年の大規模な増改築によって現在の美術館は開館当時より彼の設計図に忠実なものとなっている。

3.6 生活を包み流動する内部空間

3.6.1 アメリカの住宅様式の探究

彼にとって自由な人間の求める自由な空間とは、くつろいで佇めると共に、望む方向に豊かに流動する空間であった。また、住宅の本質は屋根や窓にあるのではなく、内部空間とその周囲にあると強調していた。ライトが実現した建築の8割は住宅で、大邸宅から小住宅まで幅広く手がけ、分け隔てなく空間性の追求に情熱を傾けた。

プレーリーハウスは、アメリカの広大な草原に根ざして伸び広がる空間構成の初期における追求の成果である。水平を強調する深い軒をもつ屋根の下に、暖炉を中心に、十字型または横長に広がる平面構成を持ち、ヨーロッパの組積造に見られる個々の部屋を限定する四隅の壁は取り払われた。部屋から部屋へ、内部から外部へと流動する空間が実現し、ロビー邸(1906、図 3.25)はその傑作である。

カリフォルニアで手がけられた4軒のコンクリートブロックの住宅*32(1923)は、ブロックそのものを基本的幾何学形態に基づいてデザインすることで構造と装飾が一体化し、あたかもテキスタイルのような質感を見せている(図 3.26)。

ユーソニアン・ハウス(1936–57)は、アメリカの一般所得者層のための良質で手頃な価格の住宅として構想された(図 3.27、28)。ユーソニアンは造語で、United States of North America の頭文字からとったものである。工費を抑えるために乾式工法*33、平らな屋根等の工夫がなされ、平面を2×4feetのモジュールにのせる一方で、六角形グリッド、パッシブソーラー*34、床暖房等の新しい試みが見られ、主婦への配慮から厨房は天井を高くし居間と連続させている。社会的な関心も高く、多くの見学者が押し寄せた。さらにライトの関心は、住み手による建設、彼らの個性を尊重したコミュニティ建設の手助けなど幅広いものだった。ユーソニアン・ハウスは、アメリカの住宅様式として一般化することはなかったが、ライトのユートピアの理想を今なお示している。

3.6.2 内部空間の構成要素

ライトは、片持ち梁の応力を支える組積造の壁やキノコ型の柱など、独自の構造体の開発と実現にも情熱を傾けた(図 3.29)。自然界の観察から発想したその安全性を確信し、クライアントの疑惑の払拭に努めた。これらの構造体は内部空間の一部になり、天井の高低、ガラス越しの日光、間接照明等と共に独特の効果を発揮する。

またライトは、窓のステンドグラス、造り付けの棚や収納、照明器具、椅子やテーブル、場合によっては食器までデザインした(図3.30)。それらは、空間の調和と秩序を仕上げるために不可欠な存在であったため、椅子やテーブルを重くして住み手が容易には動かせないようにすることもあった。一方で、気に入ったものは少しずつ手直しをして次の作品の中に生かし、自宅やオフィスで自ら使用することもあった。装飾性と快適性が並存した飽きのこない家具の高い完成度は、このような経緯から必然的にもたらされた。

図3.25 ロビー邸、全景(1906、シカゴ)[25]

図3.26 ミラード邸(1923、パサディナ)[26]

図3.27 ジェイコブス邸I(1936、マディソン)[27]

図3.28 ジェイコブス邸II(1944、ミドルトン)、インテリア[28]

図3.29 ジョンソン・ワックス・ビル(1936、ラシーン)[29]

図3.30 ライトがデザインした椅子*35。左より、フリードマン、バレル、ロビー

*1　ヘンリー・ホブソン・リチャードソン　Henry Hobson Richardson：1838-86。パリのエコール・デ・ボザールで学び、アンリ・ラブルースのもとで実務経験を積む。アメリカに帰国後、質の高い様式的に洗練された住宅・店舗・教会・公共建築を実現した。

*2　ウィリアム・ル・バロン・ジェニー　William Le Baron Jenney：1832-1907。高層建築に求められる耐火性能と構造強度を得るため、鋼製骨組を煉瓦と石で被覆した新しい建設方式を開発した。

*3　ルイス・ヘンリー・サリヴァン　Loius Henry Sullivan：1856-1924。マサチューセッツ工科大学で学んだ後、パリに学び、アメリカに帰国後、ジェニーの下で働く。1881年、ダンクマー・アドラーと共同で事務所を開設して造形部門を担当するかたわら、講演・著述活動も行った。「形態は機能に従う」という有名な言葉を残す。

*4　シカゴ・アーツ・アンド・クラフツ協会　The Cicago Arts and Crafts Society：1897年設立。カゴにおけるアーツ・アンド・クラフツ運動の推進母体で、ライトを含む18人の建築家が主力メンバー。イギリスの成果を参照する一方、機械生産による細部や装飾が手工芸に劣るとは考えず、主調となるデザイン要素の選択と展開を重点的に試みた。

*5　ウィリアム・モリス：第1章参照。

*6　チャールズ・レニー・マッキントッシュ：第4章参照。

*7　ユーゲントシュティール：第7章参照。

*8　ウィーン分離派：第5章参照。

*9　ジャポニズム　japonisme：明治維新による開国で日本の美術工芸品は急速にヨーロッパにもたらされ、パリ万博などを契機に19世紀後半のフランスに起こった日本趣味の流行。北斎漫画（葛飾北斎が著した、浮世絵師のための見本帳）や浮世絵に代表される独特の造形は、近代絵画やグラフィックデザインに大きな影響を与えた。

*10　ウォルド・ホイットマン　Walt Whitman：1819-92。アメリカ民主主義の代表的詩人。自然、民衆の生活、自由、平和、進歩を既存の形式を破った自由な表現で歌う。著書に『草の葉』『民主主義展望』など。

*11　ラルフ・ウォルド・エマーソン　Ralph Waldo Emerson：1803-82。アメリカの思想家、詩人。ドイツ観念論、特にカントの哲学をアメリカに伝えた。著書に『自然論』『代表的人物論』等がある。『森の生活』を著したソローに大きな影響を与えた。

*12　ゲオルグ・ウィルヘルム・フリードリッヒ・ヘーゲル　Georg Wilhelm Friedrich Hegel：1770-1831。ドイツ古典哲学の代表的人物。自然・歴史・精神の全世界を不断の変化・発展の過程とし、その内的関連を明らかにしようとした。宇宙の理性または神の弁証法的発展という世界観は史的唯物論や実存主義に多大な影響を与えた。

*13　アーツ・アンド・クラフツ運動：第1章参照。

*14　フレーベルの贈り物　Spielgabe：フレーベルの遊具（Spielzeug）ともいう。ドイツの教育家で世界最初の幼稚園の創設者F.W.A.フレーベル（Friedrich Wilhelm August Frobel、1782-1852）が考案した子供用の遊び道具で、幾何学形態のパネルや積み木の組合せから成り立つ。彼は、基本的幾何学形態は自然界と神の摂理を表わすと考え、幾何学形態の認識とそれによる美的創造の能力、そしてその能力を日常生活に生かす能力を遊びながら育成することを目指した。

*15　ジョセフ・ライマン・シルスビー　Joseph Lyman Silsbee：ハーバード大学、マサチューセッツ工科大学で建築、哲学、神学を学ぶ。開放的な内部の平面構成を持ち、職人の手仕事によるシングル・スタイルの住宅を手がけた。東洋美術の愛好家でアーネスト・フェノロサは実の従弟。

*16　ママー・ボズヴィック・チェイニー　Mamah Borthwick Cheney：1904年に設計した住宅のクライアントの妻。芸術と文学、特にゲーテを好み、1911年、スウェーデンの女性解放論者エレン・ケイの著作の英訳を出版した。

*17　ヴァスムート社　Wasmuth Verlag：美術工芸および建築関係の書籍を扱ったベルリンの出版社。ライトの作品集の出版はドイツとアメリカの文化・情報交流の一貫としてのものだった。作品集は、1911年、Ch.R.アシュビーによる序文を付けて、アメリカとヨーロッパで別々に出版された。ライトの意に反し、アメリカでの反響はヨーロッパに比べて静かなものだった。

*18　デ・ステイル：第10章参照。

*19　タリアセン　Taliesin：ウェールズ語で「輝ける額」の意味。ウェールズから移民した母方の祖父の代からの土地であるウィスコンシン州スプリング・グリーンに、1911年にチェイニー夫人のために建設したのが最初で（タリアセンⅠ）、1914年、惨劇のあと再建され（タリアセンⅡ）、1925年、再度火災に見舞われ再建され（タリアセンⅢ）、現在の姿に至る。1928年、厳冬の寒さを避けるために建設したオコティロ・キャンプを原型に1938年にアリゾナ州フェニックスに開設したタリアセン・ウエストに対して、タリアセン・イーストともいう。

*20　オルギヴァンナ　Olgivanna Lazovich Hinzenberg：東欧の貴族の出身。1924年ライトと出会い、1928年結婚。パリで神秘主義的な宗教家グルディエフのもとで学び、その経験をタリアセンの運営に応用した。

*21　ユニテリアン　Unitarianism：ユニテリアン主義（派）ともいう。キリスト教の教義の中心である父と子と精霊の三位一体を否定し、神の唯一性を強調し合理的思考を重んじる。ライトの母方の祖父は本業とは別に説教者を務め、叔父は牧師として中西部の伝道に功績を残した。

*22　トマス・カーライル　Thomas Carlyle：1795 - 1881。19世紀イギリスの思想家・歴史家・評論家。資本主義が貨幣経済を促進し、教会から人心が離れていく時代に思想的拠り所となった。『英雄崇拝論』『衣裳哲学』は、新渡戸稲造、夏目漱石など明治期の知識人に広く読まれた。

*23　岡倉覚三：1857-1913。フェノロサの弟子で、1890年、彼の提唱に基づいて設立された東京美術学校（現在の東京芸術大学）の学長となる。日本美術史研究の第一人者となり、日本人に伝統的美術の価値を認めさせ、西洋で東洋美術原理の教育を手がける。『茶の本』『東洋の理想』等、外国向けの東洋美学についての著作を英語で出版した。岡倉天心とも名乗る。

*24　アーサー・ウェスレイ・ダウ　Arthur Wesley Dow：1857-1922。アーネスト・フランシスコ・フェノロサの美術理論を実践的な美術教育の形に展開した。『コンポジション』（1899）は、20世紀初期のアメリカにおける美術教育に多大な影響を与えた。

*25　オーウェン・ジョーンズ　Owen Jones：イギリスの建築家。『装飾の文法』（1859）で、古代ギリシャ、ローマ以外に、エジプト、イスラムの幾何学的装飾を豊富な図版で紹介した。

*26　ヘンドリク・ペトルス・ベルラーヘ：第10章参照。

*27　プリミティヴィズム　Primitivism：原初主義。西洋から離れて異国、未開または歴史以前の異文化に価値を見出そうとする立場で、フレーザーの『金枝篇』などを契機に19世紀ヨーロッパに広まった。芸術や建築の起源をこれらに求めることが期待されたが、20世紀に入って原初主義と異国趣味は混然となった。

*28　ヴァルター・グロピウス：第13章参照。

*29　モホイ＝ナジ・ラースロー：第13章参照。

*30　ミリアム・ノエル　Miriam Noel：彫刻家。1914年、タリアセンでのライトの不幸に同情を寄せる手紙を送ったのがきっかけでライトと行動を共にするようになる。1923-27年までライトと結婚。

*31　ジッグラト　Ziggurat：メソポタミア古代の塔状建造物。次第に小さくなる方形のテラスを重ね、その最上階に神殿を置く。

*32　4軒のコンクリートブロックの住宅：1923。ミラード邸（パサディナ）、ストーラー邸（ハリウッド）、フリーマン邸（ロサンジェルス）、エニス邸（ロサンジェルス）は、すべてライトの長男ロイド・ライトが現場担当した。これらがユーソニアン・ハウスに含めて考えられることもある。

*33　乾式工法：乾式組み立て工法。工場で生産された規格部材やユニットを現場で組み立てる時、コンクリート工事や左官工事など乾燥硬化を必要とする一切の工事を排し、組み立ての作業性を高める工法。

*34　パッシブソーラー：特別な機械設備に頼らず、建築自体で太陽熱を有効利用すること。ユーソニアン・ハウスでは上部の水平連続窓で熱の風を抜き、深い庇で影をつくる。特に、ジェイコブス邸Ⅱは、太陽の光を抱くように半円形平面を持ち、南面はガラス扉で開き、北側は壁で完全に閉じた上、さらに土盛された。ライトは、これを「ソーラー・ヘミサークル」と呼んだ。

*35　ライトがデザインした椅子：レプリカを制作しているカッシーナ社が、ライトの施主の名などにちなんで名付けている。

■ フランク・ロイド・ライトについて理解を深めるための参考図書

† フランク・ロイド・ライト／谷川睦子他訳『建築について（上下巻）』（SD選書158,159）鹿島出版会、1980
† ブルース・ブルックス・ファイファー／内井昭蔵他訳『フランク・ロイド・ライト　弟子達への手紙』丸善、1987
† 二川幸夫企画・編集『フランク・ロイド・ライト全集（全12巻）』A.D.A. EDITA Tokyo、1985-88
† 二川幸夫企画・編集『フランク・ロイド・ライトの住宅（全8巻）』A.D.A. EDITA Tokyo、1989-1991
† ケヴィン・ニュート／大木順子訳『フランク・ロイド・ライトと日本文化』鹿島出版会、1997
† 清家清『アメリカンハウス　その風土と伝統』講談社、1987
† 谷川正己『フランク・ロイド・ライトとはだれか』王国社、2001

4
チャールズ・レニー・マッキントッシュ
Charles Rennie Mackintosh

木村博昭

建築は芸術の世界である。この世のすべてが、目に見えるものと見えないものからできているように、建築をかたちづくるものはすべての美術、工芸そして産業である。……建築はあらゆる美術の総合であり、すべての工芸の集合である。（1893年2月の講演「Seemliness」より）

図 4.1　アーガイル・ストリートとハイ・ストリートが交差するグラスゴーの旧市街地[1]

図 4.2　市街の中央を流れるクライド河には多くの造船所があった。蒸気機関による船舶が建造された[2]

図 4.3　グラスゴー市街、世紀末に建設されたセントラル駅前のビル群

図 4.4　中心市街から郊外に延びる緑化された道路とテラス・ハウス群

図 4.5　キャサリン・クランストン[3]。一連のクランストン・ティールームのオーナーでマッキントッシュのよき理解者

4.1　世紀末のグラスゴー

4.1.1　英国第二の都市

　19世紀の英国は、技術革新により著しい発展を遂げる。特に建築家、チャールズ・レニー・マッキントッシュが活躍したグラスゴーは、最高水準の科学技術を誇り、製鉄業を中心に、船舶、蒸気機関車など加工貿易で富み、J. ワットや A. スミスなど著名な科学者や経済学者らの理論と応用科学そして技術と実践がうまく結びつき活力に満ち経済的にも潤っていた。中心部の市街は、碁盤状に計画的に整備され、この時代に建設された比較的高層のビクトリア朝の装飾豊かで重厚な建築とアール・ヌーヴォー的な特色を持つ建築とが互いに軒を連ねたモダンな様相の新興都市であった（図4.2、3）。

　1811年には、グラスゴーの人口は英国第2位にまで増大し、それに併い経済的にも急速に豊かになり、英国第二の都市としてヨーロッパでも影響力を持つまでに成長した。この急速な人口増大と工業化により伝染病や公害に見舞われ、市内の住環境は次第に悪化した。その対策として、グラスゴー近郊を結ぶ鉄道網の発展とともに、マッキントッシュによる住宅が建設されたヘレンズバラのヒル・ハウス（4節参照）やキルマコルムのウィンディヒル*1など郊外に新たに田園住宅地*2が開発され、中産階級のための高級住宅が建てられるようになった。一方、市内では激化する交通対策として、蒸気力を利用した環状式の地下鉄なども考案された。

　6世紀頃から始まる自然発生的な建築と石畳の路地が中世的雰囲気を醸す古い街並みが残される一方で、19世紀に開発された住宅地周辺は、通りが碁盤状に整備され、低層テラスハウス*3が建ち並び、深い街路樹に囲まれて適度に公園が配され、田園と都市を繋ぐ思想に基づいて計画がなされ拡大されていった（図4.4）。

4.1.2　芸術への関心と女性たちの社会進出

　当時、株取引で経済力をつけた財界人たちの関心は、美術品への投資とコレクションへと向けられた。画廊と画商の数も急増し、アーティストたちのマーケットは拡大し、彼らによりレベルの高いものを生み出す機会を与えた。グラスゴーは、比較的封建的で伝統好みの英国にありながら、新しい物好みの気質と何でも受け入れる体質を持ち合わせ、若いアーティストやデザイナーたちが活動しやすい状況が整っていた。

　また、当時のグラスゴーでは女性たちの社会進出が著しかった。マッキントッシュによる一連のティールームの依頼主、キャサリン・クランストンは、グラスゴーでは有名な商才に長けたモダン好みの女性実業家であった（図4.5）。彼女は次々と事業を拡大し、市民、特に淑女たちの社交場となるティールームを創設した。また、マッキントッシュが設計したクイン・マーガレット・メディカル・カレッジやグラスゴー美術大学等は女性たちの高等教育の場であった。さらに、女性アーティストの活躍も著しく、当時男性専用であったアート・クラブに代わり、レディ・アーティスト・クラブが設立された。

4.2 Ch.R. マッキントッシュの生涯（1868-1928）

4.2.1 マッキントッシュの原風景と建築家としての出発点

マッキントッシュは、警察官の息子として、1868年6月7日、グラスゴーに生まれた。自然を描くことを好み、16歳で建築家を志す。建築家になるための5年間の修業時代には、グラスゴーの建築家ジョン・ハチソンのもとで実務を習得すると同時に、グラスゴー美術大学の夜間部に入学し基礎芸術を学んだ。グラスゴー美術大学は、彼が晩年に教鞭をとるなど、生涯関わることになる。

4.2.2 多才な建築家としての探求

修業時代を終えた後、1890年、設立間近だったジョン・ハニマン&ケペー事務所[*4]にドラフトマンとして移籍した。1902年からは共同主催者に加わり、1914年にロンドンのチェルシーに移り住むまで在籍し、個人的活動と事務所の組織的な活動を両立させていた。

マッキントッシュが設計活動を行った期間は、グラスゴー美術大学時代を除けば、1890-1920年頃までの30年足らずで、その作風は短期間に様々な変遷を繰り返し、当時の急激な技術革新に伴う変化と社会的要求に対応しようとした時代の表現者そのものであった。

初期の1890年前半は、優等生的なボザール[*5]を規範とした古典様式の建築に始まり、そして、アーツ・アンド・クラフツ[*6]に傾倒し、素材感と曲線を生かしたアール・ヌーヴォー様式へと進み、独創的なグラスゴー・スタイルを打ち出す。

第一次大戦の始まる1914年以後、グラスゴーを去り、ロンドンのチェルシーに移居するとともにアトリエを設立し活動する。アール・デコ[*7]の秀作バセット・ローク邸（1917-20、図4.13）およびウィロー・ティールームの地下に増設されたダグ・アウト・ルーム（1917）などインテリアの実作やいくつかのプロジェクトを手がけた。

4.2.3 "ザ・フォー"の結成と人生のパートナー、マーガレット

1893年、グラスゴー美術大学学長のフランシス・ニューベリー[*8]の引合せにより、マッキントッシュが中心となり、事務所の同僚ハーバード・マクネイアー[*9]、マーガレット（図4.8）とフランシス・マクドナルド姉妹[*10]の2人の男性建築家と2人の女性画家による男女混成の4人でデザイナーグループ"ザ・フォー"が結成された。

結成当初はアーツ・アンド・クラフツに傾倒していたが、1898年以後離反し、単純さと抽象性を追求し工業化を推進したグラスゴー・スタイルを打ち出した。彼らの存在は、ヨーロッパ大陸でもアヴァンギャルドとして注目され、それまでのアール・ヌーヴォー運動の領域を拡大したと言える。1899年、マクネイアーはマンチェスターで教員となり、フランシスと結婚し"ザ・フォー"は解散する。翌年、マッキントッシュとマーガレットが結ばれ、ウィーンの分離派展に共に参加し、創作活動を続けることになる（図4.10）。

晩年は、健康的理由からか1923年以後、全く建築の仕事から離れ、南フランスで水彩画に専念する。その後、舌癌に侵され、1928年12月10日、ロンドンでその生涯を終える。

図4.6　ハーベストムーン（1892）[4]。初期の水彩画で、天使のような女性像と花のモチーフはその後も常に変わることはなかった

図4.7　マッキントッシュ（1900頃）[5]

図4.8　マーガレット・マクドナルド（1900頃）[6]

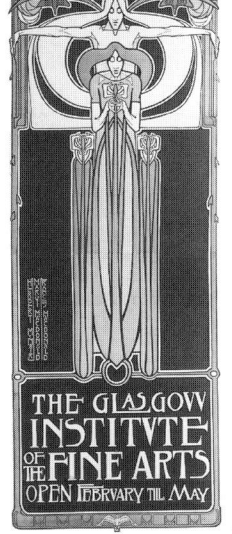

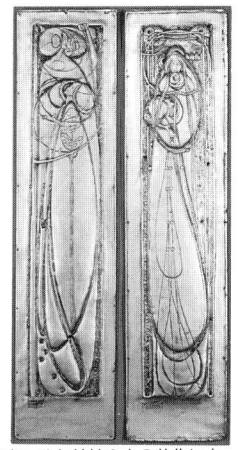

(左)図4.9　マクネイアー、マクドナルド姉妹3人の共作によるグラスゴー美術協会のポスター（1893）[7]

(右)図4.10　マッキントッシュ(左)とマーガレット(右)の共作によるイングラム・ストリート・ティールーム（1900）のメタルワークのデザイン[8]

Charles Rennie Mackintosh

図 4.11 野原で戯れる女性たちとマッキントッシュ。両サイドはマクドナルド姉妹⁹⁾

図 4.12 トータルデザインが施されたハウスヒルのホワイトベッドルームの家具(1904、ニッチ・ヒル)

図 4.13 バセット・ローク邸の改装(1916、ノースハンプトン)。アール・デコ調の強い色彩と幾何学模様が特徴

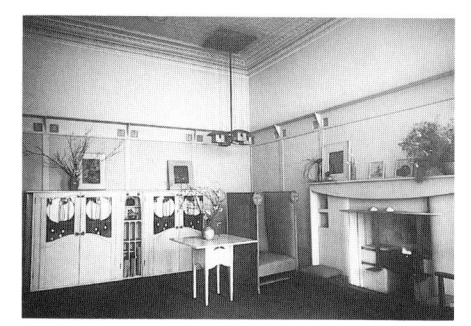

図 4.14 マッキントッシュとマーガレットの新居(1900、グラスゴー)¹⁰⁾。中央の暖炉上部には浮世絵や生け花が飾られ、日本建築の柱と長押を装飾的にあしらったインテリア

図 4.15 キモノ型キャビネット(1900)。ウィンディヒルの住宅の子供室の玩具箱としてつくられたキャビネット

4.3 作風の変遷とその背景

4.3.1 フェミニマスなデザインから幾何学的構成へ

アール・ヌーヴォーは、フェミニマスな香りと優しさが漂う。マッキントッシュのデザインモチーフには、度々細身のマドンナと薔薇が登場する。彼のインテリアは、水彩画に描かれた、花々に囲まれた女性たちが住むイメージ(図 4.6、11)がそのまま三次元の世界で試みられ、家具も女性向きで小ぶりで華奢である。そして、そのフェミニマスな視点は、女性の領域とされたモード、バッグ、宝飾類、テキスタイルなど、生活に必要なものすべてに及んだ。

アーツ・アンド・クラフツから離反した1898年以降、有機的モチーフは排除され、素材を塗り消し、正方形を基本とする幾何学形態をモチーフに、相対的に白い空間と黒褐色のコントラストを効かせた空間を規範とする、グラスゴー・スタイルを打ち出した(図 4.12)。1910年以後は、黒、黄、青の強い色彩を使った、三角形やステップ等のより複雑な幾何学装飾を特徴とするアール・デコ様式に移行する。一方、白いファサード建築の抽象性を高め、地域性を超えたインターナショナル・スタイル*¹¹を見通した手法を確立するに至る。

マッキントッシュの一連のデザイン活動において、妻で画家のマーガレット・マクドナルドの影響は計り知れない。"ザ・フォー"の中で最年長者であったマーガレットは、思想的な拠り所で、リーダー的存在でもあったと思われる。そして、マッキントッシュとデザインの共作ができた唯一のデザイナーであり、彼が追求した美的調和の空間は彼女の参加と協力がなければ成しえなかったであろう。

4.3.2 日本趣味：感性の起爆剤として

1862年のロンドン万国博以後、西欧では急速に日本の存在が注目され、印象派の画家たちが浮世絵の影響を受けるなど、諸芸術に日本の影響が見られるようになった。それは建築も同様で、マッキントッシュのインテリアやその装飾にも日本の影響がうかがえる。

日本の影響は、1860-70年代から始まる唯美主義運動*¹²の中にまず取り込まれ、新しい世代に徐々に引き継がれた。マッキントッシュは、E.W. ゴードウィン*¹³やJ.A.M. ホイッスラー*¹⁴ら、彼が賞賛した建築家や画家たちを通して日本の影響を受けたと考えられる。

マッキントッシュの日本趣味は、彼の自邸からも見てとれる。メインズ通りに建つビクトリア朝のフラットをマーガレットとの新居として、その室内をビクトリア朝と日本風を掛け合わせたような、シンプルで白い空間に改装した(図 4.14)。居間の壁面では、柱と付け長押を白く塗り、真壁構造の和風木造建築を思わせる表現が見られ、日本風の小物や浮世絵が飾られた。椅子や家具も、板材と棒材を組み合わせ、家紋のような透かしや貫きが施され、日本の伝統的な家具・道具類に通じるものがある。

また、マッキントッシュの絵画には「キモノ」を着た女性が描かれ、キモノの袖を広げたようなキモノ型キャビネット家具をいくつかデザインしている(図 4.15)。また、彼の家具のデザインに見られる抽

象的な円や四角の装飾は、日本の紋章に見る幾何学形態や花、葉、蝶、鳥などの自然の形と類似し、それを象徴的に用いている。

　マッキントッシュは、日本のモチーフを唯美主義運動のデザイナーたちのように直接的に模倣せず、特有の抽象化と消化を経てデザインに取り入れた。彼が最も脚光を浴びた1900年前後に、日本美術が彼の感性の起爆材として重要な役割を果たし、モダニズムへの突破口を切り開くきっかけを与えた存在であったと想像できる。

4.3.3　完璧なトータルデザイン

　マッキントッシュの特異性は、建築家でありながら一方で、オールラウンドなデザイナーであったことである。当時の同時代の建築家と比較すると、公共施設や一般建築の設計を行うかたわら、住宅や手間のかかる改装のほか、特にファッション性が求められた商業施設のインテリアを好んで手がけていた。彼は、身近な住宅や商業スペースを舞台に、芸術性が満たされた美的調和の空間を求め、生活空間全体のトータルデザイン試みた（図4.16、17）。彼のトータルな空間演出が最も顕著に表現されたのは、ヒル・ハウス等の個人住宅であるが、やがてその芸術的手法は、ミス・クランストンの一連のティールーム作品等の公共の場に拡大していく。

　アーツ・アンド・クラフツ運動は、Ch.F.A. ヴォイジー[15]やA.H. マクマードウ[16]のように、自然素材を生かした住宅や家具、壁紙、テキスタイルなどを手がけるトータルなデザイン思考を確立し（図4.18）、さらにデザインと製作の一体化を図った。そして、グラスゴーのマッキントッシュたちに賛美され、その思想はより理想的に引き継がれ、積極的に実践され、発展、完成されたといえるだろう。

4.3.4　活動を支えたグループ組織とインターナショナルな活動へ

　このように質の高いトータルデザインを可能にした背景には、W. モリスにはモリス商会[17]、マッキントッシュには"ザ・フォー"とグラスゴー美術大学の仲間たち、J. ホフマンにはウィーン工房[18]と、工房的なグループ組織の存在が挙げられる（図4.19、20）。その後このグループ運動は、近代インダストリアル・デザインの発展と民芸運動[19]の展開に貢献し、やがて建築から家具、抽象絵画まで工房的教育を行ったバウハウス[20]へと受け継がれたと考えられる。

　そして、国境を越えたウィーン派のホフマンたちとグラスゴー派のマッキントッシュたちの同志的結び付きは、その活動が自国にとどまらず、インターナショナルな拡がりを視野に入れたものであった。さらには、マッキントッシュ自身、1900年以降、グラスゴー派からスコットランドの分離派[21]として活動していたとも言える。

　彼らがそれまでと異なる活動を展開できたのは、まだ保守的だったアーツ・アンド・クラフツの建築家に比べ、従来の師弟関係のようなタテの社会構造を脱却し、同盟という民主的なヨコに連帯するネットワークを構築する方法を持ち得たからであろう。そして、さらにその同盟や組織のネットワークは拡がり、やがて彼らの思想や理念がそのまま、急速にインターナショナル・スタイル運動へと展開されたと考えられる。

図4.16　ヒル・ハウス、リビング（1902-04、ヘレンズバラ）。サンルームのように庭に張り出したアルコーブ、自然と花に包まれた装飾と家具そしてインテリアの一体的な空間構成

図4.17　ヒル・ハウスのスタンド。壁紙と一体化されたシェードのバラのモチーフ

図4.18　Ch.F.A. ヴォイジーのキャビネット。アーツ・アンド・クラフツのデザイン

図4.19　分離派館（J.M. オルブリヒ、1898、ウィーン）。ウィーン分離派の拠点となったパビリオン。マッキントッシュたちは1900年、第8回分離派展に招待された

図4.20　プルカースドルフのサナトリウム、ホール（J. ホフマン、1904）の再現

Charles Rennie Mackintosh

図 4.21 グラスゴー美術大学、正面入口(1897-99)。第1期の曲線のあるアール・ヌーヴォー的様相を示す

図 4.22 グラスゴー美術大学、図書室(1907-09)。第2期の垂直性とコントラストの強い色彩が特徴のアール・デコ的様相を示す

図 4.23 スコティッシュ・バロニアル・スタイルのごく一般的に見られる民家

図 4.24 ヒル・ハウス、正面(1902-04、ヘレンズバラ)

図 4.25 ヒル・ハウス、ベッドルーム。中央に、最も有名なラダー・バックのヒル・ハウス・チェアがある

4.4 モダニズムの先駆的建築

4.4.1 グラスゴー美術大学

マッキントッシュの代表作であり、装飾性と機能性がうまく調和したモダニズムの先駆的建築でもあるグラスゴー美術大学は、27歳の若いマッキントッシュが担当したコンペ案（1896）に始まり、新校舎が開校された第一期（1897-99）と第二期（1906-09）を合わせ15年を経て全体が完成する。ちょうどこの時期は、マッキントッシュの最盛期にあたり、ヒル・ハウスや一連のティールームでトータルデザインが行われ、グラスゴー美術大学でも家具類や照明等もデザインされた。彼が最も力を注いだ図書室では、壁面に造り付けた書棚や専用の閲覧テーブルと椅子、その上部の吊り照明の色彩の統一や2階ギャラリーと書庫床を支える支柱の透かし装飾を家具にも施すなど、完璧な統一がとられている（図4.22）。

第一期では、コンペ案に基づき中央ホールから左側半分の東側ウイングが建設され、自然をモチーフにした有機的装飾と緩やかな曲線が多用されたアール・ヌーヴォー様式で構成されている（図4.21）。第二期の西側ウイングでは、オリジナル案から新たに出された要求に即し再デザインされ、幾何学的な装飾エレメントと強い色彩のアール・デコの特色が見られる（図4.22）。これは、19世紀末の様式的建築の終焉と20世紀を結ぶ、様式の変遷を封じ込めさせた建築でもある。グラスゴー美術大学は、"ザ・フォー"の結成、彼らの育ての親フランシス・ニューベリー学長との出会いを生むなど、グラスゴー派のデザイナーたちの活動拠点であった。

4.4.2 ヒル・ハウス

20世紀初頭のモダン住宅の秀作ヒル・ハウスでは、スコットランド地方の民家様式であるスコティッシュ・バロニアル・スタイル[22]（図4.23）と呼ばれるナショナリズム的特色を基に、抽象性と機能性に重点を置いた、既成に対し自由なデザインが展開された。

この住宅の建つヘレンズバラは、グラスゴー市内から20マイルほど離れた汽車で1時間足らずの所に、中産階級のために開発された新興の高級住宅地である。ヒル・ハウスは、その名の通り、自然の広がるクライド河口の美しい景観を望む小高い丘の上、延々と丘の連なる田園風景を見下ろす敷地に建つ（図4.24、25）。

ヒル・ハウスは、新世紀のモダン住宅"芸術愛好家の家"[23]のコンペへの出品直後に設計され、このコンペ案とは計画規模は異なるが、外観と理念は近く、20世紀のモデル住宅として建てられた。

狭い玄関からホワイエのホールに入ると、家具や壁面や天井は古材のような薄暗くしっとりとした色調で日本民家のような趣がある。居間は、白の壁面を基調に、壁紙、スタンド、照明には淡いピンクの薔薇をモチーフとした装飾が統一して施され、薔薇に囲まれたフェミニマスな繊細で透き通るような空間となっている（図4.16）。

グラスゴーで出版業を営む依頼主の実業家、W.W.ブラッキーは、その後50年間ここで暮らした。

4.5 建築と一体化したインテリアと家具

4.5.1 マッキントッシュのインテリアと家具

　マッキントッシュのインテリアと家具との関係は、常に一体組で、建築空間にインテリアと家具が嵌め込まれたようである。当時の家具製作は、手工業から工業化への移行過程にあり、その使途とインテリアの装飾的意味と建築的機能が伴うところに特異性がある。初期のアーガイル・チェアは板と棒材を使い、量産化が可能な有機的な曲線と素材を生かした椅子である（図4.26）。テーブルを中心に、このハイバック・チェアが並ぶ中に腰掛けると、楕円形の背板は空間を仕切り、プライベートな囲われた空間を演出することに気付く。

　インテリアと家具にも建築と同様、変遷がうかがえる。初期は有機的装飾と素材感を大切にした家具でしつらえた空間で、1900年前後は抽象化とグラスゴー・スタイルの規範となる白の空間と黒褐色のコントラストで構成される対比へと展開する。1910年以後の後期は、アール・デコの強い色彩と、幾何学モチーフが装飾された古典の重厚感を漂わせる家具とインテリアに変わった。

4.5.2 トータルデザインを育んだティールームの仕事

　ティールームの仕事は、一般建築や住宅と異なり、より実験的で自由な発想の機会を彼に与えた。彼は時代のデザイン潮流を読み、それを直ちにインテリア空間に実現できた。

　ブキャナン・ストリート・ティールーム（1896）の壁面装飾に始まり、その後アーガイル、イングラム、ウィロー・ティールーム、グラスゴー博覧会の出店カフェ、そして自邸のハウスヒル（図4.12）と、マッキントッシュは20年余りミス・クランストン（図4.5）と仕事を共にする。インテリア、壁面装飾、家具・プロダクトデザイナーとしての才能を引き出したこれらの仕事を通して、彼は空間そして家具と装飾とが連続するトータルな建築空間の考え方に至ったのだろう。

　なかでもウィロー・ティールームは、最も美的調和と華麗さが演出された空間である。ウィロー・ティールームは、柳をモチーフに空間がデザインされた。単なる喫茶でなく、ダイニング、ビリヤードやスモーキング・ルーム、レディース・ルーム等を備えた、市民の安息の場であった（図4.27、28）。元々は、4階建の既存の建物全面をインターナショナル・スタイルを暗示させる白いファサードの建築に一新させることに始まり、バック・サロンと自然光を入れた格子天井のギャラリー・ティールーム部分が増築された。その後1917年には、地階にザ・ダグ・アウト（防空壕）と名付けられたティーサロンが増設された。2階のルーム・デラックスでは銀と紫のハイバック・チェアがデザインされ、天井から零れる滴のようなガラス玉の吊り照明や、柳をモチーフとしたステンドグラスによって優雅な空間が実現されている（図4.29）。インテリアの調度品からウェートレスの服装、メニューのグラフィックまでトータル・デザインされた空間で、ヨーロッパでも選りすぐりのファッショナブルな社交場であったに違いない。

図4.26　アーガイル・チェア（1897）。アーガイル・ストリート・ティールームのダイニングルームのためにデザインされた、楕円形の背面のあるハイバック・チェア。家具デザイナーとしての才能を開花させた椅子

図4.27　ウィロー・ティールーム（1903-04、グラスゴー）。その後興るインターナショナル・スタイルを思わせる白いファサード

図4.28　ウィロー・ティールーム、インテリア。市民に提供された完璧にまでにコーディネイトされた空間[1]

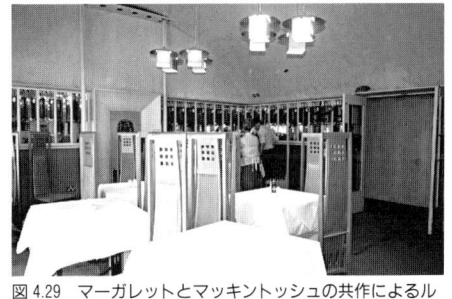

図4.29　マーガレットとマッキントッシュの共作によるルーム・デラックス

*1 　キルマコルムのウィンディヒル：キルマコルムはグラスゴー南部の町で、鉄道網の整備によって郊外住宅地が開発された。ウィンディヒル（Windyhill, 1889-90）は、マッキントッシュの友人であったグラスゴーの実業家ウィリアム・デビットソンの住宅で、建築から家具に至る秀作の住宅。
*2 　田園住宅地：都市郊外に位置し、田園的環境を生かし開発された E. ハワードの提案に対し、工場などの生産的機能を有しない住宅地。
*3 　低層テラスハウス：低層住宅から形成された連続住宅。各戸が庭を持つのが特徴。一般的に人口密度の低い都市周辺部に適する。
*4 　ジョン・ハニマン＆ケペー事務所：ハニマン（John Honeyman、1831-1914）は、グラスゴー出身の建築家。1854 年に事務所を設立し、特にゴシックに精通し、1880 年代まで多くの教会建築を手がけた。1889 年から John Honeyman & Keppie Architects と改称し、ケペー（John Keppie、1863-1945）とパートナーを組む。
*5 　エコール・デ・ボザール Ecole des Beaux Arts：フランスの建築学校で、歴史主義の代名詞的な存在。パリ・オペラ座の設計者シャルル・ガルニエ、アメリカのルイス・サリヴァンも卒業生として知られる。近代建築運動とともにボザールの理念は衰退し、1968 年に閉鎖された。
*6 　アーツ・アンド・クラフツ：第 1 章参照。
*7 　アール・デコ：第 6 章参照。
*8 　フランシス・ニューベリー Francis Henry Newbery：1853-1946。1885 年、31 歳でグラスゴー美術大学の学長に着任する。イングランド人であった彼は、ロンドンの情報をいち早く取り入れ、グラスゴー美術大学を英国でも注目される美術大学に育て、グラスゴー派を統率していた。友人でありクライアントとして、マッキントッシュの人生に最も影響を与えた人物である。ニューベリーは、マッキントッシュとマクネイアー、そしてマクドナルド姉妹たちの作品における類似性を指摘し、互いを引き合わせ、ザ・フォーの結成につながった。また、グラスゴー美術大学の新校舎設計コンペでは、まだ 27 歳のマッキントッシュ案を高く評価し、モダニズムを先駆けた建築の誕生を導いた。
*9 　ハーバード・マクネイアー Herbert MacNair：1868-1953。グラスゴー出身の建築家で、マッキントッシュ同様に、家具、挿し絵、ポスターなど多才なデザイナーでもあった。マッキントッシュとは、ション・ハニマン＆ケペー事務所の同僚でもあり、またグラスゴー美術大学で共に学んでいた。1895 年に事務所から独立し、ザ・フォーのメンバーとして、またグラスゴー派のデザイナーとして活躍するが、マクネイアーによる建築の仕事は残されていない。1898 年にマンチェスターで装飾デザインの教員になるが、晩年の 1924 年以降は、デザインを全く手がけなくなる。
*10 　マーガレット＆フランシス・マクドナルド姉妹 Margaret MacDonald & Frances MacDonald：マーガレット（1865-1933）とフランシス（1874-1921）の姉妹は、マンチェスター生まれで、両人ともグラスゴー美術大学に学んだ。共に画家であり、デザイナーとして、メタルワーク、ステンドグラス、刺繍などを手がけた。
*11 　インターナショナル・スタイル：序章参照。
*12 　唯美主義運動 Aesthetic Movement：ひまわりや孔雀の羽などがモチーフにされ、豊かな西欧美術やデザインの歴史に加えて、日本趣味などの要素を折衷した自然主義を重視した運動。代表的作品としては、1877 年に T. ジャケルが設計した、ゴシック・リヴァイバルと日本趣味を掛け合わせた E.R. レイランドのピーコック・ルームで、J.A.M. ホイッスラーがその日本風の装飾画を描いた。
*13 　エドワード・ウィリアム・ゴードウィン Edward William Godwin：1835-88。建築家、デザイナー。特に日本の影響を受けた折衷主義者で、自邸（1862）のインテリアの壁面に浮世絵を飾ったり、1877 年にはウイリアム・ワット社から日本の伝統家具のような黒塗りのアングロ・ジャパニーズ（英国風日本様式）の家具シリーズを発表している。
*14 　ジェームス・アボット・ホイッスラー James Abbot McNeill Whistler：1834-1903。パリで学んだアメリカ人画家で、ロンドンに住んだ国際人。日本美術に影響を受け、またコレクターでもあった。ホイッスラーの絵画は、日本もののオブジェを使ったものが多く、E.W. ゴードウィンや T. ジャケルの建築家たちと共に日本的装飾を手がけた。印象派の画家たちに浮世絵を紹介した人物としても知られる。
*15 　チャールズ・フランシス・アンズリー・ヴォイジー Charles Francis Annesley Voysey：1857-1941。マッキントッシュが最も影響された、そしてアーツ・アンド・クラフツ運動の主要なイングランドの建築家。民家様式の田園住宅を得意とし、家具やその金属細工、多くの壁紙のデザインを手がけた。古典様式の模倣による歴史主義を逸脱し、新鮮な自由様式を確立した。
*16 　アーサー・ヘイゲイト・マクムードウ：第 1 章参照。
*17 　ウィリアム・モリスとモリス商会：第 1 章参照。
*18 　ヨゼフ・ホフマンとウィーン工房：第 5 章参照。
*19 　民芸運動：民衆の生活に即した芸術で、その作者が名の知れぬ存在、生活形式に根ざした造形であることなどを特徴とする。実用性を尊び、多量に作れ、安価で作家が職人的であることなどを基本とする運動。
*20 　バウハウス：第 13 章参照。
*21 　分離派：第 5 章参照。
*22 　スコティッシュ・バロニアル・スタイル：スコットランド地方で一般的に見られる伝統的な民家様式。スレート屋根に、ブロックなどの構造材の外装にスタッコ材のような仕上げが施されるのが特徴。また、16 世紀頃から盛んになった交易の影響で、オランダ風のステップゲーブルが見られる。1891 年 2 月にマッキントッシュは、「スコティッシュ・バロニアル建築」と題する講演をグラスゴー建築協会で行い、ヴァナキュラー（土地固有なもの）に興味を示していた。
*23 　芸術愛好家の家 Haus eines Kunstfreundes：1901-02。ダルムシュタットの月刊誌『ツァイトシュリフト・フュア・インネンデコラシオン（室内装飾）』の 1900 年 12 月号で公募された、実際には建設されないがモダニズム住宅の提案を求めた国際コンペ。結果は 1 席の該当者がなく、2 席はベイリー・スコットが選ばれ、マッキントッシュは特別賞を受賞、2 番目に高い賞金を受けた。要求図面であった透視図が不足していたためである。1902 年に、インテリアの透視図が後日に補足され、マッキントッシュのポート・フォリオは、H. ムテジウスの解説と共に、『マイスター・デル・インネンクンスト（Maister Der Inner Kunst）』と題するカラー石版画のポート・フォリオとしてヨーロッパで出版された。この彼のポート・フォリオの計画に基づいて実際に建設された建物が、グラスゴー美術大学の大学院棟として、現在使用されている。

■チャールズ・レニー・マッキントッシュについて理解を深めるための参考図書

† 木村博昭『マッキントッシュの世界』平凡社、2002
† ロバート・マックラウド／横川善正訳『マッキントッシュ　建築家として・芸術家として』鹿島出版会、1993
† フィオナ＆アイラ・ハクニー／和気佐保子訳『チャールズ・レニー・マッキントッシュ　20 世紀のデザイン様式を創造した巨匠の全貌』美術出版社、1991
† ロジャ・ビルクリフ／横川善正訳『マッキントッシューインテリア・アーティスト』芳賀書店、1988
† 小川守之『建築家・マッキントッシュ』相模選書、1980
† 木村博昭「チャールズ・レニー・マッキントッシュ」『プロセスアーキテクチュア』No.50、1984
† アンディ・マクミラン「グラスゴー美術大学」『GA』No.50、A.D.A. EDITA Tokyo、1979
† ロジャ・ビルクリフ監修『グラスゴー派とチャールズ・レニー・マッキントッシュ展』展覧会カタログ、2001
† 木村博昭監修『チャールズ・レニー・マッキントッシュ展』展覧会カタログ、1998
† 鈴木博之監修『チャールズ・レニー・マッキントッシュ展』展覧会カタログ、1986
† Howarth Thomas, *Charles Rennie Mackintosh and Modern Movement*, Routledge & Kegan Paul, 1952
　　マッキントッシュに関する詳細な評伝。生涯にわたる活動や作品などを紹介（英文）
† Buchana William, *Mackintosh's Masterwork, The Glasgow School of Art*, Chronicle Books, 1989
　　コンペ要項に始まり、マッキントッシュがグラスゴー美術大学を完成させるまでの過程を詳細に紹介（英文）
† Robertson Pamela, *Charles Rennie Mackintosh The Architectural Papers*, White Cockade Publishing, 1990
　　建築の講演に使用したマッキントッシュの原稿集（英文）

5
ヨゼフ・ホフマン
Josef Hoffmann

谷本尚子

現代の教育は、純粋に抽象的な概念の世界ではなく現実と労働の意識を初等学校にももたらすという課題を我々に与えるだろう。文法の細事にこだわる訓育よりも重要なのは、手の器用さであり、創造的な諸力を目覚めさせることである。これらは純粋に文学的な教育によってほとんど無力となり、衰退している。今こそ我々が再びこれらを呼び起こす時だ。（1911年2月22日の講演「私の仕事」より）

図 5.1 美術史博物館 (G. ゼンパー&K.v. ハーゼナウアー、1891、ウィーン)

図 5.2 郵便貯金局 (O. ヴァグナー、1906、1912、ウィーン)

図 5.3 分離派館 (J.M. オルブリヒ、1898、ウィーン)

図 5.4 フルーツ・スタンド (1906)[1]

5.1 ウィーン分離派とその時代

5.1.1 リングシュトラーセとオットー・ヴァグナー

オーストリア＝ハンガリー帝国が産業革命に入ったのは 1830 年代とされている。1858 年以降、その首都ウィーンでは、鉄道整備と市街地の再開発のため旧市壁が撤去され、その跡地リングシュトラーセ周辺に建築ブームが起こった。そこでは、オーストリアの教養理想[*1]を表す歴史主義の大建築が多く見られた (図 5.1)。オットー・ヴァグナー[*2]も初期にはそうした建築家の一人であった。

1894 年、ウィーン美術アカデミー建築学部の教授となったヴァグナーは、過去の様式を単純化しつつ、構造と調和した装飾を用いた。有名な郵便貯金局では、アルミニウムの釘で留められた薄い大理石のプレートが外装に用いられることによって、施工時間の短縮と材料の経済性が象徴的に表されている (図 5.2)。また彼の著書『近代建築』(1895) は、新しい時代に則した実用的な建築のあり方を簡潔に述べた書物であり、多くの近代建築家に影響を与えた。同時にヴァグナーは、ヨゼフ・マリア・オルブリヒ[*3]やヨゼフ・ホフマンといった優秀な弟子たち (ヴァグナー派[*4]) に技術的、社会的現実に気づかせ、同時に前衛的な芸術運動に向かうよう勧めた。

5.1.2 ウィーン分離派とウィーン工房

1897 年 6 月、ヴァグナーの賛助を得て、ホフマンとオルブリヒは、画家のグスタフ・クリムト[*5]やコロマン・モーザー[*6]らと共に「オーストリア造形芸術家連盟—ウィーン分離派」(1897–1905) を設立した。分離派は、旧来のアカデミーからの分離を掲げ、造形芸術および文学、音楽などを含むあらゆる芸術を一つの芸術作品 (建築、舞台芸術など) に融合することを目的とする総合芸術を目指した。1898 年には雑誌『ヴェル・サクルム (聖なる春)』[*7]が創刊され、オルブリヒの分離派館が完成した (図 5.3)。その正面玄関には「時代には時代の芸術を、芸術にはその自由を」という銘が刻まれた。また分離派は、外国の新しい芸術動向に関心を寄せた。1900 年の分離派第 6 回展では日本美術が特集され、同年の第 8 回展にはチャールズ・レニー・マッキントッシュ[*8]やチャールズ・ロバート・アシュビー[*9]らの作品が展示された。しかし、1905 年にはホフマンらを含むクリムト一派が脱退し、分離派は実質的な前衛性を失っていった。

1903 年 5 月、ホフマンとモーザーを中心に「ウィーン工房、ウィーン工芸家生産協同組合」(1903–32) が設立された。ウィーン工房は、アシュビーの「手工芸ギルド」をモデルとし、工芸美術の様々な領域で高度な職人仕事を目指した。工房の特徴は、ホフマン＝モーザー様式と呼ばれた二人の幾何学的なフォルムや簡素な装飾に代表される (図 5.4)。その特筆すべき総合芸術の成果は、プルカースドルフのサナトリウム、ブリュッセルのストックレイ邸 (4 節参照)、そして 1907 年のキャバレー・フレーダーマウス (図 5.7) であった。同年、モーザーがウィーン工房を去ると、工房のデザインは、曲線を駆使した装飾的な傾向へと変化していった。

5.2 ヨゼフ・ホフマンの生涯（1870-1956）

5.2.1 ホフマンの原風景

ヨゼフ・ホフマンは、1870年12月16日、モラヴィアのピルニッツ（現チェコ領ブルトニツェ）に生まれた。ピルニッツは、モラヴィアの中心都市ブルノから80kmほど離れた小都市であり、町の広場にはコラルト侯のルネッサンス式の古城があった。ホフマンの父がコラルト侯の紡績工場の共同経営者であったので、幼いヨゼフは度々この城を訪れた。ホフマンの装飾モチーフに対する豊かな感受性は、こうした幼い頃の環境によって培われたのであろう。また彼は、生涯を通じてビーダーマイヤー*10の簡素な機能性を賞賛したが、それは彼の両親の家の記憶から来ると考えられる（図5.5）。

5.2.2 建築家としての出発

ホフマンは、ブルノの国立工芸学校建築科を卒業した後、1892年にウィーンの美術アカデミーに入学し、リングシュトラーセの歴史主義建築の代表的な建築家カール・フォン・ハーゼナウアーの下で学んだ後、ヴァグナーに師事した。学生時代のホフマンは、すでにヴァグナーの事務所で働いていたオルブリヒと親交を深め、また前衛的な芸術家グループ「7人クラブ」*11に参加するなど積極的に新しい芸術動向と関わっている。このグループの若い芸術家たちは、アカデミーでは何を変更すべきか、ウィーンに必要なものは何かなど、同時代の芸術や社会の問題について夜を徹して語り合った。

卒業制作で「ローマ賞」を得たホフマンは、1895年にイタリアを研修旅行する機会を与えられた。南イタリアの率直で地域的特徴を持った無名の建物は、彼に建築の原点を再考する機会を与えた（図5.6）。翌年、ホフマンは、ヴァグナーのアトリエで建築家として活動を始め、分離派およびウィーン工房の設立に関与する。

5.2.3 建築家、工芸家、そして教育者として

ホフマンは、建築家としてだけでなく、室内装飾や家具、テーブルウェア、本装飾や服飾など様々な工芸品を手がけたウィーン工房を代表するデザイナーとしても活躍した。明快なコントラストと幾何学形態による彼の最も代表的な装飾様式は、分離派および工房での活動を通して確立された（図5.7）。また絵葉書から建築まで多岐にわたる工房での制作活動は、彼に生活全体を考える機会を与えたと思われる。ホフマンは、工房が倒産した1932年以降も、瀟洒な工芸品を作り続けている。

分離派および工房での活動と並行して、ホフマンは、オーストリア工芸・産業美術館付属工芸美術学校の教師（1899-1941）として多くの後継者を育てた。またクンストシャウ*12を主催し、オーストリア工作連盟*13の設立に関与するなど、公的な事業にも尽力した。彼の後半生において、建築家としての国際的な名声は、1925年のパリ「アール・デコ」博*14、1934年のヴェネチア・ビエンナーレ展等、国際的な展覧会のパヴィリオンの設計において広まった（図5.8）。1956年5月7日、ウィーンにて死去した。

図5.5 ピルニッツのヨゼフ・ホフマンの家族の家[2]

図5.6 カプリの家の眺め、素描(1895)[3]

図5.7 キャバレー・フレーダーマウスのバー（1907、ウィーン）[4]

図5.8 ヴェネチア・ビエンナーレ展のオーストリア館（1934、ヴェネチア）

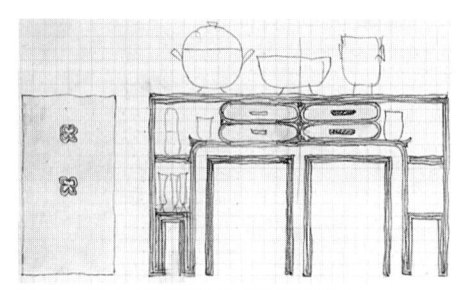

図5.9 家具のためのデザイン下絵(1930頃)5)

図5.10 ウィーン工房展のインテリア・デザイン(1903、ウィーン)6)

図5.11 クンストシャウの展覧会の建物(1908、ウィーン)7)

5.3 ウィーンの新様式を目指して

5.3.1 創造の自由と芸術としての工芸

ホフマンは、重要な理論書も芸術の社会的役割についての言説も残していない。彼は「芸術家には二種類ある。一方は物を理性的に建築し、体系的に発展させる、他方は、何かを突然思いつく─私は思いつく方である」と語ったことがある。彼はこの点、よりラディカルな合理主義的態度を示した同時代の建築家アドルフ・ロース*15とは対照的であった。つまりロースが、装飾を排し、道具(日常品や建築)を美術から区別するような教説を掲げたのに対し、ホフマンは、自由な創造としての装飾を放棄せず、工芸を芸術的な手仕事と考えていた。工芸品のデザインは、彼が建築形態を考える際に大きく影響した。また自由な創造性を重んじたホフマンは、デザインを考える際、多くの場合、定規を用いず、方眼紙にフリーハンドで描いた(図5.9)。彼にとって、ドローイングは考える方法であった。

5.3.2 幾何学形態による装飾とその意味

ホフマンは、ウィーンの新様式の確立を目指し、建築、インテリア、家具、食器に至るすべての生活環境に厳格な幾何学形態に基づくデザインを施そうとした。彼は、アシュビーやマッキントッシュに刺激を受けて、1900年頃から幾何学的で簡素な装飾を用い始めた。しかしマッキントッシュにはまだ残されていた自然主義や象徴主義のモチーフは排除され、装飾モチーフは直線と正方形に限定された。これによって秩序と構造美とを強調し、さらに色彩のコントラストによって視覚的な効果が高められた(図5.10)。つまり彼の自然主義から厳格な幾何学への転換は、禁欲的な装飾の排除ではなく、装飾を含む過去の様式の歴史的展開の延長線上にあった。ここに当時の美術史におけるウィーン学派*16の影響を見ることもできる。

5.3.3 地域的特性とビーダーマイヤーの倫理観

ホフマンは、研修旅行でカプリ島を訪れ、その土地の状況と習慣経験に立脚した建築から、自然や文化的諸条件を考慮し、単純な形態を考えることを学んだ。これは、ヴァグナーの理論を継承したものであると同時に、アーツ・アンド・クラフツ運動*17の主導者、ウィリアム・モリス*18が勧めた「あらゆる芸術の基礎である民衆芸術」とも関連するものであった。

当時ウィーンでは、ヴァグナーが「土地の精霊genius loci」と呼んだ伝統的過去の重視が倫理的に要求されていた。ホフマンもまた、幾何学的な形態を追求した際も単純に「モダン」の前衛性を信用せず、彼自身を伝統の継続者として考えることを好んだ。彼は、雑誌『ホーエ・ヴァルテ』*19の編集を引き受けた1904年以降、ウィーン独自の様式を探究するために、歴史的・地域的な建築造形を参照した(図5.11)。しかし、これらの造形はビーダーマイヤーの倫理観でもって単純化されたのであり、機能性や材料の特性を損なうものではなかった。ホフマンは、現実的な生活感覚に則した空間を設計しようとした。

5.4 重力と軸対称からの解放

5.4.1 プルカースドルフのサナトリウム

近代建築史において、ホフマンのサナトリウム（1904–05）は、合理主義を予見させるものとみなされてきた（図5.12）。平屋根の地下1階、地上3階建のこの建物は、鉄筋コンクリートで建てられ、平滑な白壁で覆われた純粋な直方体を見せている。外側からの眺めは、建物の内部空間に則して構成されており、建物の平面から室内装飾、家具に至るまで、厳密な対称性と幾何学的単純さが追求された。

建物のすべての壁面には、庇や突出部のない窓が整然と並べられ、正面中央部の玄関とその上の縦長の大きな窓が、垂直水平の軸性を強調する。また窓枠や壁と壁との接線には市松模様のステッチが施され、壁体の明快な区分を示していた。こうした軸性と面の分節化は、機能的な平面計画にも現れる。すなわち、1階には玄関ホールを中心に廊下を挟んで医療用の部屋がおかれ、2階、3階では廊下が大食堂と図書室や居間を厳格に区分していた（図5.13）。

また、室内装飾においても、建物の構造と一致する仕方で装飾が施された。例えば、天井には梁をそのまま生かして格子天井が作られ、廊下の床には市松模様に白黒のタイルが貼られた。

ホフマンは、壁面の分節化によって重い建築体を薄い板紙でできた箱のように、この建物を設計した。しかしここでの厳格な対称性は、古典的形式の重視と考えることができる。次の大きな仕事、ストックレイ邸では、これとは異なる展開が試みられた。

5.4.2 ストックレイ邸

ブリュッセルにあるストックレイ邸（1905–11）は、ホフマンとウィーン工房が建築し、室内調度を整えた原型が保存されている唯一の建物である。1階にある食堂の壁のモザイク画は、クリムトがデザインした（図5.21）。分離派館の金色の月桂樹のドームとF.メッツナー[*20]の彫刻が載せられたその豪華な外観は、芸術の神聖さを表しているようである（図5.14）。

ストックレイ邸は、サナトリウム以上にその重量感を感じさせず、宝石箱のように軽やかである。すなわち、薄い白い大理石の外装は、金属帯で縁取りされることで、重い材料ではなく、薄板からできているように見える。階段塔の頂点から滝のように流れ落ちる金属帯は、あらゆる角を通って再び壁を結合している。このように、この建物では建築の構造とヴォリュームが明らかに否定され、サナトリウムのような軸対称性を見せない（図5.15）。

またこの建物をテルヴューレン通りから見た時、人は視線を金属帯に沿って動かすよう促される。この建物は、一つの完結したマッスとしてではなく、いわば流れるような平面の連続として見ることができる。ホフマンはストックレイ邸で、重力からの解放と軸対称という古典的形式からの離脱とを試みたといえるだろう。それを彼は、視覚の運動を重視することで表現したのである。

図5.12 プルカースドルフのサナトリウム（1905、ウィーン）[8]

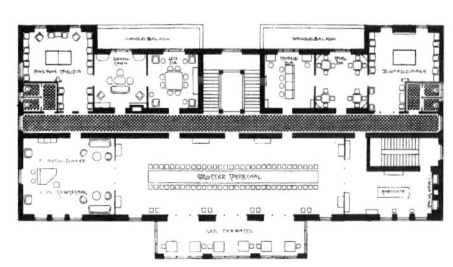

図5.13 プルカースドルフのサナトリウムの平面図[9]

図5.14 ストックレイ邸（1911、ブリュッセル）。テルヴューレン通りからの眺め[10]

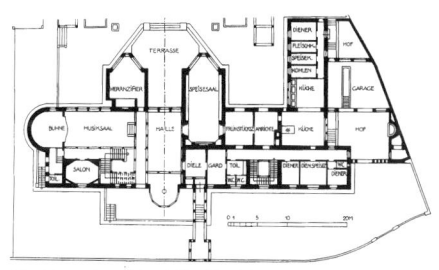

図5.15 ストックレイ邸の平面図[11]

Josef Hoffmann

図 5.16　アポロ蠟燭店(1900、ウィーン)[12]

図 5.17　モル邸(1903、ウィーン)[13]

図 5.18　ドイツ工作連盟展のオーストリア館(1914、ケルン)[14]

図 5.19　工作連盟ジードルンクのためのテラスハウス(1932、ウィーン)[15]

5.5　変化し続ける表現形式

5.5.1　独自の表現様式への模索

　ホフマンは、次々に表現形式を変えていった建築家であった。まず最初の様式変化は、分離派と関わる中でアール・ヌーヴォーの影響下で始まった。アポロ蠟燭店(1899–1900)は、ホフマンが分離派の雑誌『ヴェル・サクルム』に発表したいくつかの建築案を具体化したものである(図 5.16)。ここでは、曲げ木の架構が壁、天井、家具をひとつなぎにし、均質で連続性のある統一体をつくり出している。ショーウィンドウには E. ギマール[21]のような植物の形をした鉄製のアーチが付けられた。いくつもの小部屋に空間を分割する方法、豊かな色彩、楕円と弧を描いた線の交錯といったものは、この時期、ホフマンがオルブリヒに強く影響されていたことを示している。
　次にホフマンは、アーツ・アンド・クラフツ運動の影響下で、住宅建築を手がけた。モル邸(1902–03)は、ウィーン郊外のホーエ・ヴァルテに建てられた四つのヴィラの内の一つである(図 5.17)。様々な形や大きさのヴォリュームの組合せは、イギリスの「フリー・スタイル」[22]の影響であり、そこに分離派の要素と土着の要素が持ち込まれた。オルブリヒは、ダルムシュタットの展覧会会場で正四角錐の大屋根を象徴的に扱ったが、ホフマンは、構造に則したものとして取り入れた。この後、彼は、サナトリウムで見たように、構造、装飾、家具調度をより厳格な幾何学形態によって統合していく。しかし彼はこの発展段階には長く留まらなかった。

5.5.2　時代の要請に則して

　幾何学的形態と地域的な特徴を併せ持ったいくつかの建築をデザインした後、ホフマンは、第一次世界大戦前後に、当時のドイツ語文化圏で広く受け入れられていた新古典主義様式[23]と見なされうる方向へと向かい始めた。1914 年のドイツ工作連盟[24]展で彼が提示したオーストリア館は、その厳格な対称性、三角面壁、そして溝のある列柱によって古典主義への回帰と見ることができる(図 5.18)。しかしここで古典様式と見えるモチーフの形は、プロポーションを変えられ、変形され、元の意味を失っている。また正面両端の三角面壁と文字が刻まれた階段状の水平材は、重量感があるにもかかわらず、下部の軽やかな列柱に持ち上げられている。これによって、建築体そのものが、積み木の家のように見える。ホフマンは、過去の様式をそのまま引用するのではなく、自由に変形し、遊戯的に扱うことで、古典様式を歴史を参照させる記号として用いた。
　1920 年代末から 30 年代初め、ホフマンも当時の合理主義の影響を受け、低コストの住宅デザインを手がけている。工作連盟ジードルンク[25]のためのテラスハウス(1932、図 5.19)は、屋上を持つ 1 階建で、大きさの異なる二つのタイプの住宅が鏡像関係になるように四つ並べられたものである。壁は伝統的なスタッコ塗りの煉瓦壁で、階段や手すり壁、白い窓枠が平坦な壁から突き出ている。この建物は、簡潔で合理的な平面計画において成功している。

5.6 目を楽しませるインテリア・デザイン

5.6.1 総合芸術としてのインテリア・デザイン

ホフマンは、室内を設計する際にも、人間の具体的な行為を、特に連続して変化する視覚経験を重視していた。それは、リヒャルト・ヴァグナー*26のオペラのような総合芸術として体験する空間造形であったといえる。例えば、マックス・クリンガー*27の彫刻「ベートーヴェン」像とクリムトの「ベートーヴェン・フリーズ」が展示された第14回分離派展(1902)が挙げられる。ここではすべての展示品が、ベートーヴェンを讃える総合芸術のために奉仕させられた。最初の大きな展示室は、クリムトのフリーズと分離派のメンバーによる絵画が壁にはめ込まれた細長い空間であり、右奥には小さな階段と主室の入口が見える(図5.20)。主室のベートーヴェン像を見るために、訪問者は、いくつかの彫像や家具などが並んだ暗い場所を通って、さらに階段を下りねばならなかった。様々な高さに並べられた絵画や彫刻の間を通り、レベルの異なる展示空間をたどることで、人々は「聖なる春」の祝祭に参加することになるのだ。

図5.20 第14回ウィーン分離派展の展示会場(1902、ウィーン)[16]

5.6.2 幻想的な空間

ストックレイ邸の大食堂は、その優雅さにおいて20世紀の最も有名なインテリアの一つであろう(図5.21)。壁面と角柱には、明るい黄色の大理石が用いられ、扉や隅のキャビネット、壁の両側にあるサイドボード、椅子や絨毯は、暗い色調に抑えられた。金色の縁取りは、クリムトのモザイク画をはじめ、椅子やサイドボードなどあらゆるところに施された。ここでは、黄金のきらめきが部屋全体を支配しており、拡散する光が幻想的な空間を演出している。

図5.21 ストックレイ邸の大食堂(1911)[17]

またホフマンは、室内を区分する際、しばしば格子やガラスを用いた。クニプス邸(1923-24)では、居間と食堂との間、台所と食器室との間の壁の代わりに、ガラスをはめられた飾り棚がおかれた(図5.22)。こうした透明な空間の扱いによって、ここでは新古典主義の閉ざされた空間とは明らかに異なる近代的な感覚が認められる。しかしまたこのガラスの飾り棚は、見せるものであり、視線をそこで遮るものでもある。すなわちここでは透明と不透明の両義性が表現されている。この両義性によって、優しい幻想的な空間が現れた。

図5.22 ソニア・クニプス邸(1924、ウィーン)。居間から食堂への眺め[18]

5.6.3 実用的な機能と美的な機能の融合

ホフマンは、数多くの家具デザインを行ったが、ここでも幾何学的形態は、特別な意味を持っていた。キャバレー・フレーダーマウスで用いられた椅子には、球が座面と脚の間の補強材として現れる(図5.23)。さらに構成材の他の部分が黒く塗られたのに対して、球だけが白く塗られている(逆のヴァージョンもある)。このように構造上の支えが極度に視覚化されることによって、その存在が明快に示されているのだが、それによってその機能が強調されたわけではない。つまり実用的な機能を視覚化することによって、美的な機能に置き換えたのだ。ホフマンは、家具においても幾何学を本質的な形態としてだけでなく、構造を象徴するものとしても用いた。

図5.23 フレーダーマウス椅子(1907)[19]

*1　オーストリアの教養理想：1848年の市民革命の失敗の後、ウィーンの市民階級は、政治的無力感から芸術を頂点とする教養を自らのアイデンティティとみなした。

*2　オットー・ヴァグナー　Otto Wagner：1841-1918。オーストリアの建築家。ウィーンで学び、1894年にK.v.ハーゼナウアーの後任としてウィーン美術アカデミーの教授となる。最初は歴史主義的な建築を手がけたが、次第に簡潔な直線様式へと向かう。96年に出版された『近代建築』は各国語に訳され、幅広い影響力を持った。

*3　ヨゼフ・マリア・オルブリヒ　Josef Maria Olbrich：1867-1908。1893年美術アカデミーを卒業後、ヴァグナーの事務所で市営鉄道の路線や駅舎の設計助手を務めた。1899年、ダルムシュタット芸術家村の建設に参画する。彼の作品には、円形モチーフを特徴とする優雅な装飾と実用的で可変自由な空間計画とが混在する。

*4　ヴァグナー派　Wagnerschule：美術アカデミーのヴァグナー・クラス（1894-1913）は、多くの著名な建築家たちを輩出した。彼らを総称してヴァグナー派という。

*5　グスタフ・クリムト　Gustav Klimt：1862-1918。工芸美術学校で学んだ後、絵画のほか、数多くの壁画装飾を制作する。官能的な女性の表現や金箔をじかに用いたモザイク風の構成が特徴。

*6　コロマン・モーザ　Koloman Moser：1868-1918。ウィーン分離派およびウィーン工房の設立メンバーの一人。補色対比を特徴とする幾何学形態を追求し、ステンドグラスやポスター、版画、テキスタイル等を手がけた。1906年、ウィーン工房を離れてからは絵画に専念した。

*7　『ヴェル・サクルム（聖なる春）』　Ver Sacrum：1898-1903年まで分離派によって発行された。この雑誌は、造形芸術だけでなく、音楽や文学を含めた総合的な芸術雑誌であった。毎号、分離派の作家による表紙や挿絵が署名入りで掲載され、それ自体、芸術的な価値を持っていた。

*8　チャールズ・レニー・マッキントッシュ：第4章参照。

*9　チャールズ・ロバート・アシュビー：第1章参照。

*10　ビーダーマイヤー　Biedermeier：ウィーン会議翌年の1815年から市民革命の1848年まで流行した小市民的な生活様式の呼称。家具および室内調度では、古典的な折衷様式のかたちをとりながらも、生活に則した簡素さや機能性が求められた。

*11　7人クラブ　Siebenerclub：1895年、ヴァグナーの弟子たちを中心に、モーザーら画家を含めて結成された。このグループの活動は、後にウィーン分離派およびウィーン工房へと引き継がれた。

*12　クンストシャウ　Kunstschau：1905年にクリムト一派が分離派を脱退した後、組織した美術展。1908年と1909年の2回催された。そこではあらゆる分野の造形芸術が展示され、ウィーン工房の作品も展示された。

*13　オーストリア工作連盟　Österreichischer Werkbund：1912年、ドイツ工作連盟（1907年設立）をモデルに設立された。1914年のケルンのドイツ工作連盟展には、オーストリアの代表として、ウィーン工房のメンバーが参加した。

*14　アール・デコ博：第6章参照。

*15　アドルフ・ロース　Adolf Loos：1870-1933。ホフマンの出生地の近く、ブリュンに生まれ、ドレスデン工科大学で建築を学ぶ。1893-96年までアメリカに滞在。帰国後ウィーンで活動した。彼は建築と芸術の間に厳格な峻別の線を引き、人間の行動に基づいた経済的な建築を目指した。

*16　ウィーン学派　Wiener Schule：19世紀末、美術史を様式の形式的な発展において記述しようとしたアロイス・リーグルによって形成された。芸術の本質は、自然のカオスに対して秩序をもたらす調和的世界を表現するものとされた。

*17　アーツ・アンド・クラフツ運動：第1章参照。

*18　ウィリアム・モリス：第1章参照。

*19　『ホーエ・ヴァルテ』　Hohe Warte：『ヴェル・サクルム』に代わって1904年出版された雑誌。主要な知識人たちの住居地区（ウィーン第19区にある）の名に因んで命名された。この雑誌は、母なるオーストリアへの回帰を夢想するような、国家主義的な傾向をも含んでいた。

*20　フランツ・メッツナー　Franz Metzner：1861-1942。彫刻家。チェコのピルゼンに生まれ、ウィーン工芸学校を卒業後、主にベルリンで活動した。1903-06年まで、ウィーンに戻り分離派に参加。1905-11年、ストックレイ邸の計画に加わる。彼の作風は、ユーゲントシュティール、象徴主義、表現主義の間を揺れ動いていた。

*21　エクトール・ギマール　Hector Guimard：1867-1942。フランスの建築家。パリの地下鉄入口の設計（1898-1904）では、鋳鉄やガラスでもって植物や貝殻などのモチーフを象徴的にかつ構造に則して扱った。これにより一躍アール・ヌーヴォーの建築家として注目された。

*22　フリー・スタイル　Free Style：アーツ・アンド・クラフツ運動に端を発する機能や材料の性質を重視した建築様式。自由な平面、平坦で連続した壁面、左右非対称の立面、大きく深い屋根、2層吹き抜けの階段室などの特徴を持つ。

*23　新古典主義様式：第8章参照。

*24　ドイツ工作連盟：第8章参照。

*25　工作連盟ジードルンク　Werkbundsiedlung：オーストリア工作連盟は、1931-32年、ウィーンの丘陵地帯に新しい住宅団地（ジードルンク）を建設した。1932年6月に展覧会が開かれ、主催者は、オーストリア以外（ドイツ、アメリカ、オランダ、フランス）からも建築家を招き、経済的な低層住宅の可能性を追求するよう求めた。

*26　リヒャルト・ヴァグナー　Richard Wagner：1813-83。19世紀中頃に活躍したオペラ作曲家。ロマン派および新ロマン派の中に含まれる。従来のオペラを批判し、音楽、文学、絵画などあらゆる芸術を一つにした「総合芸術」としての音楽劇の創造を提唱。音楽以外の領域にも影響を及ぼした。

*27　マックス・クリンガー　Max Klinger：1857-1920。ドイツの彫刻家、版画家。主に古典的なテーマを扱ったが、印象主義や象徴主義の影響も受けている。現在ライプチヒにある「ベートーヴェン像」は15年あまりを費やして完成された。

■ヨゼフ・ホフマンについて理解を深めるための参考図書

† 上野伊三郎『ヨゼフ・ホフマン』彰国社、1955

† 『ホフマンとウィーン工房展』展覧会カタログ、1996

† 伊藤哲夫『アドルフ・ロース』（SD選書165）鹿島出版会、1980

† フランク・ラッセル編『アール・ヌーヴォーの建築』A.D.A. EDITA Tokyo、1982

† カール・E.ショースキー／安井琢磨訳『世紀末ウィーン　政治と文化』岩波書店、1984

† 『ウィーン世紀末　クリムト、シーレとその時代』展覧会カタログ、1989

† H.ケレーツェッガー他／伊藤哲夫他訳『オットー・ワーグナー』（SD選書187）鹿島出版会、1984

† Eduard F. Sekler, translated by the author Catalogue translated by John Maass, *Josef Hoffmann: The Archtectural work, Monograph and Catalogue of Works*, Princeton University Press, 1985
　ホフマンの建築および人物についての最初の本格的な研究書。工芸については触れていない（英文。独語版オリジナルは Eduard F. Sekler, *Josef Hoffmann: Das architektonische Werk, Monographie und Werkverzeichnis*, Residenz Verlag, 1982）

† Giuliano Gresleri, *Josef Hoffmann*, Rizzoli, 1985
　独自な視点から、次々と表現形態を変えるホフマンの建築を簡潔に俯瞰している（英文）

† Dorotheee Müller, *Klassiker des modernen Möbeldesign: Otto Wagner, Adolf Loos, Josef Hoffmann, Koloman Moser*, Keyser Verlag, 1984
　ウィーン工房の家具および家具デザイナーについて比較的簡潔に紹介している（独文）

† *Wien um 1900: Kunst und Kulture*, Verlag Brandstätter, 1985
　社会的背景から造形芸術まで、世紀末ウィーン全体を俯瞰した展覧会のカタログ（独文）

† Peter Noever ed., *Josef Hoffmann designs*, Prestel Verlag, 1992
　建築からファッションまで、ホフマンの作品を総合的に捉えた展覧会のカタログ（英文）

6
アイリーン・グレイ
Eileen Gray

川上比奈子

前衛建築家たちは、厳格な簡潔さを望むあまりに、円盤形、円筒形、波形やジグザグの線、楕円形の線などの美しさをおろそかにしています。それらはいわば動く直線ともいえるのに…。(1929年、『ラルシテクチュール・ヴィヴァントゥ』誌上でのジャン・バドヴィッチとの対談文より)

photo by Berenice Abbott

図 6.1 アイリーン・グレイ(1926)[1]

図 6.2 菅原精造(1911)[2]

図 6.3 収集家のための館、食堂(E.-J. リュルマン、1925、パリ)[3]

図 6.4 エスプリ・ヌーヴォー館、室内(ル・コルビュジエ、1925、パリ)[4]

6.1 フランスの女性デザイナーと東西の装飾芸術

6.1.1 フランス、女性デザイナーの誕生

　20世紀初頭、フランスにおいて女性デザイナーが活躍を始める背景に国策と戦争がある。19世紀後半、産業芸術でイギリスに遅れをとったフランスは、服飾や装飾芸術を振興すべく政策を展開した。1905年には、自国で生産しきれない石炭、鋼鉄をイギリスから輸入するかわりに、それ以上の値で帽子や装飾羽毛などの贅沢品を輸出した。それまでに、国のアイデンティティは他国に勝る美意識にあるとして国民は鼓舞され、中上流階級の独身女性や経済的困窮を抱える女性が装飾品の生産に参入していた。第一次大戦中は男性が戦場に赴き、軍需産業などで女性の労働力が不可欠となる。しかし戦後、女性は男性優位の風潮と出産奨励策によって反動的に家庭に引き戻された。結果、デザイナーはフランスで女性が活動できる稀少な職業の一つとなり、ココ・シャネル*1やシャルロット・ペリアン*2、外国人アイリーン・グレイ(図6.1)も析出されることになる。

6.1.2 西欧に渡った日本の漆芸

　国家単位で文化の創造や伝播を支援したフランスには、世界中から画家や工芸家が集まり、特にパリでは様々な情報と技術が交換されていた。1906年、フランス工芸界の重鎮リュシアン・ガイヤール*3は、東京美術学校の漆工科教授、辻村松華を招聘した。辻村は2年後に帰国したが、彼に随行した山形県出身の漆芸家、菅原精造*4(図6.2)はパリに残り、グレイやジャン・デュナン*5らに漆芸を教えた。16世紀にはすでに、西欧で日本の漆工芸品が珍重されていたが、漆芸技術がフランスに根付いたのは菅原の伝授から始まるとされる。菅原は、模造漆に対し丁寧な工程を重んじる日本漆芸*6を擁護しつつ前衛的な作品を作り続けた。菅原から直伝されたグレイとデュナンの技術は異彩を放ち、西欧の漆芸の発展に足跡を残した。

6.1.3 アール・デコ博とアール・デコ様式

　1925年、パリ現代装飾芸術・産業芸術国際博覧会が開催された。フランスが博覧会のテーマを国の威信をかけて装飾芸術(アール・デコラティーフ)にしたため、アール・デコ博と呼ばれる。展示作品には、直線と立体、抑制された幾何学文様を特色とするキュビスム*7、ウィーン工房*8などの影響を受けた装飾傾向があった。1910年代から開花してきたこの傾向は展覧会の略称からアール・デコ様式と呼ばれる。しかし、アール・デコの作家とされる人々の立場と理念は様々で、決して統一のとれた様式ではなかった。作家たちを大きく二つに分けると、伝統を擁護する派と、革新的に工業化へ浸透させようとする派がある。前者の代表はエミール＝ジャック・リュルマン*9(図6.3)、後者の代表はル・コルビュジエ*10 (図6.4)である。グレイは博覧会に参加せず、アール・デコの芸術家とされることも好まなかったが、後者に属すると理解されている。アール・デコ博の後、方向性の違いを認識した作家たちは分裂し、そのうち革新派の主要メンバーは現代芸術家連盟(U.A.M.)*11を結成して活動を展開する。

6.2 アイリーン・グレイの生涯（1878–1976）

6.2.1 画家から漆芸家へ

アイリーン・グレイは、1878年8月9日、アイルランド（現、アイルランド共和国）、ブランスウッドにアイリーン・キャスリン・モレイとして生まれた（1893年、母親がスコットランド貴族の称号を相続しグレイに改名）。幼少期から画家の父親の影響を受け、1901年、グレイはロンドンのスレイド美術学校に入学する。当時、絵画を学ぶことは花嫁修業とも見なされていた。1902年、グレイはパリへ渡り、エコール・コラロッシおよびアカデミー・ジュリアンで絵画を学ぶ。厳格な母親や考え方の合わない兄弟から独立するための渡仏でもあった。1905年、ロンドンの別荘に帰省した際、グレイは漆塗り修理店で漆の魅力に惹きつけられる。その頃、彼女は自身の絵画の才能に限界を感じていた。1906年、パリに滞在していた菅原精造に出会い、グレイは漆芸の修業を本格的に始める。

6.2.2 装飾芸術家から建築家へ

1925年までに、グレイは漆技法を駆使する装飾芸術家として高い評価を得ていた。菅原や職人を雇って工房を持ち、自作品を販売するためのギャラリー経営にも乗り出した（図6.5）。またアパルトマンの改装を手がけ（図6.6）、装飾芸術家協会展にインテリア作品を出品した（図6.7）。その仕事に対し、オランダの建築家 J.J.P. アウト*12 やルーマニア出身の建築評論家ジャン・バドヴィッチ*13 が称賛を寄せた。バドヴィッチはグレイに建築家になることを勧める。グレイは、彼が編集長を務めていた『ラルシテクチュール・ヴィヴァント』*14 誌のレイアウトを手伝いつつ最新の建築動向を吸収した。ロース*15 の図面をトレースし、バウハウス*16 やリートフェルト*17 の建築を見に出掛け、グロピウス*18、ファン・ドゥースブルフ*19 に会い、キースラー*20 と交流した。それらが彼女にとっての学校であった。1926年、自身の出資によって住宅 E.1027（4節参照）の設計に着手し、大工と共に建設に参加した。当時の男性社会においてグレイが建築家になりえた理由に、資金を保持していたことも挙げられる。

6.2.3 ル・コルビュジエとの断絶とグレイの晩年

バドヴィッチを通して、グレイは巨匠ル・コルビュジエと親交を持つ。ル・コルビュジエは E.1027 に滞在してそのデザインを称賛し、1937年のパリ万国博覧会にグレイの公共建築案を展示した。しかし1938年、ル・コルビュジエは E.1027 の白い壁にグレイに無断で8枚の壁画を描き、事実上、空間を破壊した（図6.8）。グレイは彼に敬意を払っていたが、この横暴に対しては抗議した。その結果、2人の友好はほぼ断絶する。グレイは体系的な理論をまとめず社会に向けて主張する術を持たなかったので、建築界からもほとんど無視されることになる。グレイが再評価され、展覧会が欧米の各地で開催され始めるのは1968年になってからである。晩年、グレイの生活は変わらず、自宅でテーブルや屏風のデザインを続けた。1976年10月31日、パリにおいて98歳で死去した。生涯、独身であった。

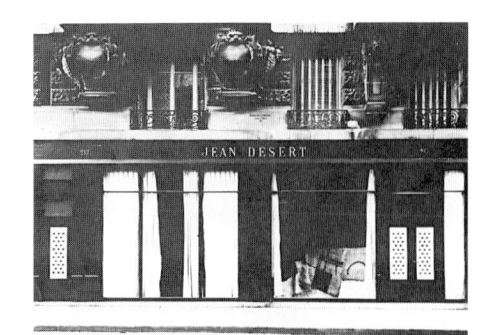

図 6.5 ギャラリー「ジャン・デゼール」（1922、パリ）[5]

図 6.6 ロタ通りのアパルトマン改装作品（1919–24、パリ）[6]

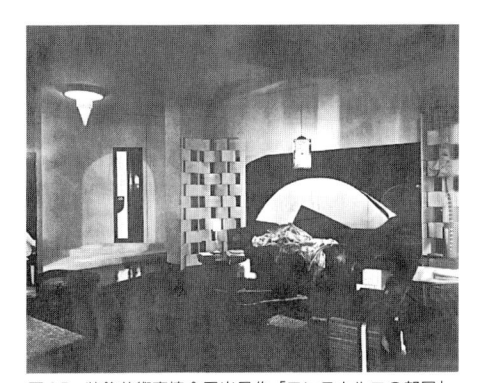

図 6.7 装飾芸術家協会展出品作「モンテカルロの部屋」（1922–23、パリ）[7]

図 6.8 E.1027の壁画前のル・コルビュジエ夫妻とバドヴィッチ（1938）[8]

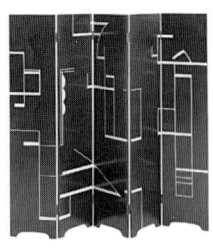

(上左)図6.9　運命(1914)[9]
(上右)図6.10　幾何学線形屏風(1918-25頃)[10]
(左)図6.11　ブリックスクリーン(1922-25頃)[11]

図6.12　住宅 E.1027(1926-29、カップ・マルタン)[12]

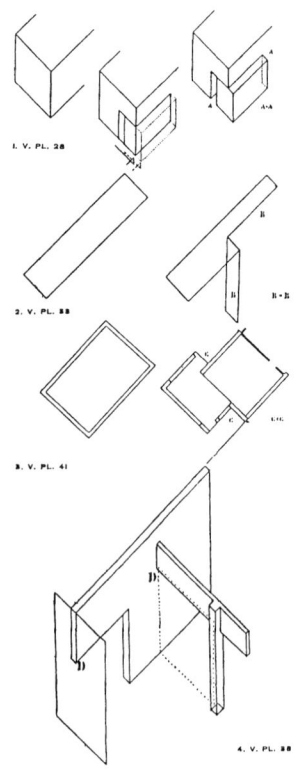

図6.13　E.1027 模式図[13]

6.3　屏風・家具・建築に通底するデザイン手法

6.3.1　漆芸とキュビスム、屏風の中の空間と時間

　グレイは、思い通りの発色と光沢を出すために顔料配合の実験を重ね、塗っては磨く工程を忍耐強く繰り返すなど、作品を丹念に手で仕上げていく姿勢を菅原から学んだ。また、パリで絵画を学んだので、当時の芸術思潮にも敏感であった。活動初期には象徴主義[*21]やアール・ヌーヴォーに影響を受け、神秘的な人物や植物を主題に屏風（図6.9）やテーブル、椅子を漆塗りで制作した。その後、キュビスムに影響を受け、幾何学形態を扱う傾向が強くなる。1918-25年頃、グレイは直線や円弧線を描いた屏風（図6.10）を制作した。この屏風が折り曲げられると、漆塗り独特の光沢によって隣の面に線や図が映り込み、複数の焦点を持つ立体形が浮かび上がって見える。キュビスムは、絵画平面の中に多視点から見た空間を重ね合わせ時間の経過を表す。その点において、グレイの漆塗り屏風はキュビスムの空間・時間概念を反映したものといえる。ほぼ同時期にグレイはブリックスクリーン（図6.11）と呼ばれる屏風を11種類制作した。漆塗りの長方形プレートを真鍮の縦軸棒で連結し、互い違いに回転できるようにしたものである。通常の屏風は図柄の描かれた縦長のものが4曲、6曲と少数枚で横につなぎ合わされる。それに対し、ブリックスクリーンは平面上の図柄をいったん45枚や50枚の横長長方形に分解し、立体を再構成したものと見なせる。屏風の中に映り込んでいた空間を、実態として表したとも捉えられる。

6.3.2　可変性と身体性、人間の延長としての住宅

　1925年頃からグレイの活動は小規模住宅の設計へ展開する。当時、住宅不足は深刻な社会問題であった。多くの建築家が世界を俯瞰的に捉え、住み手を不特定多数の存在として設定し解決にあたった。それに対し、グレイは多数の人々を満足させるためには、まず個人に対応する必要があると考えた。対応策として重視されたのは空間の可変性である。時々刻々と変わる人間の生理的・精神的欲求に、限られた大きさしかない住宅が応えるためには空間自体が変わらざるをえない。住宅 E.1027（図6.12）の発表に際し、用意された模式図（図6.13）に可変性に関する手法を見ることができる。模式図は幾何学形（平面と立体）の一部を動かし、部屋や家具に二つ以上の機能と形を生みだす操作を表す。これらの操作には、平面を分解し立体を再構成した漆塗り屏風の造形手法に共通するものがある。屏風における時間の空間化という理念的主題は、住宅が満たすべき具体的課題と重なりあっていたのである。同手法はまた、幾何学形の空間を分節し身体に引き寄せる効果を持っている。後にグレイは、「家は住むための機械ではなく、人間にとっての殻であり、延長であり、開放であり、精神的な発散である」とノートに書いている。幾何学の抽象性と身体の具体性を折りあわせ、住空間と人間を連動させようとしたことが伺える。E.1027以降の家具やインテリア、公共建築案にもこの志向は引き継がれていく。

6.4 人の動きに連動する家 E.1027

6.4.1 モデル住宅としての設計

　E.1027 は、鉄筋コンクリート造 2 階建の小規模住宅である。敷地は南フランスのロクブリュヌ、カップ・マルタンの傾斜地にあり、地中海から約 30 m の高さに位置する。主階（図 6.14）に玄関、居間、寝室兼仕事室、浴室、キッチンがあり、階下に客室、使用人室、海に繋がる庭が配されている。名称はグレイとバドヴィッチの名前の頭文字に由来し、E は Eileen の E、10 は 10 番目のアルファベット J を表し、2 は B、7 は G を表している。名の付け方が示すように E.1027 は共同作品であり、また 2 人が夏の間過ごす家でもあった。グレイたちは大量に建設するためでなく、人が家を建てる際に着想を得ることのできるモデルとして E.1027 を設計した。バドヴィッチはピロティ、屋上まで届く階段などル・コルビュジエの建築言語[*22]に倣うアイデアを提案し、その他の構想はグレイによるとされる。

6.4.2 可変性を与える四つの手法

　模式図に示された手法は E.1027 の各部に対応している（図 6.15）。図 A は建物の南西の角部をテラス側へずらす操作である（図 6.16）。室内にできたくぼみに、居間に属しつつ分節された仮眠コーナーが配された。グレイは小さな家でも各スペースが特有の機能を持ち、独立していると感じられることが必要と考え、形の変わる部屋を作ろうとした。図 B はティーテーブルの天板の一部を 90 度折り曲げる操作を示している。幅の狭くなった天板に用意の整った飲み物が置かれ、いわば移動式カウンターバーとして使われた（図 6.17）。図 C は一つの部屋に二つの領域を与える手法である。グレイは領域の一方を寝室に、他方を仕事場として利用した。図 D は食事スペースに対応している。テラスに面する壁面を階段室の壁へずらして開口部に変え、食事の場を室内からテラスへスムーズに移動できるよう意図したものである。ところで図 B は家具に関する手法だが、テラスの床と階段の関係（図 6.16）にも応用された。逆に、建築に関する図 A、C、D の手法が家具デザインに適用された例もある（5 節参照）。グレイは家具と建築のデザインに同様の手法で対応したのである。

6.4.3 屏風と衝立による可変空間、太陽と人の動線図

　グレイは模式図に示した手法に加え、屏風や衝立に着想を得たエレメントによって空間に可変性を与えた。例えば主階の窓はすべてジグザグに折れ曲がり、「屏風窓」と名付けられた（図 6.14）。グレイは「カメラの絞りのごとく空気と光を調節できるように考案した」と説明する。他に、玄関から人を誘導する曲面形の衝立（図 6.17）、シャワー室と居間の境となる衝立壁（図 6.18）、衝立壁に連結する不定形の屏風、屏風の役割をするよう配された洗面コーナーのキャビネット等がある。このようにして可変性の与えられた住宅の中で人間がどのように動くか、グレイは動線図（図 6.19）で示した。図には人と太陽の動きの軌跡が描かれることで、生活における時間の経過が視覚化され、その経過に連動するものとして住宅が捉えられている。

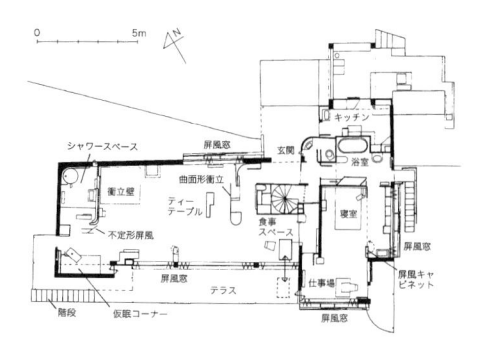

図 6.14　E.1027、主階平面図[14]

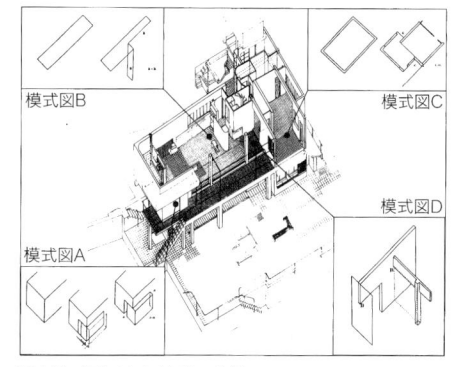

図 6.15　アクソノメトリック図[15]

図 6.16　南西外観とテラスと階段[16]

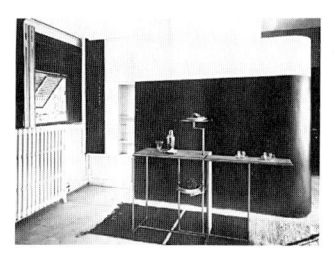

図 6.17　ティーテーブルと玄関衝立[17]

図 6.18　居間の衝立壁と不定形屏風[18]

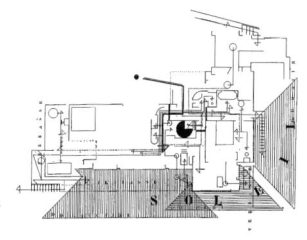

図 6.19　太陽と人の動線図[19]

左図 6.20　テーブル E.1027 (1926–29)[20]
右図 6.21　サテライト・ミラー (1926–29)[21]

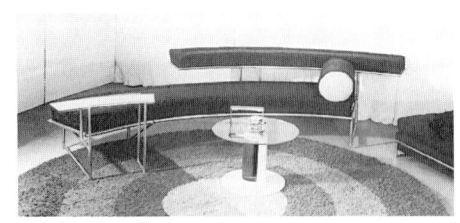

図 6.22　ソファ (1928–30 頃)[22]

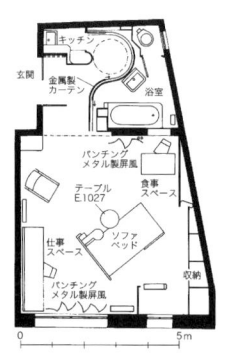

左図 6.23　シャトーブリアン通りのアパルトマン (1929–31、パリ)[23]
右図 6.24　サニタリーの金属製カーテン[24]

図 6.25　タンプ・ア・ペア (1932–34、カステラー)[25]

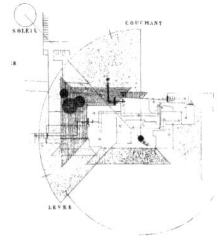

左図 6.26　天窓[26]
右図 6.27　太陽と人の動線図[27]

6.5　可動の家具・インテリア・住宅から公共建築へ

6.5.1　鋼管家具

1926 年以降、グレイは漆芸で培った材料への探求心を新素材において発揮する。M. スタム[*23]、M. ブロイヤー[*24]、ミース[*25]とリリー・ライヒ[*26]、ル・コルビュジエとペリアンら同時代人が影響し合い、新素材による新構造の家具を生み出したように、グレイも新たな家具に取り組んだ。スタムが片持ち梁式の鋼管椅子をデザインした数年後に、テーブル E.1027（図 6.20）も片持ちの構造でデザインされている。グレイの家具の多くは、住宅 E.1027 の模式図に示された幾何学形の一部を平行・回転移動させるのと同様の形態操作によってデザインされた。また、使用者の要求に合わせて調節できるよう可動の機構が組み込まれた例が多い。例えばテーブル E.1027 の天板は上下に動いて高さを調節でき、サテライト・ミラー（図 6.21）の小さな円形鏡は様々な角度から映せるようヒンジで回転する。ソファ（図 6.22）に付属するテーブルも、座面と背もたれを円周上でずらした操作を表現するかのように円弧形の枠に沿ってスライドする。

6.5.2　シャトーブリアン通りのアパルトマン

1931 年、グレイはバドヴィッチに依頼されパリのシャトーブリアン通りのアパルトマンを改装した。台形平面のワンルーム約 40 m² の中に、キッチン、サニタリー、食事、仕事、就寝のスペースが設けられている（図 6.23）。鋼管家具やパンチングメタル製屏風の配置によって各スペースが分節され、収納扉を覆う鏡が狭い空間に開放感を与えている。サニタリーの天井は収納スペースを組み込むため円形状にくりぬかれ、円形に一部沿って波形に動くよう取り付けられた金属製のカーテン（図 6.24）によって、浴室とキッチンスペースを仕切ったり一体化したりできる。カーテンは平面形であるが曲線のレールに沿って動くと曲面になり、円筒立体に近づく。グレイは円筒形や波形やジグザグの線を、たとえ静止していてもいつも動きを表現している直線として捉え、それを美しいと考えていた。

6.5.3　カステラーの家、タンプ・ア・ペア

1932 年、グレイは仕事に専念するための自邸（図 6.25）を設計した。南仏のカステラーに位置する鉄筋コンクリート造 2 階建の小規模住宅で、タンプ・ア・ペア（時と藁と共にいちじくは熟すということわざ）と名付けられた。1 階にガレージ、中 2 階に運転手室と貯蔵庫、2 階にテラス、仕事室、寝室、使用人室、キッチン、サニタリーが配されている。グレイは寝室の天窓（図 6.26）を中心に太陽がどう動き、住み手が家の中をどう動くかを示す動線図（図 6.27）を描いた。また、寝室の平面詳細図（図 6.28）には天窓の蓋の回転軌跡、可動家具の軌跡が明示された。天窓の蓋の把手を回転させると光の量を調節でき、楕円筒形の衣装棚の半分は平行にスライドしてスペースを拡大する。直方体形のチェストは六つの引出しが回転して飛び出し、ベッドの横のサイドボードも 90 度回転する。太陽と住み手の動きに対応して建築エレメントや家具が動き、部屋の光景も

変わってしまう。太陽、建築、家具、人が連動する過程に顕れる空間の一瞬の有り様が、E.1027 にまして意識されている。

6.5.4 楕円ハウスとヴァケーションセンター

1936 年頃からグレイは公共のための建築を計画するようになる。例えば楕円ハウス（図 6.29）は、災害時には避難用のシェルター、常時には休暇用の家として不特定多数の人々が利用できるよう考案された。コンクリート製の各ユニットがプレファブ式で直方体に組立てられ、さらに金属板で楕円チューブ状に囲われて風雨と断熱に対応する計画である。災害と余暇という正反対の状況に対応するために、機能的で美的でもある形態として楕円形を採用したと考えられる。この仮設住宅は二つのユニットを基本としている。ベッドルームユニットと、キッチンを含むサニタリーユニットである。ベッドルームユニットを付け足したり（図 6.30）、2 棟をずらしてテラスで繋いだりすることにより、様々な人数に対応できるよう計画された。

1936 年、フランスで有給休暇法が制定され、市民が長いヴァカンスを取ることができるようになった。グレイは特権階級のための高級ホテルでなく、様々な人々が安価に休暇を楽しむための施設が必要と考え、ヴァケーションセンターを計画する（図 6.31）。敷地は田舎の海辺が想定され、宿泊施設、レストラン、野外劇場、子供たちの家の四つのゾーンからなる。宿泊ゾーンの中央に広く取られたキャンプスペースには、楕円ハウスを発展させた客室が人数に応じて建てられ、利用者のない時は撤去できるよう可変的に計画された。

6.5.5 文化センター

第二次大戦中、逃れていたフランスの田舎ルーマランでグレイはパリとの文化的な差を実感し、地方都市に住む人々の生活の単調さを社会問題と捉えた。それを解決するには多様な楽しみを提供する公共施設が必要と考え、1946–47 年にかけて文化センターの計画に取り組んだ（図 6.32）。文化センターには会議室、図書館、レストラン、映画・演劇ホール、野外劇場、プール、ギャラリーが含まれ、レストランのメニューから劇場の演目、舞台美術に至るまで具体的なプログラムが想定された。映画・演劇ホールの天井には傾斜がつけられ、野外劇場の客席の傾斜としても利用されている。また野外劇場の客席と円形の指揮台は、円弧型ソファと円形テーブル（図 6.22）の関係を拡大したようなデザインとなっている。

6.5.6 コルク製屏風

1970 年頃、最晩年（92 歳頃）に至ってなおグレイは新たな屏風を制作した（図 6.33）。このコルク製の屏風はフラットにすると長方形であるが、1 曲の形状は長方形ではなく、大小の矩形で分割され通常なら 2 曲にわたる領域で連結している。E.1027 の模式図 B に示された、平面形の一部を切り取り回転させる手法を、4 曲すべてに適用したものである。屏風が折り曲げられると、一部が前に突き出たり後ろに後退したり、裏面を見せたり、空隙から屏風の後ろの空間を示唆したりすることになる。可変性によって空間の有り様を再編しようとするグレイのデザイン理念を、明快に示すものといえる。

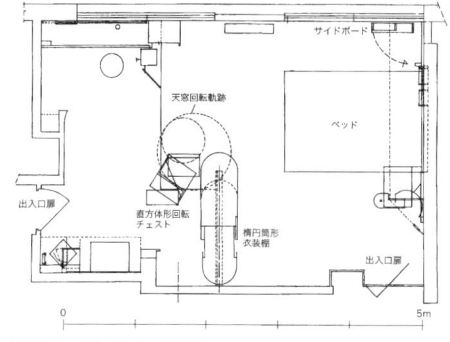

図 6.28 寝室平面詳細図[28]

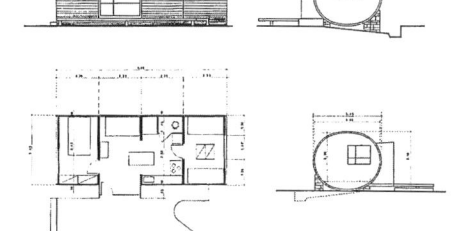

図 6.29 楕円ハウス（1936）[29]

図 6.30 楕円ハウス、増設バリエーション（1936）[30]

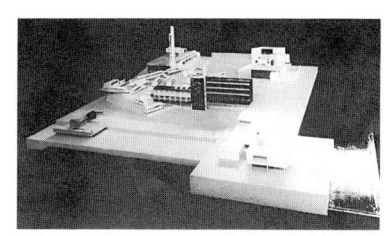

図 6.31 ヴァケーションセンター（1936–37）[31]

図 6.32 文化センター（1946–47）[32]

図 6.33 コルク製屏風（1970 頃）[33]

＊1 ココ・シャネル　Coco Chanel：1883-1971。本名はガブリエル・シャネル（Gabrielle Chanel）。フランスのソーミュールで生まれ、孤児院や修道院で育つ。ムーランのカフェ・コンセールで「ココリコ」などの歌を歌ったことからココと呼ばれるようになり、モノグラムの由来ともなった。1916年にクチュリエールとしてオートクチュール・コレクションを発表。下着とされていたジャージー素材を初めてコチュールなどのフォーマルに使用し、着心地のよいファッションを提案した。反ポアレ、反ディオールの立場に立ち、あくまで女性が動きやすいスタイルを追及した。バレエ・リュス、ジャン・コクトーの作品など多くの舞台衣装も手がけ、ピカソやストラヴィンスキーとも交流を持った。

＊2　シャルロット・ペリアン：第9章参照。

＊3　リュシアン・ガイヤール　Lucien Gaillard：1861-1930。1892年に父親の宝石店の経営者となったガイヤールは、宝飾、金細工、彫刻、ガラス工芸にいたる様々な分野において才能を有し、金メッキや金属彩色にも精通していた。また、日本美術に魅了され、東京美術学校と交流し、職人を日本から呼び寄せるなど、積極的に日本美術を作品に取り入れていった。また、ガイヤールは友人ルネ・ラリックに触発され、彼と同様の素材を使い、精巧なアール・ヌーヴォー調のジュエリーを数多く作り上げた。

＊4　菅原精造：1884-1937。山形県飽海郡（現、酒田市）出身の漆芸家。船舶関連の仕事を営む平岡家に生まれたが、菅原家の養子に入る（養父は仏蝋商に勤務）。1905年にパリへ渡り、幾人もの芸術家に日本漆芸を教え、フランスにおける漆芸の発展に貢献した。1906年からグレイに漆芸を教え、少なくとも1929年までに彼女の家具や室内装飾の仕事に協力した。1912年からジャン・デュナンが菅原に漆芸を習い、フランスで活躍した漆芸家、浜中勝も1926年頃から師事した。菅原自身も乾漆技法による前衛彫刻をサロン・ドートンヌに出品し、仏蘭西日本美術協会展の創立委員にも名を連ねた。晩年は、ロスチャイルド家に住み込んで専属の工芸家となり同家の使用品を制作した。日本には帰国せず、パリで死去した。

＊5　ジャン・デュナン　Jean Dunand：1877-1942。スイス出身の漆芸家でフランス漆工界の第一人者。元は彫刻家兼金工家で装飾芸術家協会の重職を務めていたが、漆を手がけた後、グレイの紹介を得て菅原から日本の漆技法を習い、漆芸家に転向した。しかし後に、デュナンが作品を早く仕上げる必要から日本漆芸の制作過程を簡略化したため、菅原との関係は対立した。100人以上を雇ってスタジオを主宰し、豪華客船アトランティック号やノルマンディー号の内装を漆で仕上げるなど大型の作品を制作した。

＊6　日本漆芸と模造漆：ヨーロッパでは、16世紀から日本の漆が名高く、漆芸品をjapan、漆工芸をjapanningと呼んだ。17世紀に東洋漆芸の模倣が行われ、シェラック（ラックカイガラムシの分泌物の精製品）などの塗料を用いてヨーロッパ風のデザインを加味して、塗り分と金蒔絵に似たものが作られた。18世紀にはかなり精巧な模作が行われ、フランスのマルタン一家による、金色を用いたロココ風のデザインのヴェルニ・マルタンなどが知られる。20世紀初頭、新塗料や他国の漆を日本漆と偽る模造品が出回った（当時は、日本も漆器を粗製乱造し輸出した）。ただし、模造漆すべてが粗悪だったわけではなく、むしろ新たな表現を可能にした側面もある。

＊7　キュビスム：第9章参照。

＊8　ウィーン工房：第5章参照。

＊9　エミール＝ジャック・リュルマン　Emile-Jacques Ruhlmann：1869-1933。パリ生まれの装飾芸術家。絵画、絨毯、鏡などを扱う父親の事業に従事した後、絨毯、家具のデザインを手がける。1917年に家具工房、1919年に「リュルマン＆ローマラン商会」を設立し高級調度品を扱った。紫檀、ガルーシャ（鮫皮に漆）、象牙、鼈甲など希少な素材を使って、18世紀以来の象眼、化粧張りの技術を取り入れた家具を選り抜きの工芸職人に制作させた。リュルマンがデザインする家具は制作に時間がかかり法外な価格であったが、実業家、銀行家、貴族などのパトロンに支持された。リュルマンは自身の家具だけでなく他の芸術家の家具も用いて総合的にデザインし、1920年代、室内装飾家としての地位を確立した。

＊10　ル・コルビュジエ：第9章参照。

＊11　現代芸術家連盟　Union des Artistes Modernes（U.A.M.）：1930年、パリで創立された建築家、デザイナーの団体で、初代会長をロベール・マレ＝ステヴァンスが務めた。1925年のアール・デコ博で主流であった装飾芸術家協会の伝統主義的な傾向に抗議し、フランスの家具や空間デザインに新しく近代的な方向性を与えるために結成された。ル・コルビュジエ、ピエール・シャロー、ルネ・エルブスト、アイリーン・グレイ、シャルロット・ペリアンなどが参加した。

＊12　ヤコブス・ヨハネス・ピーター・アウト：第8章参照。

＊13　ジャン・バドヴィッチ　Jean Badovici：1893-1956。ルーマニアのブカレスト出身。パリのエコール・ボザールと建築専門学校で建築を学ぶ。『ラルシテクチュール・ヴィヴァントゥ』誌の編集長・批評家・CIAMの正式メンバー。1926-32年まで、ヴェズレーにおける古家の改修やE.1027の設計においてグレイと協同した。1937年、E.7と名付けられた救命ボートのデザイン案が、ル・コルビュジエによってパリ万国博覧会に展示された。バドヴィッチはこの救命ボートとE.1027の窓の機構の特許を所有し、またグレイからE.1027を譲り受け、法律上の所有者であった。E.1027をグレイに返還する予定であったが、遺言を作成する前に、モナコにおいて死去した。

＊14　ラルシテクチュール・ヴィヴァント　L'Architecture Vivante：1923-33年にかけてパリで発刊された美術と建築の雑誌。ジャン・バドヴィッチが主宰し、アルベール・モランセが発刊した。ル・コルビュジエの作品が多数取り上げられ、また、デ・ステイルやフランク・ロイド・ライト、ロシア・アヴァンギャルドなど世界各国の美術と建築における最新の動向を伝える役割を果たした。

＊15　アドルフ・ロース：第5章参照。

＊16　バウハウス：第13章参照。

＊17　ヘリット・トーマス・リートフェルト：第10章参照。

＊18　ヴァルター・グロピウス：第13章参照。

＊19　テオ・ファン・ドゥースブルフ：第10章参照。

＊20　フレデリック・ジョン・キースラー　Frederick John Kiesler：1890-1965。ルーマニア出身のデザイナー、彫刻家、建築家。ウィーンで建築および美術を学び、1923年、デ・ステイルに加わる。楕円球の建物の中に螺旋状の構造体を内包した「エンドレス劇場」案、直行する柱と面によって開放的に構成された「空間都市」などを発表後、1926年、アメリカに移住した。近代機能主義を批判して時間・空間の連続性と生活環境の芸術化を目標とし、コルリアリズム（Correalism）と称した。1950年に発表された「エンドレス・ハウス」は二重の卵型の殻体構造と身体運動の連動が意図されている。その後も人間と環境系との相互作用を探求し続け、「エンドレス・ハウス」の建設を切望したが、1960年の「想像建築展」に展示された模型が最終案となった。ニューヨークで死去。

＊21　象徴主義　symbolisme：1880年代の後半に、フランスでマラルメ、ランボー、ヴェルレーヌらを中心にして興った反写実主義的な文芸上の運動。美術上の象徴主義は詩人たちの影響のもとにやや遅れて現れた反写実主義的な傾向を指すが、文芸の場合ほど明確な主張や運動があったわけではない。ゴーガンを中心とするポン＝タヴァン派、およびゴーガンがタヒチに出発した後のナビ派を指す。しかし後の論評では、神秘的な主題を扱い、宗教・私的な観念の表現を試みた世紀末のルドン、ギュスターヴ・モローらの作品が象徴主義に含められている。

＊22　ル・コルビュジエの建築言語：第9章参照。「新しい建築の五つの要点」として解説。

＊23　マルト・スタム：第11章参照。

＊24　マルセル・ブロイヤー：第13章参照。

＊25　ミース・ファン・デル・ローエ：第8章参照。

＊26　リリー・ライヒ：第8章参照。

■アイリーン・グレイについて理解を深めるための参考図書

† 五十嵐太郎他『モダニスト再考［海外編］』彰国社、2016
† 富永譲『近代建築の空間再読　巨匠の作品にみる様式と表現』彰国社、1986
† イヴォンヌ・ブリュナメール／竹内次男訳『1925年様式／アール・デコの世界』岩崎出版社、1987
† ピーター・アダム／小池一子訳『アイリーン・グレイ』みすず書房、2017
† デザイン史フォーラム編『国際デザイン史　日本の意匠と東西交流』思文閣出版、2001
† ジョセフ・リクウート「アイリーン・グレイ、2つの住宅とワンルーム、アパートメント」『a+U』1978年8月号
† 小池一子「アイリーン・グレイへの手紙」『アール・ヴィヴァン』No.5、1982
† ビアトリス・コロミーナ／篠儀直子訳「戦線「E1027」」『10+1』No.10、1997
† 川上比奈子「アイリーン・グレイ　グレイのヒンジ的なるもの」『建築文化』1999年5月号
† *Eileen Gray*, Centre Pompidou, 2013
　漆芸家具から建築までグレイの作品を総合的にとらえた展覧会のカタログ（仏文）

7
ブルーノ・タウト
Bruno Taut

本田昌昭

宇宙すなわち自然の中で、われわれはいっさいのものを意のままに見、かつ聞くことができる。われわれは自然の中から来て、再び自然の中へ去る。人間の最大の好拠は、一人間が自然を愛し、自然から多くのものを創り出すということである。（1936年の論文「建築に関する省察」より）

図7.1 20世紀初頭のベルリン、フリードリヒ街[1]

図7.2 接吻(P. ベーレンス、1898)[2]——後に建築家として名を馳せるP. ベーレンスが、ユーゲントシュティールの画家として活躍していた時期の作品

図7.3 エルヴィラ写真館(A. エンデル、1897、ミュンヘン)[3]——内外部にわたり、ドイツ・ユーゲントシュティールに特徴的な曲線が見られる。後に「退廃的」として、取り壊されることとなる

図7.4 アインシュタイン塔(E. メンデルゾーン、1924、ポツダム)[4]——メンデルゾーンは、1914年頃から幻想的なスケッチを描き始め、それは第一次世界大戦従軍中にも止むことはなかった。表現主義建築の記念碑とも評されるアインシュタイン塔は、その一つの帰結と考えられる

7.1 ドイツ表現主義とその時代

7.1.1 近代化と伝統の狭間で

1871年、鉄血宰相オットー・ビスマルクの辣腕によってドイツ帝国が誕生する。イギリスに遅れること1世紀半、1860年代にはドイツでも産業革命は本格的な展開を見せ始めてはいたが、統一以降第一次世界大戦にかけて、この新国家は飛躍的な進歩を遂げ、社会は一変する。工業化に伴う都市の拡充は、映画、カフェ、キャバレーといった新しい大衆文化を育み、伝統という束縛から解き放たれた都市生活者は、都市生活の匿名性において個人の快楽を追求していった（図7.1）。その一方で、伝統や生活スタイルの変容が母国の文化的アイデンティティの喪失につながることを危惧した人々は、生活改革運動としての反都市運動に身を投じることとなる。社会の急激な変化はこの相反する動きの並存を招き、新生帝国は両者の微妙な均衡の上に成り立っていた。

7.1.2 ドイツ表現主義建築の胎動：世紀末から新世紀へ

この分裂的な状況において、ユーゲントシュティール*1と呼ばれる芸術運動がドイツを席巻する（図7.2、3）。そこに見られた「自然」にモデルを求める造形上の反歴史主義的特性と古代ゲルマン民族の理想化として顕現したナショナリズムは、当時の引き裂かれた精神状況を如実に反映していた。そしてこの二つの傾向は、次代の様式としての表現主義*2へと引き継がれていく。表現主義もまた、あらゆる芸術領域へと及んだが、こと建築については、1913年、批評家アドルフ・ベーネによってその概念が初めて定義された。その際にベーネは、「印象主義的なるもの（Impressionistisch）」に「表現主義的なるもの（Expressionistisch）」を対峙させ、創作の起点が自然という対象、すなわち作家の外部に存在するものからその内面に移されたことに表現主義の本質を見出していた。つまり表現主義の建築とは、一つの形式化されたスタイルに収束するものではなく、その作品は内なるものの必然としての「表現（Expression）」であり、それゆえ実に多様な様相を呈することとなった。

7.1.3 建築と政治

1914年に始まった第一次世界大戦は、表現主義にとっていくつもの意味で決定的な役割を果たしたと言える。戦争によって作品制作の機会を奪われた建築家は、逆に自身の内面へと深く分け入る時を得たのであった（図7.4）。そして戦後のヴァイマール共和国の成立は、彼らにその活動の背景にあった生活改革の思想を実践し、さらにはその極みとしてのユートピアを具現化する機会を与えることとなった。芸術による社会の再生を標榜した芸術労働評議会*3にみる彼らの活動は、まさに政治そのものであった。しかし、この政治と建築の協調関係が長く続くことはなかった。ナチスの台頭によって、かつて政治と蜜月の時代を分かち合った表現主義の作品は、「頽廃芸術」*4のレッテルを貼られ、歴史の表舞台から引きずり下ろされることとなる。

7.2 ブルーノ・タウトの生涯 (1880-1938)

7.2.1 北ドイツ人タウト

　1880年5月4日、バルト海に程近いケーニヒスベルク (現ロシア領カリーニングラード) において、ブルーノ・タウトは生を受ける。1901年にケーニヒスベルク建築工芸学校を卒業した後、1903年には、ベルリンで活躍していた同郷の建築家ブルーノ・メーリンクに師事している。この頃タウトは、ベルリン郊外のコリーンに足繁く通い、数多くの風景画を描いている (図7.5)。そこには、生まれ故郷にも似た北ドイツの豊かな自然が広がっていた。後に、色彩の大胆かつ巧みな操作によって名を馳せる彼の建築家としての才能は、自然との対峙を通じた調和的な色彩世界への覚醒によって育まれたのかもしれない。絵画制作への没頭は、タウトに画家転身への思いを募らせるが、1906年の設計競技での入賞をきっかけとして、彼は着実に建築家へとその歩を進めることとなる。

7.2.2 社会改革者タウト

　1908年、シュトゥットガルトのテオドール・フィッシャー事務所を退所して後、タウトはベルリンに立ち戻る (図7.6)。翌年にはフランツ・ホフマンと共同で事務所を開設する一方で、シャルロッテンブルク工科大学に通い、テオドール・ゲッケの都市計画ゼミに出席している。この頃からタウトの都市や住宅への問題意識は、社会改革を背景とした田園都市運動への関与という明確な形を持ち始める (図7.7)。戦後タウトが、マグデブルク市の都市建築監督官や公益住宅貯蓄建築組合の顧問建築家として携わるジードルンク建設は、その延長線上に位置付けられる。また終戦を導いた11月革命直後には、タウトは表現主義の芸術家や建築家らと芸術労働評議会を結成し、その理論的指導者として建築を中心に据えた芸術の社会化を試みる。1930年代のタウトは、新首都モスクワの拡張計画のためにソ連政府に招かれるなど、国際的名声を勝ち得るが、1933年には母国の政情の急変によってドイツを追われることとなる。

7.2.3 日本美の再発見者タウト

　1933年5月3日、タウトは日本インターナショナル建築会[*5]のメンバーが待つ敦賀港に降り立った。一夜あけた翌日、上野伊三郎の案内でタウトは桂離宮[*6]を拝観し、この時の感慨を「泣きたいくらいに美しい」と書き記している。この亡命者に対する「日本美の再発見者」との評価は、ここに始まったと言える (図7.8)。タウトは、日本滞在中のわずか3年の間に『ニッポン』[*7] (1934) をはじめとして十数冊の著作を書き上げ、その伝統論は日本の知識人の多大な支持を受ける。ただしタウトの滞日時が、軍国主義に裏打ちされた文化的ナショナリズムの宣揚期と重なっていたことを見過ごしてはならない。日本では、精力的な執筆活動とは対照的に建築家としての仕事には恵まれず、タウトは1936年11月には新天地トルコへと旅立つ。一転、トルコでは建築家として多忙な日々を過ごしたこの流浪の人は、1938年12月24日、同地で58年の生涯を閉じる。

図7.5　コリーンの風景 (1903頃)[5]── 20世紀初頭、ベルリンの北東約50km、森に囲まれた湖畔の村コリーンで週末を過ごした若い芸術家や作家の集まりをコリーン・サークルと呼ぶ。B.タウトの他に、マックス・ベックマン、アドルフ・ベーネなどがそのメンバー

図7.6　イェーナ大学、東棟玄関ホール (1908、イェーナ)[6]── Th.フィッシャー事務所でB.タウトが設計を担当した作品の一つ。細部に、ユーゲントシュティール特有の曲線による造形が認められる

図7.7　田園都市ジードルンク「レフォルム」(1914、マグデブルク)[7]──「レフォルム Reform」は、ドイツ語で「改革」の意。生活改革運動を背景とした伝統的生活への回帰という意識を鮮明に読み取ることができる

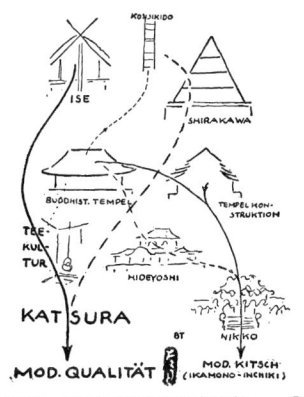

図7.8　日本建築史の概観 (1939)[8]──『日本美の再発見』(1939)において、B.タウトが対比的な構図によって日本建築への理解を示したもの。伊勢神宮に始まり桂離宮へと至る太い線、仏教建築と日光東照宮を結ぶ細い線は、それぞれ肯定と否定を意味している

図7.9 美術工芸協会の名誉会員証(1901)[9]

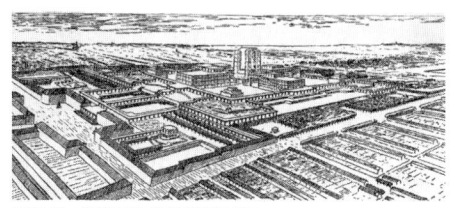

図7・10 『都市の冠』(「俯瞰図」)[10]

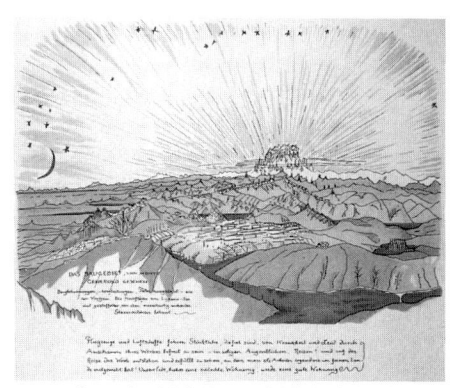

図7.11 『アルプス建築』第17図「建築地帯」(1919)[11]

図7.12 バーラッシュ百貨店(O.フィッシャー、1923、マグデブルク)[12]

7.3 ユートピアを求めて

7.3.1 始まりとしてのユーゲントシュティール

1901年5月15日、ダルムシュタット芸術家村[*8]第1回展覧会のオープニング・セレモニーが、ペーター・ベーレンス[*9]の演出のもと華やかに開催される。それは、当時のドイツにおけるユーゲントシュティールの隆盛を象徴する出来事であった。この時タウトは21歳、いまだ若きこの建築家にとってこの芸術運動がいかに魅惑的な存在であったかについては、当時の彼の作品が饒舌に物語っている（図7.9）。ドイツ近代建築の革命児となるタウトの活動の始まりは、世紀末の装飾芸術運動の大いなる影響下にあった。ただしその影響は、造形面に留まらず、背景においてこの運動を支えていた生活改革運動にみる「生活」という現実に対する意識にこそあった。

7.3.2 建築芸術の翼の下に：諸芸術の統合

近代化の遅れは、ドイツ社会に決定的な歪みをもたらす。劣悪な生活環境に晒された都市労働者の中には、伝統的な農村社会における生活共同体に思いを馳せる人々が現れ、それは生活のあり方を問う生活改革運動へと結実していく。彼らが求めたものは、まさにユートピア以外の何ものでもなく、タウトの思想的原点もまた、ここにあったと言える。彼は少数者の悦楽の対象としてのサロン芸術を否定し、芸術は民衆の幸福と生活と共にあらねばならないと考えるに至る。そしてタウトは、「建築綱領」[*10]（1918）にあるように、建築芸術の下に諸芸術を統合することによってそれを達成しようとしたのであった。なぜなら建築という存在は、不可避的に生活と共にあった。『都市の冠』[*11]（図7.10）や『アルプス建築』[*12]（図7.11）といった幻惑的な計画、そして田園都市やジードルンクもまた、位相を違えてはいたが、すべてがユートピアの実現に向けた探求に違いなかった。それは、表現主義建築の造形美の極点と称される「グラスハウス」（1914）についても例外ではなく、このパヴィリオンは、タウトが理想社会の象徴的中心に据えた「都市の冠」のモデルとして機能することとなる。

7.3.3 色彩建築家

容器としての建築ではなく、生活そのものをデザインしようとしていたこの建築家は、作家の内面にあるものを、外へと、つまりは表現へと導く手立ての一つとして色彩に着目していた。1919年、タウトは、「色彩建築への呼びかけ」と題された一文を発表し、その中で色彩を形態と並ぶ建築の最も基本的な表現手段と措定している。自ら手がけたジードルンクにおいて、彼が色彩によるリズムの創出を試みたことはあまりにも有名である。またこの建築家は、都市建築監督官を務めたマグデブルク市を、色彩都市へと変貌させるべく画策したことでも知られる。彫刻的装飾を剥ぎ取られたファサードは、彼が招いた表現主義の画家たちによって、あたかも抽象画のように仕上げられもした（図7.12）。このような画家との協働は、言うまでもなく彼が唱えた諸芸術統合の実践に他ならない。

7.4　グラスハウス

7.4.1　ガラスの鎖

タウトは、1919年4月に開催された芸術労働評議会主催の「無名建築家展」に参加した12人の建築家に宛てた同年11月24日付の手紙で、自らの建築理論や思想、スケッチを書簡で送り合う提案を行っている。これがその後20世紀の建築理論に関する最も重要な思想の取り交わしの一つとして語られることとなる「ガラスの鎖」と呼ばれるグループによる廻文の始まりであった（図7.13）。そしてこのフリーメーソン的な色合いを帯びたグループ内では、参加者にはペンネームを使うことが強要されていた。そこでタウトは、「Glas（ガラス）」という名を選んでいる。このことは、当時の彼の興味を端的に表しているように思われる。そしてそれは、大戦後に始まったものではなかった。タウトは、すでに1914年のドイツ工作連盟*13 展ケルン博で、「グラスハウス」を発表していた。

7.4.2　ガラス宮がなければ人生は重荷*14

ガラス企業組合の展示館として設計された「グラスハウス」は、直径15.5mの鉄筋コンクリート造の台座とその上に載ったガラスのドームで構成されていた（図7.14）。観客は、正面の階段を上がった後、ガラスブロックの壁に沿った鉄骨造の階段を経て、メインの展示ホール「ガラスホール」へと至る（図7.15）。ここでは、ガラスのショーケースにガラス製品が展示されていた。次に観客は、先の階段の内側に配された階段を使って1階の「装飾室」へと移動する。周囲をステンドグラスで囲まれた円形平面の中央に置かれた水盤からはカスケードが延び、水は下方へと誘われる。天井の吹き抜けから降り注ぐガラスのドームを透過した色光は、空間を交錯する光と色彩で満たすこととなった。そしてこのパヴィリオンには、タウトが「比類なき建築詩人」と称えたパウル・シェーアバルト*15 によるこの建築への献詩が刻み込まれていた。

7.4.3　グラスハウスの中のゴシック様式

尖頭アーチの立体化の試みとしてのガラスのドーム、さらには色ガラスの透過による光の操作は、このパヴィリオンとゴシック様式との関係を邪推させずにはおかない。そしてその関係は、大戦後に発表された『宇宙建築師』*16（1920）において追認することができる。元々舞台劇として構想されたこの「絵本」にも、「グラスハウス」（図7.16）と名づけられた建築物が登場するが、それは、ゴシック様式の教会堂が瓦解し宇宙に拡散してしまった後に、植物が芽を出すように生まれたものとして描かれている。乗り越えられるべき時代を象徴する教会堂は、新しい時代の表象としての「グラスハウス」によって取って代わられねばならなかった。そこには、帝政から共和政への社会変革との相関が見てとれる。つまり、ゴシック様式は過去の象徴としての教会堂が身に纏った様式であったにもかかわらず、そのイメージは変形を加えられつつも「都市の冠」としての「グラスハウス」によって継承されることとなるのであった。

図7.13　新しい法のモニュメント　星、世界、眠り、死、偉大、虚無、匿名（1919）[13]────B.タウトが送った最初の廻文。これに始まり、翌年12月24日付のH.フィンステルリンの手紙に終わる、来たるべき時代の建築について論じた廻文に参加した13名の建築家からなるグループを「ガラスの鎖」と呼ぶ

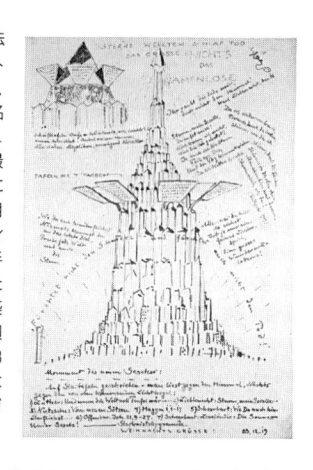

図7.14　グラスハウス（1914、ケルン）[14]

図7.15　グラスハウス、ドーム内観[15]

図7.16　『宇宙建築師』第24図「輝く結晶の家─夕日を浴びて…」（1920）[16]

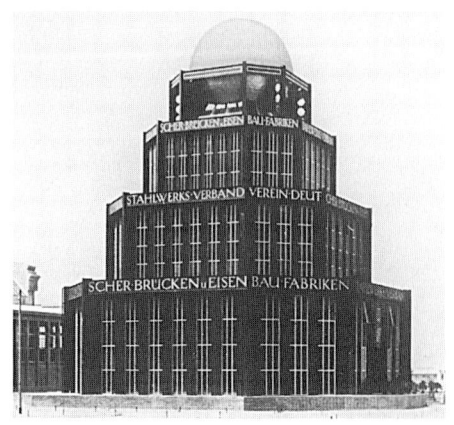

図 7.17　鉄のモニュメント(1913、ライプツィッヒ)[17]

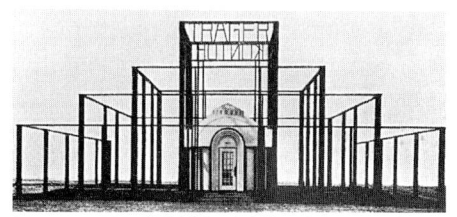

図 7.18　ベルリン軀体材料販売会社のパヴィリオン(1910、ベルリン)[18]──1910年ベルリンで開催された「粘土－セメント－石炭工業展覧会」のために建設されたパヴィリオン。B. メーリンクの仲介によって、B. タウトは設計の機会を得ることとなった

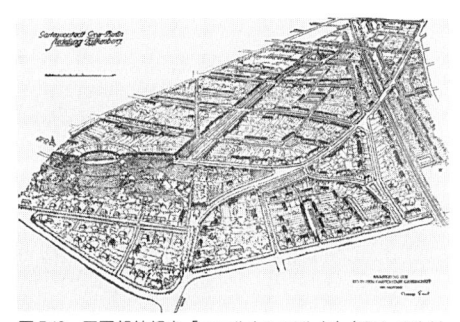

図 7.19　田園郊外都市「ファルケンベルク」(1914、ベルリン)[19]

図 7.20　馬蹄型ジードルンク(1931、ベルリン)[20]

7.5　様式を超えて

7.5.1　鉄のモニュメント

　グラスハウスに先んずること1年、1913年にタウトは、「鉄のモニュメント」(図7.17)を世に送り出す。この八角形の柱状体を4層重ねた下部直径25m、高さ30mのジッグラト[*17]を連想させる建築物は、ライプツィッヒで開催された国際建築博覧会のパヴィリオンとして計画されたものであった。その名に相応しく、モニュメントはI型鋼の支柱と梁によって組み立てられていた。全体の基調色としての黒が、頂部の直径9mの球と梁の刻銘の金色を一層際立たせている。また「柱－梁」によって構成される枠の間には、ステンドグラスがはめ込まれていたという。この作品は、先のグラスハウス、そして1910年に建設された「ベルリン軀体材料販売会社のパヴィリオン」(図7.18)と共に、鉄、ガラス、コンクリートという近代建築において主役を務める建設材料を賞揚する記念碑であり、それゆえ「工業の殿堂」とも形容された。

7.5.2　田園郊外都市「ファルケンベルク」

　1913年、タウトはドイツ田園都市協会[*18]に招かれ、ベルリン近郊グリューナウに田園郊外都市「ファルケンベルク」(図7.19)を手がける。20世紀初頭にドイツで建設された田園都市や集合住宅には、当時の伝統回帰という風潮からか、中世都市を理想とみなし、モデル化する傾向が確認できる。その嚆矢と目されるファルケンベルクには、北ドイツの中世都市に見られた空間要素[*19]がちりばめられていた。またこの田園郊外都市は、部分から全体に至るまで、赤、黄、緑、青といった鮮やかな色彩で彩られていたことから、「絵の具箱のコロニー」と揶揄されもした。しかしそれは、画家と建築家の間を揺れ動いたタウトの気紛れによるものではなく、建築に生気を与える意欲的な解法と考えられるべきものである。色彩と労働者用住宅の出会いが導き出したとも言えるこの手法は、彼の1920年代後半のジードルンクへと受け継がれることとなる。

7.5.3　馬蹄型ジードルンク

　表現主義建築の主導者としての活躍に加え、第一次世界大戦後の大規模ジードルンク建設への関与は、ドイツ建築界におけるタウトの地位を不動のものとする。1924年から1932年までの間、公益住宅貯蓄建築組合顧問建築家の職にあったタウトが関わった住戸は、1万2000戸にのぼると言われる。ベルリン南部のブリッツに建てられた「馬蹄型ジードルンク」(図7.20)は、その中にあって最大規模を誇るとともに、中心に配された住棟の馬蹄型という特徴的な造形によって知られる。この3階建の住棟が取り囲む、中央に水面を湛えたアリーナ状の空間は、都市のオアシスであると同時に、住民の精神的中心としての役割を果たしている。1927年に開催されたドイツ工作連盟主催の展覧会「住居」展[*20]の出品者に、錚々たる近代建築の巨匠たちと並んでタウトが選ばれたという事実は、当時のヨーロッパ建築界におけるこの建築家への高い評価を証している。

7.5.4 日向別邸

日本におけるタウトの建築家としての活動は、「建築家の休暇」という彼の自嘲の言葉からも明らかなように、わずかに久米権九郎による「大倉邸」(1936)のファサード・デザインへの部分的関与と、熱海の海を見下ろす崖地に建てられた「日向別邸」(図 7.21)を挙げるに留まる。日向別邸においてタウトは、母屋の庭である人工地盤を支える構造としてすでに完成していたいわば地下空間に、「現代的要素と日本的要素の配置」をコンセプトに趣の異なった三つの応接室を設けたのであった。暗色の木製床にワインレッドの織物を壁に貼った応接室と、伝統的な日本間を意図した応接室は、断崖の傾斜をそのまま生かした上下段に分かれた構成と海側に穿たれた最大限の開口部によって、海へと一気に流れ込むダイナミックな眺望を獲得している。日向別邸は、この建築家をして「世界的奇蹟」と言わしめた桂離宮へのオマージュとも評される。

図 7.21 日向別邸 (1936、静岡県熱海)[21]

7.5.5 日本における工芸作品

日本でのタウトは、当時のヨーロッパの流行に迎合する日本人の姿勢を批判する一方で、伝統的な工芸文化と高度に洗練された匠の技を賞賛していた。彼は、規範的な型を重視しつつも、量産ではなく職人仕事を生かすことを目指したのであった。タウトが残した工芸品は、ボタンやナプキンリングといった小物から、行灯(図 7.22)、キャンドルスタンド(図 7.23)に至るまで多岐にわたり、さらには椅子や箪笥といった家具にも及ぶその作品数はおよそ 600 点を数える。建築家が建築という領域を越え出ることは、例えば P. ベーレンスが AEG[*21] の芸術顧問として活躍したことを考えても、さほど特異なことではない。ただし工業社会における建築空間の大量生産、個人の存在を脅かすその圧倒的な量と規模を疑問視し、「小さなもの」による美の創造に価値を見出していたタウトにとっては、家具や工芸品といった小品に打ち込んだ仙台や高崎での日々は特別な意味を持っていたのかもしれない。

図 7.22 漆塗り紙貼り行灯 (1935)[22]

7.5.6 アンカラ大学文学部校舎

1923 年の共和国宣言以降、政治、経済、文化のみならず、あらゆる面で近代化を強力に推し進めていたトルコ政府は、近代化のシンボルを建築に求め、西欧先進諸国の建築家を招聘することでその実現を図る。1936 年、旧友マルティン・ヴァーグナーの尽力によってイスタンブール芸術大学建築学科長およびアンカラの文部省建設局主任に就任したタウトもまた、そのような外国人建築家の一人であった。大統領アタチュルクの信任を得た彼は、国会議事堂や大統領官邸、さらには各種の教育施設にその手腕を振るうこととなる。シンメトリーな構成の中に破調を宿した「アンカラ大学文学部」(図 7.24)はその一つであり、ここでタウトは、既成のモダニズムの移植ではなく、近代性とトルコの伝統との統合を試みている。伝統への表層的な迎合に過ぎないとの批判にも晒されたが、それは、数奇な運命によって異文化との出会いを経験したタウトだからこそ為し得た近代性の修正ではなかったのだろうか。

図 7.23 キャンドルスタンド 5 本立 (1936)[23]

図 7.24 アンカラ大学文学部校舎 (1940、アンカラ)[24]

＊1　ユーゲントシュティール　Jugendstil：ドイツ、オーストリアを中心としたドイツ語圏におけるアール・ヌーヴォー様式の呼称。その名は、1896年1月にミュンヘンで創刊された雑誌『Jugend（青春）』に由来する。

＊2　表現主義　Expressionismus：印象主義やアカデミズムへの反動として精神的なものを第一義とする、第一次世界大戦前のドイツを舞台に展開された近代芸術運動。「ブリュッケ」やW.カンディンスキーらが組織した「デア・ブラウエ・ライター」といったグループが中心的な役割を果たした。

＊3　芸術労働評議会　Arbeitsrat für Kunst：第一次世界大戦後、各地で結成されていた労働評議会に倣ってベルリンで結成された前衛芸術家集団。組織を指導する立場にあった15人からなる実務委員会には、初代議長を務めたB.タウトやW.グロピウスらが名を連ねていた。

＊4　頽廃芸術　Entartete Kunst：ヴァイマール共和国時代に花開いた表現主義に代表される近代芸術を誹謗するナチスによる芸術イデオロギー上の標語。この名のもとに近代芸術作品は、伝統、良俗に反するものとして美術館から締め出され、芸術家の活動もまた多大な制約を被ることとなった。

＊5　日本インターナショナル建築会：1927年7月、上野伊三郎、本野精吾ら6人を創設メンバーとして京都で結成された建築家グループ。主に関西在住の建築家を会員としたが、B.タウトやW.グロピウスといった建築家も外国会員として登録されていた。1933年解散。

＊6　桂離宮：平安時代、藤原氏の桂別業のあった京都下桂の地に八条宮智仁・智忠親王が営んだ別荘。1883年宮内省に移管されるまでは、桂御所、桂山荘と呼ばれた。また、B.タウトが日本美の典型としての桂離宮の「発見者」を自負していたことでも知られる。

＊7　『ニッポン』：伊勢や桂離宮、さらには能や歌舞伎といった日本文化への印象を綴った日本におけるB.タウトの処女著作。文部省（現、文部科学省）選定図書ともなった。

＊8　ダルムシュタット芸術家村　Künstlerkolonie Mathildenhöhe Darmstadt：ヘッセン公エルンスト・ルートヴィヒによって、フランクフルト南方のダルムシュタットに建設された芸術家コロニー。ウィーン分離派の旗手J.M.オルブリヒやP.ベーレンスが招聘され、第1回展覧会が1901年5月に開催された。

＊9　ペーター・ベーレンス：第8章参照。

＊10　建築綱領　Architekturprogramm：1918年12月、芸術労働評議会の同意のもとにB.タウトが発表した、建築を通じた社会革命を宣した一文。その主張は、翌年、同評議会名で発せられた回状「偉大なる建築芸術の翼のもとに」に引き継がれる。

＊11　『都市の冠』　Die Stadtkrone：B.タウトが新しい文化都市の提案としてまとめた画集。ここでB.タウトが示した都市モデルは、E.ハワードが『明日の田園都市』（1902）で提示したダイアグラムに呼応し、中央には文化の殿堂としての「冠」が布置された。劇場、オペラハウス、そして大小の集会場が十字形に配された上部に、ガラスの建築物が据えられたものであった。

＊12　『アルプス建築』　Alpine Architektur：アルプスの山々を舞台にその頂きや谷間を建築化し、さらにはその対象は宇宙にまで及ぶ夢想的なユートピア構想。その背景には、近代都市への批判的な視座が伺える。

＊13　ドイツ工作連盟　Deutscher Werkbund：1907年10月、芸術と企業と手工業が一体となった生産品の改良を目的としてミュンヘンに創設された企業と芸術家からなる団体。ドレスデンの家具会社の社長であったK.シュミットが中心となって設立された。初期の主要メンバーとしては、H.ベルツィヒ、J.ホフマン、H.ヴァン・デ・ヴェルデ、R.リーマーシュミットなどの名を挙げることができる。第8章参照。

＊14　ガラス宮がなければ人生は重荷：B.タウトに請われ、P.シェーアバルトが「グラスハウス」に献じた14の箴言詩の一つ。この詩を含む四つの詩が、ドーム下の軒蛇腹に刻み込まれた。

＊15　パウル・シェーアバルト：第13章参照。

＊16　『宇宙建築師』　Der Weltbaumeister：B.タウトが自身のユートピア思想を翻案した、28枚の図版からなる建築戯曲。この戯曲には、「シェーアバルトの精神に捧ぐ」との副題が添えられている。

＊17　ジッグラト：第3章参照。

＊18　ドイツ田園都市協会　Deutschen Gartenstadgesellschaft：イギリスの田園都市運動に触発され、1902年にドイツで設立された居住環境の改革を目指した団体。1907年には組織が拡充され、H.ムテジウス、J.M.オルブリヒ、Th.フィッシャーといった建築家が理事として参加している。

＊19　北ドイツの中世都市に見られた空間要素：ファルケンベルクには、屈曲した街路や十字路をくずした交差点、小広場を有する袋小路といった北ドイツの中世都市特有の空間要素が採用されていた。

＊20　「住居」展　Werkbund-Ausstellung "Die Wohnung"：1927年、ドイツ工作連盟設立20周年を記念して、シュトゥットガルトで開催された展覧会。ヴァイセンホーフ・ジードルンク（図8.10）は、同展の一環として建設されたモデル住宅群である。第8章参照。

＊21　AEG　Allgemeine Elektricitäts-Gesellschaft：アー・エー・ゲー。ドイツ有数の総合電器企業。第8章参照。

■ ブルーノ・タウトについて理解を深めるための参考図書

† ブルーノ・タウト／篠田英雄訳『建築とは何か』（SD選書95）鹿島出版会、1974
† ブルーノ・タウト／篠田英雄訳『続 建築とは何か』（SD選書141）鹿島出版会、1978
† ブルーノ・タウト／篠田英雄訳『日本美の再発見』（増補改訂版）岩波書店、1988
† ブルーノ・タウト／森儁郎訳『日本文化私観』講談社学術文庫、1992
† ブルーノ・タウト／森儁郎訳『ニッポン』講談社学術文庫、1991
† 土肥美夫他『ブルーノ・タウトと現代「アルプス建築」から「桂離宮」へ』岩波書店、1981
† SD編集部編『ブルーノ・タウト 1880-1938』鹿島出版会、1982
† 土肥美夫『タウト芸術の旅 アルプス建築への道』岩波書店、1986
† 井上章一『つくられた桂離宮神話』弘文堂、1986
† ヴォルフガング・ペーント／長谷川章訳『表現主義の建築（上下巻）』（SD選書205、206）鹿島出版会、1988
† マンフレッド・シュパイデル編著『ブルーノ・タウト 1880-1938』トレヴィル、1994
† 長谷川章『世紀末の都市と身体 芸術と空間あるいはユートピアの彼方へ』ブリュッケ、2000

8
ミース・ファン・デル・ローエ
Ludwig Mies van der Rohe

田所辰之助

バウクンストとは、人間と、人間を取り巻く環境との空間的な格闘のことである。…それは時代と結びつき、時代の課題に対して、またその時代に固有の方法によってのみ表現される。時代とその課題、方法を知ることは、バウクンストという実践にとって欠かすことのできない前提なのである。（1928年の講演「バウクンストという創造の前提」より）

© Sergius Ruegenberg

図 8.1 20世紀初頭のベルリン、アレクサンダー広場駅[1]

図 8.2 ハンブルクの高架鉄道(ドイツ工作連盟年鑑『交通』(1914)より)[2]

図 8.3 AEGタービン組立工場(P. ベーレンス、1909、ベルリン)[3]

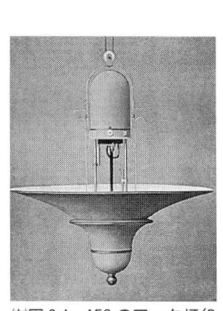

(左)図 8.4 AEGのアーク灯(P. ベーレンス、1907)[4]
(右)図 8.5 北アメリカ(ミネアポリス)の穀物サイロ(W. グロピウス『記念碑的芸術と工業建築』(1911)より)[5]

図 8.6 ニューヨークの摩天楼と高速汽船セシリア号(ドイツ工作連盟年鑑『交通』(1914)より)[6]

8.1 ドイツにおけるテクノロジーの受容

8.1.1 流入するテクノロジーと反近代化の波

　1871年にようやく国家統一を果たし、近代化の道を急速に歩み始めたドイツは、イギリスやフランスに比べユンカー(土地貴族)や軍人などの封建的保守層が残存し、ロマン主義的な反自由主義の伝統のなかで、押し寄せるテクノロジーや市場経済に対する警戒感を強めていた。鉄鋼などの生産量が飛躍的に向上する一方で、労働者が集中し環境の悪化する都市(図 8.1、2)を逃れて、田園の自然に回帰しようとする様々な運動が起こる。ワンダーフォーゲル[*1]や裸体主義[*2]、反アルコール、反種痘などの生活改良運動[*3]、民族的な造形を賞揚する郷土保護運動[*4]、またエベネザー・ハワードの田園都市構想[*5]の影響による田園都市運動[*6]なども、近代化への反動のあらわれと捉えることができる。流入し、進展するテクノロジーの合理思想を、反工業化、反都市化というかたちで表出しつつあった伝統的な価値規範、文化的枠組みにどのように接合するのか、この課題が、世紀転換期のドイツの文化的、社会的状況を強く規定していた。

8.1.2 「芸術と工業の統合」という課題

　1907年に「芸術と工業の統合」を目的に設立されたドイツ工作連盟は、建築、工芸、デザインの分野を横断して、こうしたテクノロジーの受容の問題に取り組み始めた啓蒙団体である。創設に尽力した建築家ヘルマン・ムテジウス[*7]が商務省の技官でもあったように、国家的なコントロールの下で、建築家、芸術家、銀行家、企業家が協力して、近代社会における新たな造形原理と生産システムの構築を目指した。「ミスター工作連盟」とも称されたペーター・ベーレンス[*8]は、電機企業AEGの芸術顧問として、工場施設の設計(図 8.3)からアーク灯(図 8.4)や電気ポット、ポスター等のデザインを手がけ、今日でいうインダストリアル・デザインの先駆けをなしていた。電気技術を背景に急成長を遂げた近代企業と前衛的な芸術家の協同は、テクノロジーと芸術・文化との関係が大きな転換点を迎えたことを人々に端的に示したのである。ドイツ工作連盟が打ち立てたこの課題は、第一次大戦後、ヴァイマール共和国時代に、バウハウス[*9]の試みを通じてあらためて時代の前面に躍り出ることになる。

8.1.3 アメリカにおけるテクノロジーの新たな形象

　一方、新大陸アメリカでは、セメントサイロや鉄筋コンクリート造による工場建築が次々と建設され始めていた。強大な生産力を背景に生み出される未知なる建築形態がヨーロッパへ紹介され、建築家たちに大きな衝撃を与えたのである。ヴァルター・グロピウス[*10]が「記念碑的芸術」と賞賛し、ル・コルビュジエ[*11]が「高貴なる野蛮」と名付けたこの新たな形態こそ、ヨーロッパの歴史的、文化的文脈から解き放たれた、テクノロジーの新たな可能性を指し示すものでもあった(図 8.5)。また、スカイスクレーパー(摩天楼)が建ち並ぶアメリカの大都市では、鉄骨造による高層オフィスビルという新しいビルディングタイプがいち早く生み出されていたのである (図 8.6)。

8.2 ミース・ファン・デル・ローエの生涯(1886–1969)

8.2.1 実務の世界からの出発

ルードヴィッヒ・ミース・ファン・デル・ローエは、1886年3月27日、ドイツ西部の都市アーヘンで生まれた。父親は石工頭で、ミースも幼少の頃より石材の扱いなどに親しんでいた。15歳で実業学校を卒業後、製図工として建築事務所や工房で徒弟奉公に就く。大学で建築教育を受けることのなかったミースは、製図能力や石材等の建築材料に対する感性を、まず実務の世界で磨いていったのである。

1905年にベルリンへ上京、ブルーノ・パウルの事務所を経て処女作リール邸(図8.7)を設計し、その後ベーレンスの事務所のスタッフとなる(図8.8)。ベーレンスを通じて、19世紀前半に活躍したフリードリッヒ・シンケル*12の新古典主義*13の造形に強く惹かれ、またクレーラー=ミューラー邸の設計で滞在したオランダでは、素材と構造を直接表現に結びつけるヘンドリク・ペトルス・ベルラーへ*14の建築とその思想から大きな影響を受けた。

8.2.2 アヴァンギャルド運動の最前線へ

第一次大戦に従軍後、ミースは1919年にベルリンで設計活動を再開した。大戦後のベルリンは、ヨーロッパの芸術家たちが集結する、前衛芸術の拠点となっていた。ミースは、ダダ*15のアーティスト、H. リヒター*16やオランダのTh.v. ドゥースブルフ*17、ロシアのE. リシツキー*18らと交流し、国際的な拡がりを形成しつつあった構成主義運動*19と思想的連携を深めていく。11月グループの建築部門を統括して1921–25年の間に四つの展覧会(大ベルリン芸術展)を企画し、1923年には前衛的芸術誌『G』*20を創刊(図8.9)、1924年にはBDA(ドイツ建築家協会)内の改革派組織リンクに参画した。1926年にドイツ工作連盟の副会長に選出され(図8.10)、1930年にはバウハウスの第3代校長に就任する。ミースはこうして、アヴァンギャルド芸術と協調路線を歩む近代建築運動において主導的立場を確立していった。そして、1932年にニューヨークで開催された「近代建築：国際展覧会(インターナショナル・スタイル展)」(図8.11)等を通じて、国際舞台におけるミースの評価は不動のものとなった。

8.2.3 アメリカにおける展開と実践

バウハウスは、1933年に政権を掌握したナチスの圧力により閉校に追い込まれ、同時にミースの個人的な設計活動も大きく制限を受けるようになる。アーマー工科大学からの教職就任の招請を契機として、1938年、ミースはアメリカへの移住を決める。アーマー工科大では建築学科の教育プログラムの再編に尽力し、またルイス大と合併してイリノイ工科大学となった新キャンパスの計画に取り組んだ(図8.12)。そして、ハーバート・グリーンウォルド*21らの実業家との出会いは、高層アパート、高層オフィスビルの建設というビッグプロジェクトをもたらした。ミースが1969年8月17日にシカゴで亡くなるまで、その建築はアメリカの工業力と実利主義を背景に本格的な多産期を迎え、新たな造形表現を獲得していくのである。

図8.7 リール邸(1907、ベルリン近郊ノイバベルスベルク)[7]

(左図)図8.8 ベーレンス事務所(ノイバベルスベルク)のスタッフ達。右から3番目がミース、最左端にグロピウス(1910頃)[8]
(右図)図8.9 『G』誌創刊号(1923年7月)の表紙[9]

図8.10 ミースが芸術監督として統括したヴァイセンホーフ・ジードルンクの全景(1927、シュトゥットガルト)[10]

図8.11 近代建築：国際展覧会の展示室風景(1932)[11]

図8.12 イリノイ工科大学キャンパス計画の模型(初期案)を前にしたミース(1940年代前半)。右側は、イリノイ工科大学の同僚で、ミースの盟友ルードヴィッヒ・ヒルバースアイマー[12]

図8.13 フリードリッヒ通りのオフィスビル案(1921)[13]
図8.14 ガラスのスカイスクレーパー案(1922)[14]

図8.15 コンクリート造のオフィスビル案(1923)[15]

図8.16 コンクリート造の田園住宅案(1923)[16]

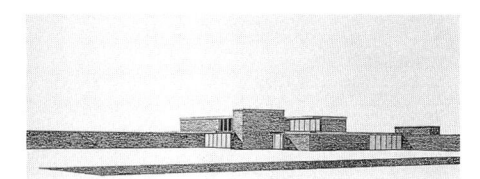

図8.17 レンガ造の田園住宅案、透視図(1924)[17]

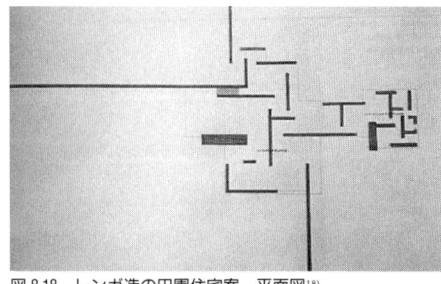

図8.18 レンガ造の田園住宅案、平面図[18]

8.3 建築からバウクンストへ

8.3.1 「近代」を象徴するビルディングタイプへの着目

　1920年代の初頭、ミースは相次いで五つのプロジェクトを、コンペ、展覧会、雑誌などを通じて発表した。二つの高層ビル案では、屈曲したガラスの皮膜で鉄骨の構造体を覆い、光の反射、屈折などの効果を追求している（図8.13、14）。コンクリート造のオフィスビル案（図8.15）では、耐力壁が不要となる柱梁形式の構造上の特徴を、片持ち梁による外壁面の、水平連続窓のデザインによって視覚化した。また、構造形式が異なる二つの田園住宅案は、コンクリート造案では各生活機能を複数のウィングに分配し（図8.16）、レンガ造案では組積造の壁体を分散的に配置している（図8.17）。後者のレンガ造案には、ドイツにおける作品集の刊行（1910–11）を通じて広く知られるようになったフランク・ロイド・ライト[*22]の建築からの影響が認められる。部屋のコーナー部分を開放し、内外空間に流動性を与える平面構成の手法が試みられ、またデ・ステイル[*23]の絵画作品との形態的類似も見られる（図8.18）。

　これら五つのプロジェクトでは、高層ビル、オフィスビル、そして住宅という、20世紀に主題となったビルディングタイプがいち早く取り上げられている。いずれも計画案だが、新たな構造形式や建設材料に適合した造形を見せ、旧来の建築表現に大きな転換を迫ったのである。

8.3.2 バウクンストという枠組み

　この時期、ミースは思想的にも大きな転換を遂げた。『G』誌上において、「すべての美学的思弁、すべての教義、およびすべての形式主義、それらを我々は拒絶する」と宣言し、反形式主義の立場を強い筆致で表明している。これは、いかなる形式的規範も介さずに、新しい材料、近代的な建設技術や生産システムから直接導き出される建築のあり方を提起したものである。そして同時に、作家個人の主観的、審美的判断を排除し、建設に関わる合理性、客観性を打ち立てることを主張する。ミースは、「建築＝Architecture」に代えて、「バウクンスト＝Baukunst」という用語を頻繁に用いる。Architectureが担う歴史的、文化的、審美的イデオロギーからテクノロジーを解き放ち、「建設（＝Bau）」という行為の自律性を確保した、テクノロジーにのみ依存する新たな建築表現の可能性を、「術、技芸（＝kunst）」という言葉に託して表明したのである。

　しかし20年代後半、産業合理化運動が成果を上げ、伝統的、文化的枠組みと切り離されて発展するテクノロジーに対する危機感も、一方で顕在化していた。「技術の精神化」を説く、カトリックの神学者ロマーノ・グァルディーニ[*24]の『コモ湖からの手紙』やフリードリッヒ・デッサウアー[*25]の『技術の哲学』などに影響を受け、ミースはテクノロジーの合理的価値と、社会が継承してきた伝統的、文化的価値との統合という問題に再び直面する。テクノロジーを既存の建築形式に当てはめるのではなく、テクノロジーそのものに美的

実体を与えることで、建築表現の新たな可能性を切り開こうと試みたのである。

8.3.3 「新しい原理」の覚醒：内部と外部の境界の消失

バルセロナ・パビリオン(1929)は、1920年代におけるミースのアイデアを集約させた作品で、1923年のレンガ造田園住宅案に見られた流動的な空間構成を実現化している(図8.19)。自立する柱という「新しい原理」によって、壁は構造耐力を担うという役割から解放される。従来、部屋の四周にめぐらされていた閉鎖的な外壁は姿を消し、分散的に配置された壁と水平に伸びる屋根スラブの構成により、内部と外部の境界が曖昧にされていくのである(図8.20)。

また、壁やガラス面には、様々なテクスチャーを持った材料が使用されている(図8.21)。モロッコ産の縞瑪瑙やティノス(ギリシャ)産の緑の大理石、チボリ(ローマ)産のトラバーチンなどによる石壁の表現、ガラス面にはクリア、モス・グレー、ボトル・グリーン、サンド・ブラスト処理などの多様な表情が与えられている。またクロームメッキ加工の鋼板で被覆された十字形の柱など、多様な材質を表現へ結びつける精緻な細部仕上げが空間全体に厳格さを与え、「神は細部に宿る」という言葉で表されるミースの建築像を裏付けているようである。鉄やガラスなどの工業材料に伝統的なクラフツマンシップが融合し、新たな建築表現へ昇華されていくところに、ミースのバウクンストの発露が見出される。

8.3.4 「部屋」の解体：ユニヴァーサル・スペースとコア・システム

近代建築は一面において、建築の内部機能と造形表現の間に新たな関係性を構築する試みだったといえる。この場合、人の行為(機能)と建築空間を結びつけるために必要になるのが、「部屋」という単位である。しかし、あらかじめ機能が定まった「部屋」を想定すれば、使用形態は必然的に限られ、「機能」の時間的な変更に対応できなくなる。ファンスワース邸（1951、図8.22）は、間仕切り壁を廃して「部屋」の概念を解体し、ワンルーム・スペースの中で家具類を自由に配置することで、使用者の行為を直接空間に結びつけた。「部屋」という枠組みを捨て去ることで、空間の可変性、つまり使用者による自由な用途変更を可能にするユニヴァーサル・スペースが、住宅という形式の中に姿を現したのである（図8.23）。

また、このワンルームの空間において、キッチン、浴室、トイレなどの設備諸室や収納は一体化され、コア(核)を形成する。生活に必要な機能をコアに集約させることで、空間の自由度は初めて確保されるのである。さらに、コアがエレベーターや階段室を取り込めば高層オフィスビルの設計原理としても適用が可能となり(図8.24)、空調や人工照明の技術的進展とともに、均質で、無限に伸長する、非限定的なユニヴァーサル・スペースが実現できる。「機能」をあらかじめ想定しないことであらゆる「機能」に対応する、というこの逆説的な空間は、「近代」という時代を代表する空間原理の一つである。それはまた、「less is more(より少ないことはより豊かなことである)」というミースの声明の理念的背景をなす空間像でもある。

図8.19 バルセロナ・パビリオン(1929、バルセロナ)

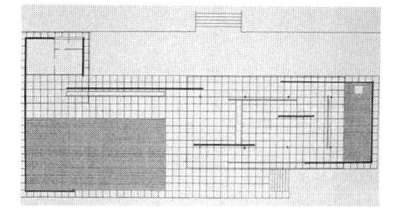

図8.20 バルセロナ・パビリオン、平面図[19]

図8.21 バルセロナ・パビリオン、インテリア

図8.22 ファンスワース邸(1951、イリノイ州プラノ)[20]

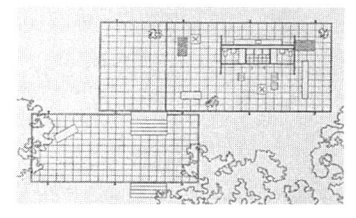

図8.23 ファンスワース邸、平面図[21]

図8.24 シーグラム・ビル(1958、ニューヨーク)[22]

Ludwig Mies van der Rohe 77

図 8.25 女性モード展におけるヴェルベットとシルクのカフェ（L. ライヒと共同、1927、ベルリン）[23]

図 8.26 ドイツ民族・ドイツ産業展における炭鉱業セクションの展示（L. ライヒと共同、1934、ベルリン）[24]

図 8.27 ヴァイセンホーフ・ジードルンクのミース棟（1927、シュトゥットガルト）

図 8.28 チューゲントハット邸（1930、ブルノ）

図 8.29 バルセロナ・チェア（1929）[25]

図 8.30 チューゲントハット邸、インテリア。左手前はブルノ・チェア（1930）

8.4 素材と空間の共鳴

8.4.1 展覧会を舞台とした実験的作品

ミースは、展覧会などの非恒久的プロジェクトを通じて、そのアイデアを実験的に検証した。リリー・ライヒ[*26]との協同で制作された「住居」展（1927）の「ガラスの部屋」では、床から天井までを1枚のガラス壁で構成し、バルセロナ・パビリオンの空間を予見している。また、女性モード展（1927）のための「ヴェルベットとシルクのカフェ」はやはりライヒとの協同作品で、ヴェルベットとシルクのドレープ状の生地が、ホール内に数mの高さから吊り下げられ空間を仕切っている（図8.25）。「ドイツ民族・ドイツ産業」展（1934）では、自立する壁体（石炭、岩塩を積み上げた壁）が展示場内にそびえ立ち、その物質性を誇示しているかのようである（図8.26）。ガラス、布地などの材料の質感を最大限に引き出し、素材と空間の間に呼応関係をつくりだす手法が試みられているのである。

8.4.2 インターナショナル・スタイル（国際様式）への回路

1927年にミースは、ドイツ工作連盟の副会長として、シュトゥットガルトで開催された「住居」展のオルガナイズを担った。この時建設されたモデル住宅群ヴァイセンホーフ・ジードルンクには、ヴァルター・グロピウス（ドイツ）、ル・コルビュジエ（フランス）、J.J.P. アウト[*27]（オランダ）ら、ヨーロッパの前衛的な建築家が多数参集した。この展覧会は、装飾を廃した白い箱型の外観、フラットルーフ、水平連続窓などの、のちにインターナショナル・スタイル[*28]として定式化されていく新しい建築形態に国際的なコンセンサスが存在することを、広く内外に向けて発信する重要な機会となった。ミースはここで中層アパートを設計し（図8.27）、内部空間に可変的なパネルシステムを用いるなどの実験を行っている。

また、チェコスロバキアのブルノに建設されたチューゲントハット邸（1930、図8.28）は、インターナショナル・スタイルに通じる外観を持ちながら、縞瑪瑙や湾曲する黒檀の壁、クロームメッキの十字型柱などを開放的な居間内に分散的に配置、構成した内部空間を持つ。バルセロナ・パビリオンの手法に連なる、素材のテクスチャーを強調した、住宅作品におけるミースの代表作である。

8.4.3 家具デザインと建築空間

家具はミースの建築にとってとりわけ重要な意味を持つ。機能を示唆する「部屋」に代わって、空間の使用形態を家具によって暗示させるためである。「ヴェルベットとシルクのカフェ」に展示されたMRチェア、バルセロナ・パビリオンにおけるバルセロナ・チェア（図8.29）、チューゲントハット邸でのブルノ・チェア（図8.30）、チューゲントハット・チェアなど、自ら手がけた家具のデザインも多い。スチールパイプを湾曲させ、また平鉄をX字形に溶接して強度を得るなど、新しい工業材料の力学的性質に即しながら、同時にその材料に内在する造形的、美的可能性を引き出すという方法に、ミースの建築作品に通じる性格が確認できる。

8.4.4　レンガへの関心：コートハウス・プロジェクトの展開

　レンガもまたミースが好んで用いた材料である。ローザ・ルクセンブルクとカール・リープクネヒトのためのモニュメント（1926、図8.31）では、直方体を相貫させた形態の中に、レンガの割り付けなどディテールの精緻さが示されている。また、ヴォルフ邸（1927）、エスタース邸（1930、図8.32）など、レンガを外装材とする住宅作品は、20年代初頭の田園住宅案で示された雁行形の平面構成や基壇（テラス）の手法を継承し、高い施工精度を備える。1930年代になると、レンガ壁は敷地全体を囲み、中庭を持つコートハウス案の主要モチーフとして使用されるようになった。ゲーリケ邸（1932）からフッベ邸（1935）への一連の計画案では、外部に対し閉ざしながら、レンガ壁の内側で、独立柱とガラス壁面による流動的な空間を展開させている。バルセロナ・パビリオンの空間構成が、レンガ壁に囲い込まれながら、住宅空間の構成原理として応用されていくのである。

8.4.5　低層パビリオン・タイプの作品

　アメリカ時代の代表作であるイリノイ工科大学のキャンパス計画（図8.33）では、低層の校舎群と広場、街路などの外部環境が、24feet角の直交グリッド上で構成されている。キャンパス内の鉱物・金属研究棟（1943）、クラウンホール（1956）などの低層パビリオン・タイプの作品は、後期のミース作品において主要な系列をなす。機能的な可変性を保証し、視覚的開放性をもって外部空間と連続するユニヴァーサル・スペースが実現化されていくのである。また、ファンスワース邸（3節参照）、50×50住宅（1952）などの住宅作品から、マンハイム劇場案（1953）、コンベンション・ホール案（1954）、そして遺作となった新国立ギャラリー（1968、図8.34）など、無柱大スパン構造の表現へと展開が図られていく。

8.4.6　バウクンストの結晶

　1928–29年にミースは、四つのオフィス・ビル計画案（アダム・ビル、アレクサンダー広場の再開発計画（図8.35）、フリードリッヒ通りのオフィス・ビル、シュトゥットガルトの銀行）を手がけた。この際に追求された、機能の変化に対応する非限定的な空間、カーテンウォールのデザインというアイデアが、アメリカ時代の高層ビルの造形に受け継がれていった。レイク・ショア・ドライブ860/880（1951、図8.36）、シーグラム・ビル（1958、図8.24）、フェデラル・センター（1964）などの高層アパート、高層オフィスビルの建設を通じて、構造（柱）と外皮（カーテンウォール）の分節、風圧を受けるI型鋼のマリオンによる外観デザイン、セットバックした建物の前面に設けられる都市広場、などのタワー・タイプの建築のデザイン原理が確立されていった。アメリカの工業技術を背景に、大型圧延鋼材とその施工技術、機械設備の導入など、近代という時代に固有の素材、構法、技術から直接これらの造形は導かれている。ここに、既存の歴史的、文化的形式に依拠することを拒絶し、「空間に翻案された時代の意志」とかつてミースが定義したバウクンスト像が、まさに近代という「時代」の表現として、その形姿を現したである。

図8.31　ローザ・ルクセンブルクとカール・リープクネヒトのための記念碑（1926、ベルリン）[26]

図8.32　エスタース邸（1930）[27]

図8.33　イリノイ工科大学キャンパス計画、フォトモンタージュ（1947、シカゴ）[28]

図8.34　新国立ギャラリー（1968、ベルリン）

図8.35　アレクサンダー広場再開発計画（1929、ベルリン）[29]

図8.36　左側の2棟がレイク・ショア・ドライブ860/880（1951）、右側の2棟がレイク・ショア・ドライブ900/910（エスプラナード900、1957）の高層アパート（シカゴ）[30]

*1　ワンダーフォーゲル　Wandervogel：青少年の徒歩旅行を奨励する、世紀転換期の青年運動。ワンダーフォーゲルとは「渡り鳥」の意。1896年にベルリンで組織された徒歩旅行グループを始まりとして、北ドイツ各地に広まった。都市を離れ、キャンプを張りながら野山、農村地帯を歩き回り、身体の健康の回復と自然との一体化を目指した。

*2　裸体主義　Nacktkultur：衣服を脱いで裸体での生活を実践し、人間の身体の美しさを再発見しようとする運動。19世紀末から20世紀初頭にかけて、都市郊外に多くの裸体コロニーが創設された。日光浴、空気浴による自然治癒法を奨励し、また古ゲルマン文化の神話的世界をモデルとして、工業化を推進する都市文化を否定した。

*3　生活改良運動　Lebensreformbewegung：都市における生活環境の劣悪化に対して、反アルコール、反種痘、菜食主義、裸体主義、女性の服装改革（コルセットからの解放）など、生活習慣を改善して、都市の近代化、工業化を克服しようとした。自然主義にもとづいて伝統的な生活規範への回帰を謳い、世紀転換期の芸術、文学にまで広範な影響を与えた。

*4　郷土保護運動　Heimatschutzbewegung：急速な近代化による都市の破壊から、郷土の街並みや伝統的建物を守ろうとする運動。1904年には「郷土保護同盟」が設立され、ドイツの民族的、伝統的価値を啓蒙した。同団体の代表でもあった建築家パウル・シュルツェ＝ナウムブルクによる『文化作品』（1902-17）は、民家の造形や農村、田園風景などを多くの写真で紹介し、建築における伝統主義を広めた。

*5　エベネザー・ハワードの田園都市構想　Garden City／Ebenezer Howard：1898年に出版された『明日─真の改革のための平和的な道』（1902年の再版で『明日の田園都市』に書名が改められた）の中で、ハワード（1850-1928）は、都市の利便性と、田園での自然に包まれた生活を両立させた「田園都市」の考え方を提唱した。3万2千人の規模からなる、職住一体、生活完結型の自立的都市が1単位となり、各都市は高速鉄道によって結ばれる。1903年には、建築家レイモンド・アンウィンらの設計により、ロンドン郊外に田園都市レッチワースの建設が着手された。

*6　田園都市運動　Gartenstadtbewegung：ドイツでは1902年に「ドイツ田園都市協会」が設立され、R.リーマシュミットらによるヘレラウ（1907-13、ドレスデン近郊）、またB.タウトによるファルケンベルク（1913-14、ベルリン）等の田園都市が実現した。ハワードの田園都市の理念をそのまま受け継いだものではないが、中世に理想的な社会を見出すユートピア思想、また相互扶助にもとづく無政府主義的社会主義の考え方と呼応し、都市の工業化、資本化に抗する生活共同体、労働共同体の形成に援用されていった。

*7　ヘルマン・ムテジウス　Hermann Muthesius：1861-1927。建築家。1896-1903年の間、ロンドンのドイツ大使館付技官としてイギリスの工芸改革運動の調査に従事し、『英国の住宅』（1904-05）の出版などにより、ドイツの建築、工芸の近代化に大きな影響を与えた。帰国後は、商務省の地方産業局を舞台にドイツの工芸学校の改革を主導した。また、1914年のドイツ工作連盟総会において、デザインの「定型化」による生産システムの改革を提唱し、芸術家の個性による表現を重要視するアンリ・ヴァン・ド・ヴェルドと対立した「規格化論争」によって知られる。

*8　ペーター・ベーレンス　Peter Behrens：1868-1940。建築家。ミュンヘン分離派の創設（1893）に加わり画家、工芸家として活動したのち、ダルムシュタット芸術家村に参画、ユーゲントシュティール様式の自邸を建設して建築家としてスタートした（1901）。1903年にデュッセルドルフ工芸学校校長に就任、1907年から電機会社AEGの芸術顧問となり、AEGタービン組立工場などの記念碑的な作品を残した。第一次大戦後は、1922-36年の間、ウィーン美術アカデミー建築学科長を務めた。

*9　バウハウス：第13章参照。

*10　ヴァルター・グロピウス：第13章参照。

*11　ル・コルビュジエ：第9章参照。

*12　フリードリッヒ・シンケル　Karl Friedrich Schinkel：1781-1841。建築家。舞台装飾やパノラマのデザイナーとして活動したのち、プロイセン王宮の庇護を受け、ベルリン中心部の公共建築の設計を数多く手がけた。新衛兵詰所（1816）、王立劇場（1821）、アルテスムゼウム（1830）など新古典主義の造形で都市空間を秩序づけた。ベーレンスは事務所のスタッフを率いてこれらシンケルの作品をよく見て回ったと、ミースは後年述懐している。

*13　新古典主義　Neo-Classissism：ギリシャの古代遺跡の発掘と実測調査を契機として、18世紀中葉から19世紀にかけて興隆した古典美の復興様式。高い基壇、列柱（オーダー）の強調、破風を頂く左右対称の造形などの特徴を持ち、記念碑的な性格が強い。構造的合理性への着目、純粋幾何形態の使用など、近代建築の合理思想の萌芽の一つともなった。

*14　ヘンドリク・ペトルス・ベルラーヘ：第10章参照。

*15　ダダイズム：第11章参照。

*16　ハンス・リヒター　Hans Richter：1888-1976。画家、デザイナー。チューリッヒ・ダダの推進者の一人。1920年、ベルリンでドゥースブルフと知己となり、オランダのデ・ステイルの運動と連携した。『フィルム21』（1921）など実験映画の作品によって知られ、1929年の「フィルムと写真」展（シュトゥットガルト）のフィルム部門を統括した。

*17　テオ・ファン・ドゥースブルフ：第10章参照。

*18　エル・リシツキー：第11章参照。

*19　構成主義運動：第11章参照。

*20　『G』　G- Material zur elementaren Gestaltung：1923-26。リヒター、リシツキー、ドゥースブルフ、そしてミースらが編集に携わった芸術雑誌。「G」はドイツ語のGestaltung（「形成、造形」の意）の頭文字で、「要素的形成のための素材」という副題が付されている。リシツキーやドゥースブルフらを介して、構成主義運動の国際化に大きく貢献した。第11章参照。

*21　ハーバート・グリーンウォルド　Herbert Greenwald：1919-59。不動産業の実業家。シカゴ大で宗教学を学ぶ。1946年にミースと知りあって以降、プロモントリー・アパート（1949）、レイク・ショア・ドライブ 860/880（1951）、コモンウェルス・プロムナード・アパート（1956）、ラファイエット・パーク再開発計画（1960）等の高層アパートのプロジェクトをミースにもたらした。

*22　フランク・ロイド・ライト：第3章参照。

*23　デ・ステイル：第10章参照。

*24　ロマーノ・グァルディーニ　Romano Guardini：1885-1968。神学者、哲学者。カトリック青年運動や典礼運動を主導し、ベルリン、チュービンゲン、ミュンヘンの各大学で教鞭を執った。『典礼の精神』（1918）、『善、良心、平安』（1929）、『人間と信仰』（1933）などの著作を通じて、ドイツにおけるカトリシズムの深化を奨励した。

*25　フリードリッヒ・デッサウアー　Friedrich Dessauer：1881-1963。哲学者。テクノロジーの発展によるドイツの文化的危機に着目し、技術の社会的地位の確立とその理論化に取り組み、技術の問題を思想的課題として扱った。フランクフルト、イスタンブール、フライブルクの各大学で教授。『技術の哲学』（1927）、『自然における目的論』（1949）など、技術および自然哲学に関する著作で知られる。

*26　リリー・ライヒ　Lilly Reich：1885-1947。インテリア・デザイナー、建築家。ミースの協同者として知られる。1908年よりウィーン工房のヨーゼフ・ホフマンの下で学び、1911年にベルリンに戻り、室内装飾を手がける。1924年のフランクフルト・メッセをきっかけに展覧会の展示構成を担当するようになり、1931年のドイツ建築展（ベルリン）ではミースと並んでモデル住宅を設計した。1932年にはバウハウスの織物工房で教鞭を執った。

*27　ヤコブス・ヨハネス・ピーター・アウト　Jacobus Johannes Pieter Oud：1890-1963。建築家。デ・ステイルのメンバー。またロッテルダム市住宅建設局の建築家として、スパンヘン集合住宅（1920）、キーフフック集合住宅（1930）等の建設に取り組んだ。バウハウス叢書の第1巻『オランダの建築』（1926）を執筆し、オランダの近代建築運動の中心的人物として知られる。

*28　インターナショナル・スタイル：序章参照。

■ミース・ファン・デル・ローエについて理解を深めるための参考図書

† 山本学治他『巨匠ミースの遺産』彰国社、1970

† フランツ・シュルツ／澤村明訳『評伝ミース・ファン・デル・ローエ』鹿島出版会、1987

† デイヴィッド・スペース／平野哲行訳『ミース・ファン・デル・ローエ』（SD選書204）鹿島出版会、1988

† ケネス・フランプトン他／澤村明訳『ミース再考　その今日的意味』鹿島出版会、1992

† 原広司「均質空間論」『空間　機能から様相へ』岩波書店、1997

† 「〈特集〉ミース・ファン・デル・ローエ Vol.1, 2」『建築文化』1998年1, 2月号

† 田中純『ミース・ファン・デル・ローエの戦場　その時代と建築をめぐって』彰国社、2000

† 八束はじめ『ミースという神話　ユニヴァーサル・スペースの起源』彰国社、2001

† Fritz Neumeyer, Mies van der Rohe, Das kunstlose Wort, Gedanken zur Baukunst, Siedler, 1986
　ミースの残した言説を詳細に分析し、新しいミース観を示した（独文。英訳版は *The Artless Word, Mies van der Rohe on the Building Art*, MIT Press, 1991）

9
ル・コルビュジエ
Le Corbusier

廻 はるよ

私は７７歳だ。そして私の気持ちはこうだと言える。人生では何かをすることだと。いいかえれば、謙虚に、几帳面に、闡明に行為することだ。芸術的創作のためのあり方は規則正しく繰り返すこと、謙遜、持続性、辛抱強いことだ。（ル・コルビュジエが死の直前(1965年7月)に残した文章が収められた『Mise au point(焦点あわせ)』（1966年出版）より）

photo by Cassina

図9.1 パリと地方を結んだ鉄道駅、北駅(J.I. イットルフ、1865)

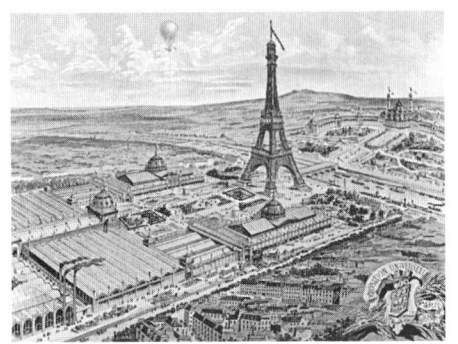

図9.2 1889年パリ万国博覧会[1]

図9.3 アヴィニョンの娘たち(P. ピカソ、1907)[2]

図9.4 錬のある静物(G. ブラック、1909-11頃)[3]

9.1 世紀転換期のフランス

9.1.1 変わりゆく社会・生活・人々(1880年代〜第一次世界大戦)

20世紀へと至る世紀転換期、フランスは変化の時代を迎えていた。工業化社会の成長により鉄道が全国に整備され、都市や農村のつながりを拡大していった(図9.1)。現実に都市へ移動するだけでなく、地方にいても人々は、パリやフランス全体の情報を流通する新聞等によって知ることができるようになった。それを促進した背景には、皆が学校で国語としてのフランス語を学び、歴史や地理を通じてフランスという国を知るようになったことが挙げられる。教育やメディアを媒介にして、同質なものの見方が広がりを見せる近代的な文化の均質性を人々は経験し始めていたのである。

鉄道に乗って向かったパリでは、目覚ましい技術や文化の発展が現実化していた。それを象徴していたのは、万国博覧会である。1898年パリ万博で建設されたエッフェル塔は高い建築技術を誇り、電話やエレベーターの設備を備え、そして夜は照明の光を受けて輝いていた(図9.2)。しかし、技術にのみ関心が寄せられたわけではない。多くの国々が一同に集まった万博で、人々は自国を意識し、自国と比較しながら他国を知るようになったのである。

人々は伝統的なつながりを超えて、より広い世界と関係を持つことが可能になった。それゆえ、近代化された社会を客観的な対象として眺め、受容する過程が進んでいったと考えられる。世紀転換期に始まり、1920年代を通じて建築や芸術が新しい方向を示したのには、前提としてそれを受け入れられる新しい人々の登場があった。

9.1.2 新しい知覚の経験とキュビスム

第一次世界大戦前のパリに現れたキュビスムは、20世紀の美術に重要な影響を与えた。1907年にパブロ・ピカソが描いた「アヴィニョンの娘たち」(図9.3)が契機となり、彼とジョルジュ・ブラックはキュビスムへ向かうこととなる。それは、西洋絵画の伝統であった遠近法によるものの見方を捨て去り、動く視点が複数の方向から捉えた対象を再構成して描こうとしたものである。

このようにものの見方そのものが問題とされるのは、自分の経験を対象化しようとする態度の現れである。当時の人々は明らかに新しい知覚を経験していた。例えば鉄道は速度によって自分と切り離された風景を見る経験をもたらしたし、エッフェル塔は俯瞰する経験をもたらした。そして水晶宮[*1]に代表されるガラスの大空間は、組積造の重厚な壁の代わりに、透明な境界と呼べるものを人々に提供したのである。変化がもたらした様々な経験は内面化され、古い表現法ではそれらを表しきれなくなった芸術家たちを新しい表現法の模索に駆り立てたといえる。

キュビスム絵画の透明性や対象と空間の貫入という表現(図9.4)は、近代建築を特徴づける三次元空間にも現われている。これらは同時代の人々の認識が様々な領域で形をとって現れた現象と考えられる。

82 Le Corbusier

9.2　ル・コルビュジエの生涯（1887-1965）

9.2.1　ジャンヌレの生い立ちと修行時代

　ル・コルビュジエは、1887年10月6日、スイスの山間の町ラ・ショー＝ド＝フォンに生まれた。本名はシャルル＝エドゥアール・ジャンヌレ。幼い頃から熱心に絵を描いている子供だったという。13歳で美術学校に入学し、師シャルル・レプラトニエから大きな影響を受ける。アール・ヌーヴォーの影響を受けたレプラトニエは、自然を本質まで追求し抽象化する装飾表現を教えた。ジャンヌレは彼によって建築の道に導かれ、第1作となるファレ邸を完成させる（図9.5）。

　1908年にはパリに滞在してオーギュスト・ペレ*2の下で働き、鉄筋コンクリートの建築を学んだ。1910年には、芸術と工業技術が融合する古典的フォルムの建築を設計した、ドイツのペーター・ベーレンス*3の事務所で仕事をした。そして1911年、その後の建築家としての彼を決定づけることになる「東方への旅」に向かったのである。地中海を巡るこの旅の中で、ジャンヌレを最も惹きつけたのはアテネのパルテノン神殿であった。彼はこれを繰り返しスケッチし、建築の本質を探ろうとし続けたのであった（図9.6）。

9.2.2　建築家ル・コルビュジエの道

　1917年、ジャンヌレは文化の中心地パリに定住する道を選ぶ。建築の仕事には恵まれなかったが、1918年に画家アメデ・オザンファンと共同で展覧会を催した。この展覧会に向けて、『キュビスム以後』を2人で執筆し、ピュリスム（純粋主義）を標榜した。装飾化したキュビスムは批判され、宇宙の原理にかなう普遍を追求するために、日常品が単純な幾何学に還元して描かれた（図9.7）。

　ル・コルビュジエ*4の名を有名にしたのは1923年の著作『建築をめざして』であった。建築は光の下での立体の演出であることを述べ、また、工業化時代の建築を志向して住宅を「住むための機械」と宣言し人々を驚かせた。1920年代には『建築をめざして』を実践する、白い幾何学的な形態の住宅を多く残したが、その中でも到達点と呼べるのはサヴォア邸（3節参照）である。

　1930年にはフランス国籍を取得し、イヴォンヌ・ガリと結婚もした。その頃にはモダニズムの旗手となり、公共性の高い建築を手がけるようになっていた（図9.8）。コンペや都市計画を通じて国際的な場で活動するが、保守的な勢力に圧されるなど様々な事情で実現することはほとんどなかった。

　第二次世界大戦後、ル・コルビュジエの建築は幾何学形態とロンシャン礼拝堂（5節参照）等の彫刻的形態が共存するものとなった。彼は1930年代頃から、南米等の豊かな自然に触れて、地域の環境と調和する近代建築をつくるようになった。絵画でもピュリスムの終焉（1927頃）以後、女性や貝殻等の自然物や、戦後は一角獣など、シンボリックな題材も対象として描き、創造世界を広げていった。生涯を建築へと捧げてきたル・コルビュジエであったが、1965年8月27日、地中海で海水浴中帰らぬ人となった。77歳であった（図9.9）。

図9.5　ファレ邸（1907、ラ・ショー＝ド＝フォン）[4]

図9.6　アクロポリスのスケッチ（『東方への旅』）より[5]

図9.7　コンポジション（1924頃）[6]

図9.8　スイス学生会館（1932、パリ）

図9.9　パリ・セーブル街35番地のアトリエにて。60代のル・コルビュジエ[7]

図 9.10　すべては球と円柱である[8]

図 9.11　パルテノン神殿(『建築をめざして』より)[9]

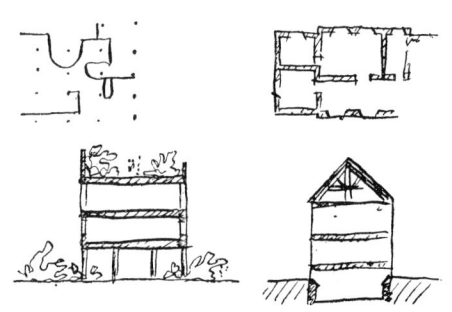

図 9.12　新しい建築の五つの要点(抜粋)[10]

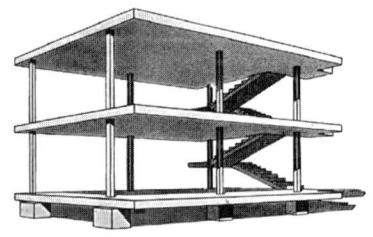

図 9.13　ドミノ型住宅の構造(1914)[11]

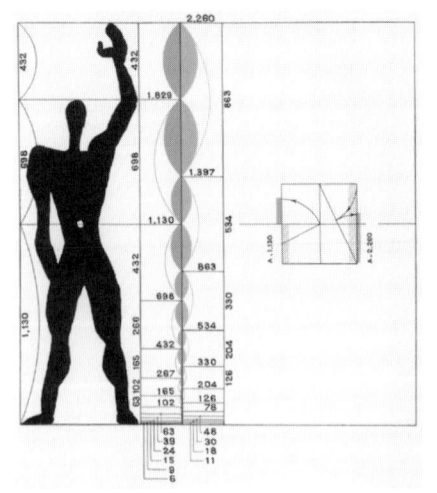

図 9.14　モデュロール[12]

9.3　建築の秩序と感動を目指して

9.3.1　建築を秩序づけること

　ル・コルビュジエは建築が古い時代の規範に縛られ、新たな時代の出来事に対応できなくなっていることを危機的に捉えていた。彼にとって、新しい時代の建築は秩序づけられたものでなくてはならなかった。彼の述べる秩序というのは、そのままでは混沌としている自然や人間の諸活動を、把握可能にする論理的なものを指している。そこで彼は自分たちの生きる近代がどのように成り立っているかということを読み解き、現実の複雑化した状況を論理的なものへと組み立て、それを根拠として建築を制作しようとしたのである。そして彼は秩序を表象するものとして幾何学を登場させる。彼自身の考えが近代の人々と広く共有されるには、誰にとっても同じ価値を持つものが基本をなす必要があった。それが普遍的存在であり、彼が人類共通の言葉と表現した幾何学だったのである（図 9.10）。

　しかし、ル・コルビュジエの建築は論理的な抽象性にとどまるものではなかった。建築は感動を与えるためにあると定義し、普遍的な幾何学はそれを呼び起こす存在でもあった。立方体のパルテノン神殿はその代表であり、ル・コルビュジエの建築を意味づける背景は豊かな広がりを与えられた（図 9.11）。

9.3.2　「新しい建築の五つの要点」

　1927 年、ヴァイセンホーフ・ジードルンク[*5]の竣工時にル・コルビュジエが提唱した「新しい建築の五つの要点」は、建築に関係づける様々な事象を分析し、各々の原理へとまとめたもので、新しい造形言語でもあった（図 9.12）。1. ピロティ、2. 屋上庭園、3. 自由な平面、4. 水平連続窓、5. 自由な立面。この要点の基礎にあるのは、ドミノ・システムと呼ばれる、量産住宅のために構想された鉄筋コンクリートの構造方式である（図 9.13）。このシステムの特長は、柱とスラブによって構成され、壁が構造体から解放されていたことである。この結果、組積造では難しい自由な平面と立面が導かれ、さらに地面を開放するピロティ、光を多く入れるための横長窓、屋根が取り除かれ活用可能となった屋上の庭園が探求され定式化された。

9.3.3　人間的な尺度としてのモデュロール

　宇宙を支配する法則と調和する時、感動がもたらされると考えたル・コルビュジエは、建築に導入する数学的秩序としての比例を研究した。彼の考案したモデュロールは、人体寸法に黄金比[*6]とフィボナッチ数列[*7]を結びつけてつくられた尺度である（図 9.14）。身長 183 cm（＝6feet）の人間のへそまでの高さ 113 cm（183 の黄金比）、その倍数で人間が手を上げた高さ 226 cm、これらの寸法を基本にして人体寸法と関係する諸数値が決定された。モデュロールによって建築は人間的な尺度を根拠として、部分と全体が相互に関係を持つことが可能となった。また、彼はモデュロールが建築の規格化における標準尺度となり、それが普及することを望んだが、一般化されることはなかった。

9.4 ラ・ロッシュ＝ジャンヌレ邸とサヴォア邸

9.4.1 ピュリスム絵画とラ・ロッシュ＝ジャンヌレ邸

パリの住宅地に立つラ・ロッシュ＝ジャンヌレ邸（1923-24）は、ル・コルビュジエの理解者であったラウル・ラ・ロッシュと兄アルベール・ジャンヌレの二つの住居が含まれている。兄の住居は家族の生活の場であり、独身のラ・ロッシュは絵画コレクションを展示する場を必要とする、という複雑なプログラムの解決が求められた。難しい条件にもかかわらず、機能を満たした自由な平面、水平連続窓、都市生活を豊かにする屋上庭園やピロティが全体的なまとまりをもって実現された。そして、通りの突き当たりに配置された展示室の曲面壁と対比しあう、白い矩形の住居棟ファサードは、規準線[*8]によって幾何学的秩序を持つように決定されている（図9.15）。

内部は3層吹き抜けのホールを中心に、すべての空間が関係するよう構成されている。このホールに面するのは閉じた部屋ではなく、バルコニー状のスペースやブリッジ、透明な窓から見える外部空間であり、それらが吹き抜けと連続し多様な状況を示す（図9.16）。さらに、ホールに接した3階の図書室と2階の展示室は、斜路を介して緊密に結びつけられている（図9.17）。ラ・ロッシュ邸に見られる相互に貫入しあい、透明性を見出せる空間は、同時期のピュリスム絵画（図9.7）にも表現されていると言われる。ル・コルビュジエの絵画と建築の関連は、その後も様々な形で現れ続けていく。

9.4.2 建築的プロムナードによるサヴォア邸

パリの郊外、ポワシーの丘に別荘として建てられたサヴォア邸（1928-31）は、ル・コルビュジエが探求してきた概念の集大成を示す建築である。白く純粋な幾何学形態をなし、五つの要点はすべて適用されている。特にピロティは自動車のアプローチとしても使われており、彼の都市計画原理も実現したものとなった（図9.18）。

サヴォア邸を最も特徴づけているのは、「建築的プロムナード」である。この住宅はキューブの中に連続的な三次元空間が相互に関連を持つように組み込まれている。その中心にあるのはエントランスからソラリウム（日光浴場）までをつなぐ斜路である。これによって、訪問者はまず2階にあるメインスペースとしての居間に導かれる。居間は外部の部屋としてのテラスに面しており、これらの空間は一体となって関係しあっている。さらにテラスから斜路を使って屋上のソラリウムへと到着し、スクリーンの開口からポワシーの景観が眺められるようになっている（図9.19）。この住宅は動く人間の視点に伴って次々と内部、外部の空間が展開するように構成されている。このように、移動によって建築の構成を捉えていく経験をル・コルビュジエは「建築的プロムナード」と呼んだのである。ラ・ロッシュ邸における吹き抜けと斜路の空間もこれによって着想されている。動く視点による空間の把握はキュビスムの方法でもあった。しかし彼はこの考え方が、空間の変化を眺めながら歩いた、アラブの建築での経験に由来していることを記している。

図9.15 ラ・ロッシュ＝ジャンヌレ邸（1923-24、パリ）

図9.16 ラ・ロッシュ邸、ホール

図9.17 ラ・ロッシュ邸、展示室から図書室へ

図9.18 サヴォア邸（1928-31、パリ郊外）

図9.19 サヴォア邸、斜路と屋上ソラリウム

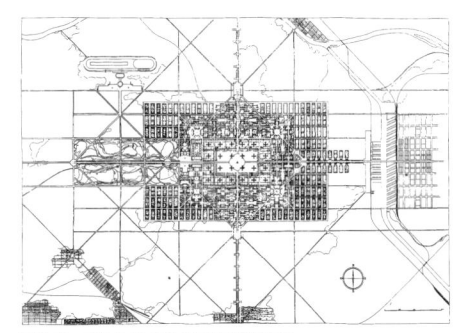

図9.20　300万人のための現代都市[13]

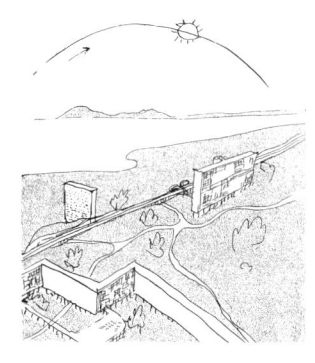

図9.21　ラ・ロシェル=パリスの都市計画1945-46、ユニテ・緑・太陽[14]

図9.22　ロンシャン礼拝堂（1950-55、ベルフォール近郊）[15]

図9.23　ラ・トゥーレット修道院（1953-59、リヨン郊外）

図9.24　ラ・トゥーレット修道院、教会内部と光の大砲

9.5　身体から都市まですべての連関へ

9.5.1　都市計画

　ル・コルビュジエの都市計画は、建築と同様、伝統的なものの乗り越えとして示される。その考えは1922年サロン・ドートンヌ[*9]に出展された「300万人のための現代都市」のプラン（図9.20）と著作『ユルバニスム』（1924）において明らかにされた。都市の過密状況は近代以前の都市構造が原因であり、それを壊して新しい産業や自動車交通が有効に機能するような街路、「交通するための機械」を構築することを課題としたのである。都市は幾何学的な街路で構成され、業務地区や住区等の機能的ゾーニングがなされていた。この都市計画は後に「輝く都市」（1930）へと発展し、規模の拡大可能な構成を導入していく。摩天楼等の建築は、「緑の都市」と呼ばれた太陽と緑に満ちたオープンスペースに佇むのである（図9.21）。ル・コルビュジエの都市像は「アテネ憲章」[*10]も伴って広く近代の都市開発に浸透した。しかし、多様で複雑な現実を含む都市でなかったことが、後に批判を生むこととなった。

9.5.2　ロンシャン礼拝堂

　自然はル・コルビュジエにとって人間が創造する幾何学とは明らかに別のものであった。自然と幾何学は、ル・コルビュジエの作品の中で生涯にわたって現れた概念であったが、基本的には幾何学が自然に対して支配的な位置を占めていたといえるだろう。

　しかし、このロンシャン礼拝堂（1950-55）[*11]は、自然の風景に感応して導かれるようにつくられた建築である。周囲に広がる平野や谷の「眺めを受け入れる形」がつくられ、「風景の中の音響学」と呼ばれている。自然を支配するのでなく響きあうような関係がここに成り立っているといえるだろう。それは、「東方への旅」でパルテノンを「この風景におけるまさしく真珠」と感じたような関係と重なっていくものである。ル・コルビュジエの建築が多様なあり方を示すのは、幾何学のみにとどまらない、感動に導かれるより広い世界を同時に抱えこんでいるからである（図9.22）。

9.5.3　ラ・トゥーレット修道院

　1907年、まだ若い頃ル・コルビュジエはトスカーナ地方にあるエマの修道院[*12]に強い感銘を受け、個人と集団が互いに尊重しあうことによる調和の関係を理解し、共同体のあり方を考えるようになった。ラ・トゥーレット修道院（1953-59）は、リヨンより少し離れたエヴー=シュル=ラブレルの森に囲まれた傾斜地に建つ（図9.23）。

　上から下へ計画されたというこの幾何学的な建築は、まず空中に僧房をコの字型に配し、次に図書室や食堂など共同生活のスペースを下へ繋げ、ピロティによって着地する、という構成になっている。厳しい自然の地形に応じながらも、幾何学的な形態が明確に現れている。北側の教会は荒いコンクリート表面の直方体である。内部の沈黙した闇の空間には、「光の大砲」と呼ばれる、色鮮やかなトップライト等から光が落とされ、深い祈りへと人々を導く（図9.24）。

9.5.4 サロン・ドートンヌ／住居設備の展示

ル・コルビュジエは近代の住宅モデルとして、1925年国際装飾美術博覧会においてエスプリ・ヌーヴォー館を展示した（図9.25）。住宅に与えた「住むための機械」という言葉は、近代工業化時代の原理ともいえる合理性や量産性を視野に入れているが、重要なのは新しい時代に連動する生活や考え方そのものを組織しようとしたことである。エスプリ・ヌーヴォー館では装飾芸術は排され、量産品であるトーネットの椅子[*13]や工場生産の小物等が置かれていた。

そして1929年のサロン・ドートンヌでは、その考えをさらに明快に示すために、シャルロット・ペリアン[*14]、ピエール・ジャンヌレ[*15]と共にインテリアと家具を総合的にデザインして発表した（図9.26）。スチールのユニット式収納棚で分節された空間に、「休息のための機械」と呼ばれたプロトタイプとしての様々な椅子やガラス天板のテーブルが配置された。新しい住宅が示す概念は、家具と連関してより明快に認識されることを具体的に示して見せたのである。

展示されたシェーズ・ロングは、カーブした鋼管フレームと身体の形にあわせて折り曲げた革張りの面が架台に載せられた寝椅子である（図9.27）。横臥面の傾きは、連続的に設定することができる。それは、人間の多様な休息姿勢を受け止めようとする考えが、合理的な構造で解決されたものである。

9.5.5 マルセイユのユニテ・ダビタシオン

ユニテ・ダビタシオンは、代表的なマルセイユのものをはじめとする、第二次大戦以降に建てられた集合住宅である（図9.28）。ユニテは「輝く都市」の実現例とされるが、集合住宅のあり方はイムーブル・ヴィラ[*16]として早くから都市計画で構想されていた。その住戸ユニットがエスプリ・ヌーヴォー館である。これを継承したユニテは、共用空間を持ち、共同体としての生活が可能となる集合住宅として考えられた。これは、エマの修道院や客船といった、人々の生活が連帯して機能するモデルからイメージされた。

ユニテにおけるコミュニティは、公共のピロティ、中間階の商店街、屋上庭園の幼稚園やランニングトラック等の場所で日々育まれるのである（図9.29）。住戸は吹抜けを含む2層のメゾネット形式である。屋内街路（共用廊下）は3層ごとに設置され、住戸の2方向開口を実現させている。生活空間を充実させる造り付けの家具やオープン・キッチンのプロトタイプは、シャルロット・ペリアンらの協力を得てつくられた。また、住戸は「壜（びん）」のようにフレームに差し込むユニットとして発想されている。ドミノと同様にフレームと居住機能は分けられ、普遍的なシステムとなっている（図9.30）。

このユニテはモデュロールが応用された最初期の建築である。住戸ユニットの内法幅3.66m、吹抜けの天井高さ4.8mはその適用である。外観のブリーズ・ソレイユ（日除け）としてのロッジア[*17]（バルコニー）はこの寸法に対応しており、全体が長さ165m、高さ56mという大きさにもかかわらず、親しみやすいスケール感を与えている。

図9.25 エスプリ・ヌーヴォー館（1925、パリ）[16]

図9.26 サロン・ドートンヌ「住居設備」の展示（1929）[17]

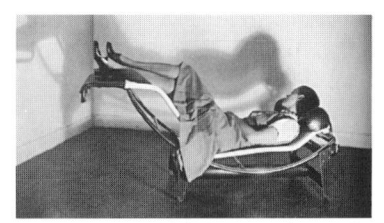

図9.27 ペリアンが休息するシェーズ・ロング[18]

図9.28 マルセイユのユニテ・ダビタシオン（1945–52）[19]

図9.29 ユニテ・ダビタシオン、屋上庭園[20]

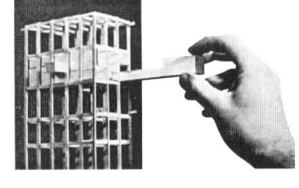

図9.30 「壜」としての住戸ユニット[21]

＊1　水晶宮　Crystal Palace：1851年、世界最初の万国博覧会の会場として、ジョセフ・パクストンの設計によりロンドンに建築された。新しい工業材料と構造技術を用いて鋳鉄とガラスの大建築を実現した。組積造による陰影のある空間とは異なる、光に満ちた空間の出現であった。第1章参照。

＊2　オーギュスト・ペレ　Auguste Perret：1874-1954。フランスの建築家。パリのエコール・デ・ボザールの教育を受ける。鉄筋コンクリート構造による建築表現に、新しい可能性を与える作品を実現した。代表作にはパリのフランクリン街のアパート（1903）、シャンゼリゼ劇場（1914）、ル・ランシーのノートルダム教会（1923）などがある。

＊3　ペーター・ベーレンス：第8章参照。

＊4　ル・コルビュジエ　Le Corbusier：Ch.E.ジャンヌレの筆名に由来する。1920年にアメデ・オザンファンらと共に雑誌『エスプリ・ヌーヴォー』を創刊する。そこに建築の論文を載せる際、オザンファンと連名で、筆名によるル・コルビュジエ＝ソーニエという署名をした。以後、ル・コルビュジエと名乗るようになる。『エスプリ・ヌーヴォー』で彼が書いた建築の論文を集めて出版したものが『建築をめざして』である。

＊5　ヴァイセンホーフ・ジードルンク：第8章参照。

＊6　黄金比：線分ABを点Pで内分する時、AB：AP＝AP：PBの関係が成り立つようにした分割を黄金分割といい、APとPBの比を黄金比という。実際の値は、1.6180339…という無理数となる。両辺がこの比となる長方形は黄金比長方形と呼ばれる。黄金比による造形は、均整のとれた美しさを感じさせると考えられており、古代ギリシアのパルテノン神殿にもこの比例が見出せるとする説がある。

＊7　フィボナッチ数列：1,1,2,3,5,8,13,21…となる数列。一般項は前2項の和として与えられ、数列第n項をF_nとすると$F_n=F_{n-1}+F_{n-2}$（$n≧3$）で示される。フィボナッチ数列の隣りあう2項の比（例：8/5＝1.6）は項が進むにつれ黄金比に近づいていく。

＊8　規準線：建築のファサードにおける図形的操作の方法。対角線状の斜線とそれに直行する線によって、ファサードの全体と部分の構成を決定していく。建築史家オーギュスト・ショワジーの『建築史』（1899）も参照すると、ル・コルビュジエは『モデュロール』（1950）に記している。

＊9　サロン・ドートンヌ　Salon d'Automne：秋展。フランスの美術展の一つ。1903年に建築家フランツ・ジュールダンをリーダーに画家のアンリ・マティスらにより設立された。保守的な美術展に反発してつくられたもので、このサロンからキュビスムも生まれた。絵画、彫刻、装飾美術など多くの部門を持ち、現在に至る。

＊10　アテネ憲章　Charte d'Athènes：1933年、CIAM（近代建築国際会議）の第4回会議は、主にマルセイユとアテネの往復船上にて、機能的都市というテーマで開催された。そこで採択された都市計画の原則が、後にアテネ憲章と呼ばれた。計画の基本は四つの機能、住居・労働・余暇・交通におかれている。この成果を踏まえた1943年『La Charte d'Athènes（アテネ憲章）』はル・コルビュジエの著作とされている。

＊11　ロンシャン礼拝堂　Chapell Notre Dame du Haut：フランス東部、ベルフォール近郊のヴォージュ山脈に連なるロンシャンの丘の上にある。古い礼拝堂が戦争によって破壊されたため、年に2回、12000人の巡礼者の集まるための礼拝堂として建てられた。内部の身廊では200人が祈りを捧げた。殻のような屋根はシェル構造による2枚のコンクリート版、壁には破壊された礼拝堂の石が使われ、荒く白い石灰で仕上げられている。モデュロールも使われており、彫刻的形態は恣意的なものでなく、構造や機能に規定される厳密なものである。内部はシンメトリーではなく、床は祭壇に向かって地形に沿った傾きを持つ。壁に開けられた大小無数の窓から光が流れこんでいる。

＊12　エマの修道院　la Chartreuse d'Ema：フィレンツェ近郊ガルッツォにある14世紀のカルトジオ会修道院。僧房はそれぞれ囲われた小さな庭に面しており、回廊によって連結され、聖堂や食堂、集会室などの共同で過ごす施設へと続く構成になっている。

＊13　トーネットの椅子　Thonet chair：トーネット社の創設者、ミヒャエル・トーネットの開発した曲木椅子。1842年ウィーンで、ムクのブナ材を蒸して曲げ加工する技術によって特許を取得し、椅子の大量生産を行うようになった。ル・コルビュジエが使用したのは、ウィーンチェアと呼ばれる名作である。

＊14　シャルロット・ペリアン　Charlotte Perriand：1903-99。フランスのインテリアデザイナー。装飾美術学校を卒業後、1927年の作品「屋根裏のバー」でル・コルビュジエに認められ、アトリエに入る。一連のスチール製家具の設計やインテリアのデザインを担当し、1937年に独立。1940年、商工省（現、経済産業省）の招聘により輸出工芸指導の顧問として来日し、翌年「選択・伝統・創造」展を開催。1955年にもル・コルビュジエらと東京で展覧会を実施し、日本のデザインの向上に影響を与えた。

＊15　ピエール・ジャンヌレ　Pierre Jeanneret：1896-1967。スイス生まれ。フランスの建築家。ジュネーブの美術学校とエコール・デ・ボザールに学ぶ。A.ペレの事務所で働いた経験を持ち、1922-40年まで従兄弟のル・コルビュジエと協同し、連名でサインをして設計活動を行う。第二次世界大戦中に考え方の違いから別々の活動を行うが、1951年以降はル・コルビュジエによるチャンディガールの都市計画の実現に尽力した。

＊16　イムーブル・ヴィラ　Immeubles-villas：「300万人のための現代都市」に構想されたヴィラ型の集合住宅。建物は5層、各住戸は吹抜けのあるメゾネット形式で、隣接する空中庭園を持っている。大きな公園に面しており、共用施設がある屋上庭園も計画されている。エマの修道院に着想を持つと記されている。吹抜けのある2層型の住宅はシトロアン住宅案（1920-22）で結実した。ル・コルビュジエの重要なプロトタイプである。

＊17　ロッジア：少なくとも一方が吹放しになっている列柱歩廊のこと。ユニテ・ダビタシオンではバルコニーを指している。

■ル・コルビュジエについて理解を深めるための参考図書

† ル・コルビュジエ『建築をめざして』（SD選書21）鹿島出版会、1967
† ウィリ・ボジガー他編／吉阪隆正訳『ル・コルビュジエ全作品集（全8巻）』A.D.A. EDITA Tokyo、1978
† スタニスラウス・フォン・モース／住野天平訳『ル・コルビュジエの生涯　建築とその神話』彰国社、1981
† ウィリアム・J.R.カーティス／中村研一訳『ル・コルビュジエ　理念と形態』鹿島出版会、1992
† 富永譲『ル・コルビュジエ　幾何学と人間の尺度』（建築巡礼12）丸善、1989
† 八束はじめ『ル・コルビュジエ』（20世紀思想家文庫10）岩波書店、1983
† 林美佐『再発見／ル・コルビュジエの絵画と建築』彰国社、2000
† レイナー・バンハム／石原達二他訳『第一機械時代の理論とデザイン』鹿島出版会、1976
† ビアトリス・コロミーナ／松畑強訳『マスメディアとしての近代建築　アドルフ・ロースとル・コルビュジエ』鹿島出版会、1996

10
ヘリット・トーマス・リートフェルト
Gerrit Thomas Rietveld

奥　佳弥

私が対象を無条件に明瞭にしたいのは、たとえ建築が他にどのようなことを為すとしても、決して空間そのものを損なってはならないからである。建築とは、我々の空間感覚が経験する現実である。柱、壁、窓枠、屋根に使用する材料や、その形、色は最初に位置すべき問題ではない。建築において我々が扱っているのは、物的対象としての作品の合間、内部、あるいは傍らに存在するものである。その存在がよき生活の場となるかどうかは、空間の質次第なのである。（論文「建築」、『ヴェルケンテ・フロウ』誌1930年11/12号所収より）

図10.1 『デ・ステイル』誌創刊号(1917.10)の表紙[1]
図10.2 『ヴェンディンヘン』誌創刊号(1918.1)の表紙[2]

図10.3 アムステルダム証券取引所(H.P. ベルラーヘ、1897–1903、アムステルダム)

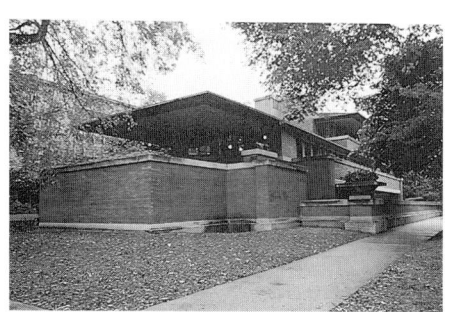

図10.4 ロビー邸(F.L. ライト、1906–09、シカゴ)[3]

図10.5 集合住宅エイヘン・ハールト(M. デ・クレルク、1913–20、アムステルダム)[4]

図10.6 ファン・ネレ工場(J.A. ブリンクマン&L.C.v.d. フルート、1925–31、ロッテルダム)

10.1 デ・ステイルとその周辺

10.1.1 デ・ステイルとアムステルダム派

　第一次大戦下、『デ・ステイル』(1917–31、図10.1)と『ヴェンディンヘン』(1918–31、図10.2)という趣向の異なる総合芸術誌がオランダで創刊される。それぞれ、デ・ステイル、アムステルダム派という芸術家・建築家グループの機関誌である。両者は、求める造形や活動のあり方において対立していた一方、社会と芸術の融合を理想として、建築、彫刻、絵画を統合した総合芸術を目指すという重要な共通点を持っていた。

　この頃、オランダの建築界では、合理主義を奉じるH.P. ベルラーヘ[*1]が同国における「近代建築」を切り開いた建築家として最も指導的な立場にあった(図10.3)。流派を問わずオランダの若い建築家たちは、ベルラーヘを理論上の師として仰ぎ、彼が支持するアメリカの建築家フランク・ロイド・ライト[*2]の造形(図10.4)にインスピレーション源を求めた。

　デ・ステイルは、1917年の設立当初より国際的なネットワークを目論み、芸術と生活の統合を唱えた。メンバーたちは誌上の議論や協働制作を通じて、個人主義を越えた普遍的な造形原理を追求した。途中、意見の対立からメンバーが大きく入れ替わるが、主宰者であり、機関誌の発刊者・編集者であったテオ・ファン・ドゥースブルフ[*3]の精力的な普及活動により、デ・ステイルの理論はバウハウス[*4]をはじめヨーロッパの前衛芸術運動の展開に多大な影響を及ぼす。

　一方、アムステルダム派は、1910年代より市の依頼で労働者向け集合住宅を数多く実現し、国内で優勢な立場にあった(図10.5)。彼らの建築は、実践面においてベルラーヘに負いつつ、素材や個性を重視した手工芸的、表現主義的な手法をとった。ただし、その手仕事的な造形活動は影響力をほぼ国内にとどめたまま、20年代後半には次第に衰退の途をたどる。

10.1.2 オランダ新即物主義

　デ・ステイルやアムステルダム派がその影響力を減じていくなか、20年代後半よりオランダ新即物主義と呼ばれる、機能主義、合理主義を目指す建築家グループが台頭してくる。その中心を担っていたのがロッテルダムのオップバウ[*5]、アムステルダムのデ・アフト[*6]だった。彼らの関心はもっぱら社会と建築の関わりにあり、その思想はベルラーヘに遡る。彼らの建築に通底して見られる技術至上主義的な手法は、アムステルダム派やデ・ステイルの美学的、形式主義的な造形を否定するものであった(図10.6)。

　デ・アフトとオップバウは共に、CIAM(近代建築国際会議)[*7]に積極的に関わり、1932年にはデ・アフト・エン・オップバウ[*8]として合同し、その活動を強化していく。しかし、第一次大戦では社会的、経済的被害を受けながら中立を保っていたオランダも、第二次大戦勃発とともにナチス・ドイツの占領下に置かれ、彼らの建築活動は停止状態に追い込まれる。

10.2　G.Th. リートフェルトの生涯（1888-1964）

10.2.1　家具職人から作家へ

ヘリット・トーマス・リートフェルト（図10.7）は1888年6月24日、家具職人の次男として、オランダの地方都市ユトレヒトに生まれた。12歳で学校教育から離れ、父のもとで家具職人の見習いとして働き始める。1904年より貴金属商のアトリエで製図工を勤める傍ら、夜間学校で工芸デザインを学んだ。

1906年頃からは、建築家P.J.クラールハマーの夜間講義を受講し、ベルラーヘやライトの作品に触れ、材料や構造に対する純粋で誠実な姿勢を学んだ。それらはリートフェルトの初期の創造的な家具デザインの展開に大きな影響を与えた。やがて、1917年、リートフェルトはユトレヒトの町中に自分の家具製作所を構える（図10.8）。

10.2.2　デ・ステイル、シュレーダー夫人との出会い

1919年、リートフェルトの椅子は、その空間表現の可能性をいち早く見出したファン・ドゥースブルフによって『デ・ステイル』誌に紹介された（図10.9、10）。その造形がデ・ステイルの理論を明快に表現するものとして評価を受けたことで、リートフェルトは自身の方向性が正しいことを確信し、以来、『デ・ステイル』廃刊（1932）までそのメンバーとして名を連ねる。ただし、彼は画家と建築家の協働を提唱するデ・ステイルの活動理念を尊重しつつも、他のメンバーとは特別な関係は結ばず、一定の距離を保った。

これに対し、施主として出会ったシュレーダー夫人との協働関係は実り多いものとなる。以前に部屋の改装（図10.11）を依頼して、彼の才能を知り評価していた夫人は、家具での実験を建築でも試したいと考えていたリートフェルトに、彼女の自邸の設計という好機をもたらす。夫人は、自身の要求やアイデアを明確に提示できる刺激的な施主だった。このシュレーダー邸の完成を機に、リートフェルトは家具製作所を弟子の一人に譲り、建築家として独立する。以後、生涯にわたって彼の作品活動は、シュレーダー夫人という良きパートナー、プロモーターに支え続けられることとなる。

10.2.3　シュレーダー邸以後

シュレーダー邸は、完成後直ちに『デ・ステイル』誌に発表され、それを皮切りに、ヨーロッパ各国の名だたる建築雑誌で取り上げられた。この住宅の名声によって、リートフェルトは内外の前衛芸術家、建築家たちと知り合い、1928年のCIAM創立に参画するなど、オランダを代表する建築家の一人として国際的な知名度を得ていく（図10.12）。その後も、課題の対象、規模を問わず、常に新しい形態、材料、構造の可能性を実験し続け、多くの先駆的な作品を残した。それだけに、彼は自分の建築がいつまでもシュレーダー邸やデ・ステイルに結びつけられることを芳しく思っていなかったという。晩年はデルフト工科大学名誉博士号など、大建築家としてその業績に対し数々の賞を受け、1964年6月25日、76歳で亡くなる直前まで現役のデザイナーだった。

図10.7　リートフェルト（1927頃）[5]

図10.8　家具アトリエの前で自作の「肘掛け椅子」に座るリートフェルト（1918）[6]

図10.9　『デ・ステイル』2巻9号（1919.7）に掲載された幼児用肘掛け椅子（1918）[7]

図10.10　『デ・ステイル』2巻11号（1919.9）に掲載された肘掛け椅子（1918）[8]

図10.11　シュレーダー夫人の書斎兼寝室の改装（1921、ユトレヒト）[9]

図10.12　第1回CIAMの参加者たち（1928、スイス、ラ・サラ城）。前から2列目、左から3番目がリートフェルト[10]

図10.13 赤、黄、青のコンポジション(P.モンドリアン、1921)[11]

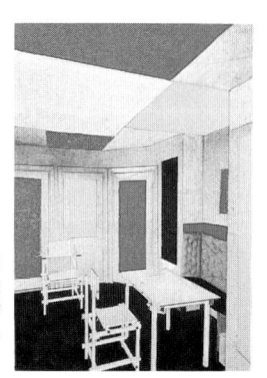

図10.14 デ・リヒト邸のインテリア(色彩構成：Th.v.ドゥースブルフ、家具：リートフェルト、1919)[12]

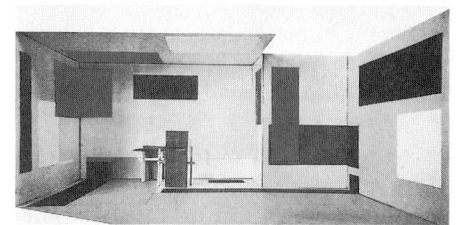

図10.15 ベルリン展展示室「色彩空間構成」(色彩構成：V.フサール、レイアウト／家具：リートフェルト、1923)[13]

図10.16 レッド・アンド・ブルー・チェア(1918-23)[14]

図10.17 シュレーダー邸(1924、ユトレヒト)

10.3 家具から建築へ

10.3.1 色彩と形態構成

デ・ステイルは、設立後まもなく、まず絵画の分野において彼らの目指す普遍的な造形言語を獲得した。それは、赤、青、黄の三原色と黒、白、グレーの無彩色の対比や、垂直・水平線による幾何学的な構成によって特徴づけられ、やがて建築やインテリアに応用されることとなる（図10.13、14、15）。リートフェルトもその影響を受けて家具に色彩を施すようになる。ただし、彼にとって色彩は、その形態構成と共に空間を視覚的に構築する媒体であり、その姿勢は、色を建築の形式を破壊する媒体と捉えるデ・ステイルの画家たちとは異なるものであった。

家具アトリエを構えて以来、リートフェルトは一連の家具に、ある特徴的な部材の接合法―直交する垂直材と水平材が互いに接しながら、軸方向に突き抜ける構法―や、無彩色もしくは三原色を使った彩色法を展開させ、単純、明晰なデザイン、開放的な空間表現を達成する実験を繰り返していた。1918年頃制作された肘掛け椅子もそのような実験の一つだった。この椅子は、後に彩色が施されてレッド・アンド・ブルー・チェアの名で知られるようになる(図10.16)。

リートフェルトの設計に独自なものがあるとすれば、それは彼が家具デザイナーとしての熟練を経た後、徐々にしかもほぼ独学で建築設計を展開してきたことに深く関わる。絵画や彫刻と異なり、一定の機能が要求される一方、建築に比べて接地面への拘束が緩く、表裏、内外の境界のあいまいな家具。特に椅子の制作において、従来にない新しい空間表現の可能性を追求してきたことが、彼に画家にも建築家にも偏らない視点をもたらしたのである。

10.3.2 シュレーダー邸

未だ他のデ・ステイルの建築家たちが新しいデ・ステイル建築を実現できずにいた1924年、リートフェルトは建築家としてのデビュー作、シュレーダー邸（1924）を完成させた（図10.17）。この住宅は、同年ファン・ドゥースブルフが「造形的建築に向けて」[*9]という提言で掲げた「新しい建築は壁を突き破り、内と外との区別をなく」し、「全体が開放的で、一つの空間を形成し、内部の壁は可動式となる」といった、デ・ステイル建築の空間イメージを最もタイムリーかつ明快に実践していた。

初期の一連の家具での実験、なかでもベルリン・チェア(図10.18)の構成を建築に展開させたのがシュレーダー邸だった。その特徴的な部材の接合方法（図10.19）は、彼がデ・ステイルに参加する以前より使用してきたものであり、内外に相互貫入する流動的な空間を創り出した。また、個々の部材要素の自律性と位置関係は、彩色が施されることによって明確に視覚化された。

箱を解体するように白やグレーの壁面が重ねられた非対称のファサード、その上を縦横に走り抜ける、赤、青、黄が色鮮やかな部材は、水平性、垂直性のどちらをとっても他を支配することなく、全

体のバランスを保つよう配された。開け放つとコーナーがなくなる窓、部屋を自由に仕切る可動式間仕切りは、内部空間に拡がりとフレキシビリティを与えた(図10.20、21)。これら既成の住宅のイメージに捕らわれない大胆な発想の数々が結実したことにより、シュレーダー邸は20世紀建築のモニュメントの一つとなる。

10.3.3　標準化システムの導入：20年代の実験住宅

標準化、すなわち生産プロセスを単純化し、大量生産のシステムを制作に導入することもまた、以前からのリートフェルトの関心事だった。その建築における最初の計画が1927年のガレージ付き運転手の家の設計(図10.22)である。それは乾式プレファブ工法[*10]による工業化住宅の最も早い実践例の一つだった。そこでは技術的な追求のみならず、1×3mのコンクリートパネルの配置や組み合わせ方に明快な造形表現が意図されていたことが注目される。

1929年、第2回CIAMのテーマ「最小限住宅」を受けて、リートフェルトは当時としてはかなり斬新なアイデアを発表する。それは、1住宅に必要なほとんどの設備―入口、階段、水回り、ユーティリティから電気配線、配管設備―を工場で規格製造し、一つの垂直ユニット「ハウス・コア」(1929頃、図10.23)に収め、ほぼ仕上げられた状態で敷地に運び込み、その回りに自由に部屋を組み立てるというユニークなアイデアだった。それには、工費の軽減、工期の短縮、水平的にも垂直的にも、融通のきくプランニングといった多くの利点があった。以後30年にわたって、彼はこの垂直ユニット「ハウス・コア」とそれを採用した住宅「コア・ハウス」案を探求し続ける(章扉写真)。それらの構想はあまりに時代に先行していたため、企業協力を得るには至らなかったが、そのエッセンスは自身の集合住宅の設計に活かされることとなる。

10.3.4　関係性の視覚化と生産技術

こうして20年代の終わり頃より、リートフェルトはCIAMやデ・アフトに参画し、標準化や集合住宅の問題など方向性を他へ展開させ始めた。ただし、彼は当時のモダニズム運動が奉じる「機能主義」、「技術主義」など特定の傾向に対して教条主義的な態度をとったわけではなかった。彼によれば、機能的建築は、現存する要求を奴隷的に満たすのではなく、生活条件そのものを啓示するものでなければならなかった。また、単に空間を確立するのではなく、空間が強烈に体験―あらゆる連想にとらわれることなく「もの」と「もの」との関係性のみが抽象的な構成として知覚―されなければならなかった。このような展望をもってこそ新しい構造や新しい材料が持つ可能性を活用し、空間を明確に規定することができるのであった。

彼にとって標準化システムの導入は、人々に質的、経済的な利益をもたらすだけでなく、材料、機能、構造など、空間を構成する個々の要素が自律しながら明快な韻律を与えるとともに、全体に均衡のとれた統一感を形成する有効な手段であった。そこに、リートフェルトは、生産技術の問題とシュレーダー邸以来の空間性の探求の融合という新たな創造の発露を見出していくのである。

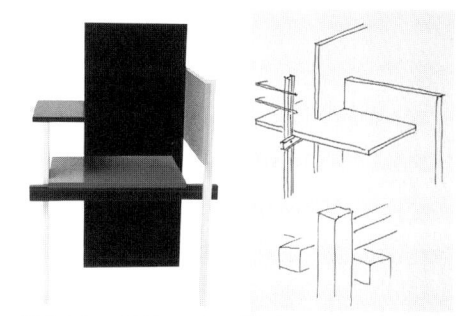

左図10.18　ベルリン・チェア(1923)
右図10.19　リートフェルトによる接合部のスケッチ(1963)[15]

図10.20　シュレーダー邸、インテリア[16](間仕切りを開放した状態)

図10.21　シュレーダー邸、2階平面図[17](間仕切りを閉じた状態)

図10.22　ガレージ付き運転手の家(1927、ユトレヒト)[18]

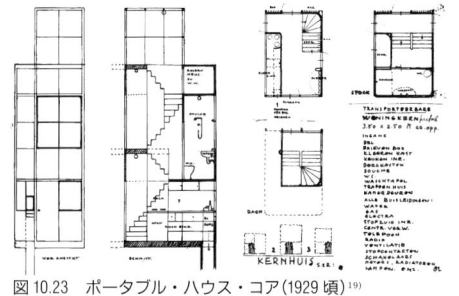

図10.23　ポータブル・ハウス・コア(1929頃)[19]

Gerrit Thomas Rietveld

左図 10.24　ワンピース・チェア (1927)[20]
右図 10.25　ジグザグ・チェア (1932–33)

図 10.26　エラスムスラーンの低層集合住宅 (1931、ユトレヒト)

図 10.27　ストゥープ邸 (1951、フェルプ)

図 10.28　ファン・デン・ドール邸 (1957–58、イルペンダム)

図 10.29　ファン・スロベ邸 (1961–63、ヘールレン)[21]

図 10.30　ステルトマン・チェア (1963)[22]

10.4　デ・ステイル以後のリートフェルト

10.4.1　新即物主義へ：新たな家具デザインと 30 年代の住宅

　リートフェルトの 60 余年に及ぶ制作活動は、レターヘッドのデザインから美術館、学校、集合住宅、大工場まで多岐にわたる。ただし、大規模なプロジェクトに携わるのは最後の 10 年間ほどに限られ、建築家としての活動の大半は住宅設計に占められている。

　建築家として独立してからも、リートフェルトは家具デザインを通して新しい材料、単純化された生産プロセスを探求し続け、独創的な作品を展開した。1 枚の部材を折り曲げて制作したワンピース・チェア（1927、図 10.24）、4 枚の板から構成されるジグザグ・チェア（1932–33、図 10.25）。どちらも、大量生産を意識して制作され、その新機軸を示す代表的なものである。

　ユトレヒトのエラスムスラーンに並ぶ二つの低層集合住宅（1931/1930–35、図 10.26）の水平に広がる大きなガラス面や白い壁、水平屋根は 1930 年代の新即物主義の傾向を示す代表的な例となった。この集合住宅は第二次大戦前に建設されたオランダの住宅の中で最も大胆にガラスを使用したものだった。可動式間仕切りを用いることによって空間のフレキシビリティを獲得するという方法は、その後、同時代の他の建築家たちの手による労働者用住宅を通じてその有効性が認識され、後にオランダの新即物主義建築家の間で一般的なものとして定着する。

　一方、30 年代にリートフェルトが設計した多数の個人住宅は、単純な矩形や円弧を組み合わせた平面、ガラス面が大きな割合を占める真白な壁、水平屋根など、いわゆるインターナショナル・スタイル*11 の外観を呈している。その合理的、機能的な解決法は、彼がオランダ新即物主義の流れの中核にいたことを示している。

10.4.2　面体構成からフレーム構造へ：第二次大戦後の住宅

　第二次大戦下の厳しい活動状況を経て、リートフェルトは一連のバンガロー型と呼ばれる平屋住宅において、再び面体構成の探求にたちもどり、その構成の単純化を図る。1951 年のストゥープ邸（1951、フェルプ、図 10.27）に、リートフェルトはシュレーダー邸で達した面体構成、色の採用法を最も単純な形式に還元し、自己のスタイルの確立を見せた。スレハース邸（1952–55、フェルプ）では、面体構成にマッシヴなヴォリュームを組み合わせ、さらにフィッサー邸（1955–56、ベルハイク）で、それまでの白、黒、グレーの構成を、煉瓦素材の色の違いに置き換えている。ファン・デン・ドール邸（1957–58、イルペンダム、図 10.28）は、これら 10 年来の経験の成果が実を結び、すべての形態要素が建築全体と相互に作用することに成功し、戦後の代表作の一つとなった。

　彼の設計した最大規模の住宅ファン・スロベ邸（1961–63、ヘールレン、図 10.29）では、コンクリートのフレーム構造が全体を特徴づける要素となる。この L 字を描く直角フレームと壁体の統合の仕方は、彼がデザインした最後の椅子、ステルトマン・チェア（1963、図

10.30）に、共通の構成を確認することができる。

10.4.3 対角線を導入したインテリア：戦後の色彩計画

リートフェルトは、建築家として独立するまでに、G&Z商会の店舗（1923）やハルトッフ博士の診療室（1922）などいくつかの内装の仕事に携わってきた。対角線を導入することによって、所与の矩形の空間に動的な方向性を与えるという手法は、1927年頃より、改装の仕事に好んで採用された。

戦後は、ユネスコのプレスルーム（1957–58、パリ、図10.31）やオランダ航空（KLM）のDC8型エアークラフトのインテリア（1957–58、図10.32）の色彩計画に対角線の多彩な活用を見せている。特に、DC8型では60年代のポップデザインの流行を先取りするパステルカラーが三原色に取って代わっていることが注目される。カリブ海に浮かぶキュラソー島の障害児のための家（1949–52、図10.33）は、対角線グリッドを導入した平面計画を建築の外観にまで反映させた、リートフェルトの作品群の中でも稀な例である。

10.4.4 晩年の大規模建築：美術館と美術アカデミー

ヴェネチア・ビエンナーレのオランダ館（1953–54、ヴェニス、図10.34）とソンスベーク公園の彫刻パヴィリオン（1955、アーネム、図10.35）は、晩年のリートフェルトの設計手法の典型を二分していた。恒久的な使用を目的としていたオランダ館では、厳格でマッシヴな三つのヴォリュームが方形の空間を取り囲み、静的な均衡が全体を律する内向的な空間を創出している。対照的に、一夏の美術館として建てられた彫刻パヴィリオンでは、オランダの伝統的な煉瓦造を想起させるブロック積みの壁、木造の屋根、鉄骨の柱によって彼の初期の椅子に見られた面体構成を実現し、荒々しい素材感と相俟って周辺環境に開かれたダイナミックな空間をつくりだしている。このパヴィリオンは、彼の晩年の作品の中で、その美的優位性において最も評価の高い作品の一つである。

アムステルダム、アーネムの二つの美術学校（1956–57、1958–63、図10.36）では可能な限り、生産プロセスと建設材料を標準化し、教育プログラムにあわせて組織的かつフレキシブルな教室編成を可能にする工夫がなされた。大規模な空間を取り囲む華奢なコンクリート・フレームから皮膜としてのガラス・パネルに至るあらゆる構成要素が互いの自律を保ちながら、全体として統合される構成を貫ぬいている。ここに、リートフェルトが長年求め続けた「関係性のみが知覚される構成」と現実の構造、材料、機能を一致させるという相容れがたいテーマの融合の到達点を見ることができるのである。

1963年、リートフェルトは国立ファン・ゴッホ美術館の設計を依頼される。だが彼は、そのラフスケッチを、1961年よりパートナーシップを組んでいた建築家J. ファン・トリヒト、J. ファン・ディレンに委ね、1964年、シュレーダー邸内においてその生涯を閉じる。ファン・ゴッホ美術館が完成するのはその9年後のことである。

図10.31 ユネスコ・プレスルーム（1957–58、パリ）[23]

図10.32 オランダ航空（KLM）のDC8型エアークラフトのインテリア（1957–58、オランダ）[24]

図10.33 障害児のための家（1949–52、キュラソー島）[25]

図10.34 ヴェネチア・ビエンナーレ、オランダ館（1953–54、ヴェニス）[26]

図10.35 ソンスベーク公園・彫刻パヴィリオン（1955、アーネム）

図10.36 アムステルダム美術アカデミー（1956–57、アムステルダム）

*1　ヘンドリック・ペトルス・ベルラーヘ　Hendrik Petrus Berlage：1856-1934。オランダの建築家、都市計画家。社会と芸術の統合を具現する合理主義建築の支持者であり、オランダの近代建築、都市の発展において実践的、理論的礎を築いた。1911年アメリカを旅行し、アメリカ人建築家F.L.ライトの仕事を知り、ヨーロッパに彼の業績を紹介した。初期の代表作アムステルダム証券取引所（1897-1903）は、近代建築の萌芽を示す記念碑的作品。

*2　フランク・ロイド・ライト：第3章参照。

*3　テオ・ファン・ドゥースブルフ　Theo van Doesburg：1883-1931。オランダの画家、建築家。詩人、美術評論家としても精力的に活動。1917年、画家P.モンドリアン、建築家J.J.P.アウトらと芸術運動デ・ステイルを興して同名の機関誌の責任編集を手がけた。1920年頃より、フランス、ベルギー、ドイツ等へ頻繁に旅行、デ・ステイルの理論の国際的な普及活動を行う。1922年、ヴァイマールで構成主義者とダダイストの国際会議を主催、E.リシツキーらと交流を持つ。同年、ダダイストと雑誌『メカノ』を創刊。1923年パリに移り、デ・ステイル建築展を開催する。1931年、スイスのダボスで急逝。デ・ステイルは翌年のファン・ドゥースブルフ追悼号をもって終焉する。

*4　バウハウス：第13章参照。

*5　オップバウ　Opbouw：1920-32。1920年に始まったロッテルダムの建築家グループ。設立当初は同業者の社交倶楽部的な存在だったが、新たに加入したM.スタムらの働きかけにより1926年頃から新即物主義、機能主義へ邁進する。

*6　デ・アフト　De 8：1927-32。1927年、B.メルケルバッハら6名の若い建築家たちによって結成されたアムステルダムの建築家グループ。彼らはJ.ダウカーを啓蒙し、オップバウと同じく新即物主義、機能主義建築を目指す。1928年には、J.ダウカー、建築評論家A.ブーケン、翌年には、CIAMの議長を務めたC.v.エーステレンをメンバーに迎え、その影響力を増していく。

*7　CIAM(シアム)　Congrés Internationaux d'Architecture Moderne：近代建築国際会議の略称。各国で個別に展開していた近代建築運動の連帯を目指し、1928年スイスで結成された国際会議およびその組織。20数年にわたって国際会議を重ね、近代建築および都市計画の問題の重要性を世界に知らしめた。1956年の第10回会議で実質上の組織崩壊を迎え、1959年のオッテルロー会議にて解散。

*8　デ・アフト・エン・オップバウ　De 8 en Opbouw：1932-42。デ・アフトとオップバウが、CIAMのオランダ支部としての協働作業を通じて合同することとなり、1932年に設立した建築家グループ。グループ名と同名の機関誌（1932-43）を発刊。リートフェルトは、1932年10月以来しばしば同誌に寄稿しており、その運動に賛同していたとみえるが、グループの正式メンバーになったのは遅く、1937年の11月以降とされる。

*9　「造形的建築に向けて」：1924年、雑誌『デ・ステイル』第6巻6/7号に掲載。1923年、パリで開催した「デ・ステイル建築展」で発表した三つの住宅モデル（C.v.エーステレンと協働）の制作を通じてTh.v.ドゥースブルフが到達したデ・ステイル建築の造形原理を言語化したもの。16項目からなるその内容は、初めてイメージとしての建築空間を言葉で表明したものとして注目される。

*10　乾式プレファブ工法：第3章*33「乾式工法」参照。

*11　インターナショナル・スタイル：序章参照。

■ヘリット・トーマス・リートフェルトについて理解を深めるための参考図書

† ダニエーレ・バローニ／石上申八郎訳『リートフェルトの家具』A.D.A. EDITA Tokyo、1979
† セゾン美術館編『デ・ステイル1917-1932　オランダ新造形主義の実像』河出書房新社、1998
† テオ・ファン・ドゥースブルフ／宮島久雄他訳『新しい造形芸術の基礎概念』中央公論美術出版、1993
† ピート・モンドリアン／宮島久雄訳『新しい造形（新造形主義）』中央公論美術出版、1993
† J.J.P.アウト／貞包博幸訳『オランダの建築』中央公論美術出版、1993
† ドナルド・グリンバーグ／矢代眞己訳『オランダの都市と集住』住まいの図書館出版局、1990
† 石田嘉一『低地オランダ　帯状発展する建築・都市・ランドスケープ』丸善、1998
† 山縣洋『オランダの近代建築』丸善、1999
† 「〈特集〉ダッチ・モダニズム」『建築文化』2001年8月号

11
エル・リシツキー
El Lissitzky

矢代眞己

人は基本的な物体を使って一つの物的対象をつくり上げるのだが、対象物は静止の状態では我々の三次元空間の中の一つの統一体であるが、運動の状態に置かれるとまったく新しい対象、一つまり、運動が持続している間は存在しているような空間表現、したがって想像上のものであるような空間表現—をもたらすこととなる。……我々の視覚能力のすべての特性が利用されなければならない。……〈我々の先人達が不可解と思ったり、実際に理解し得なかったような見方を、自明で必然的なことと思えるようになってゆくこと、そこに進歩があるのだ〉。（1925年の論文「芸術と汎幾何学」、『Europa-Almanach(オイローパ・アルマナッホ)』所収より）

図11.1 反レリーフ(V. タートリン、1914)[1]。「構成」として制作されたもの

図11.2 第3インターナショナル記念塔(V. タートリン、1919)[2]

図11.3 『構成主義』表紙(A. ガン、1922)[3]

11.1 ロシア革命と構成主義

11.1.1 ロシア革命と芸術運動の転回

　構成主義＝コンストラクティヴィズムという潮流の萌芽は、帝政ロシア時代に遡る。1913年にウラジミール・タートリン[*1]が、自らのレリーフ作品を「構成＝コンストラクション」と命名したことがその発端と言われる(図11.1)。だが固有の思潮へと成長するためには、ロシア革命の勃発(1917)という途方もない出来事の洗礼を待たねばならなかった。これを受け構成主義は、革命後の社会の姿を反映するための価値観の象徴として追究されていく。つまり、すべての市民が平等な立場の下で各々に社会参加する一員になるという、社会主義の根本原則に基づいた新しい社会・生活のかたちに見合った、それまでにはない芸術の在り方を模索・具現するための方法として位置づけられていった。こうして革命の熱狂を帯びながら、未知である一方で希望にも満ちた社会を建設するための力として、構成主義という概念は育まれた。その結果、1920年代初頭までに、構成＝コンストラクション、つまり「構築すること」を旗印に掲げた「反(伝統)芸術」を唱える革新的な芸術運動として、構成主義は広く認知されるに至った。その躍進の中核を担ったのは、モスクワの芸術理論研究機関インフク[*2]や芸術教育機関ヴフテマス[*3]の活動だった。1919年にはタートリンにより、構成主義の目標の核心を示す作業となる「第三インターナショナル記念塔」(図11.2)が提示され、また1922年にはアレクセイ・ガン[*4]により、構成主義の理念と方法を端的に著した書物となる『構成主義』[*5](図11.3)が出版された。

11.1.2 構成主義の概念と特徴

　革命後の社会の様態を映し出す鏡、言い換えれば世界変革の手段としての芸術として生まれた構成主義は、「美」の顕現を根本意義に据え、主観性、趣味性、装飾性、非実用性、唯一性など非合理的な性格を内包する既存の芸術像を否定し、その「死」をも宣告した。そして新たに、客観性、必然性、機能性、実用性、生産性など合理的に評価できる性格のみを取り込むことで、芸術の有用性・功利性の具現と、それにともない刷新される生活の創造を具体的な目標に据えた。つまり、社会に対して目に見えるかたちで実際的に寄与する芸術像の確立が目論まれた。伝統的な芸術を象徴する最大の特質として槍玉に上げられたのが、「コンポジション」[*6]という審美的概念だった。そして、それに置き換わるものとして唱えられたのが「コンストラクション」という構想だった。つまり、鑑賞のための美の実現を最高目標に置くのではなく、有用性という視点の下から合理的・客観的に対象となる作品を構成＝構築することこそが命題とされたのである。構成主義の視界においてあるべきモデルとされたのは、機械に代表されるテクノロジーが兼ね備えていた特徴だった。そこでは、すべての部分＝パーツが、即物的かつ合目的的に過不足なく要求される性能を充たしながら全体を構成＝組織することで、目標とされる機能を実現させていたからである。しかしその様相は

また、知識の発達と引き換えに人間が失ってしまった、生きとし生けるもの、すなわち自然界の本来的な生活のかたちを投影した姿であったことも見過ごせない。

こうして構成主義は、機械や自然界に見られるようなあらゆるものが虚飾なく有機的に関係づけられた姿としての生活の全体性の回復を目指して、技術との関わりの中で芸術の再編を図った。要するに、個人の芸術から社会の芸術へと芸術像の転換を迫ったのである。こうした姿勢に基づき、まもなく構成主義を具現するために充足すべき要と位置づけられることになったのが、「テクトニカ（社会技術と工業技術を複合させた技術性）」「ファクトゥーラ（具体化を前提とした材料選択の客観性）」「コンストルクツィア（前記2点を踏まえ展開される建設＝組織化のプロセス）」という三つの規範だった。

11.1.3 西欧社会への発信と国際構成主義の形成

ロシア革命の申し子として形成、発展した構成主義は、生まれたばかりの社会主義社会の状況と目標を示すための宣伝手段として、国外への発信も始めた。西欧社会でも第一次世界大戦という惨禍を経て、社会主義への期待が醸成されつつあった。構成主義の喧伝の拠点とされたのは、ソヴィエト連邦に一番近い西欧社会の国際都市ベルリンだった。多くの構成主義者がベルリンを訪れ、その普及に務めた。中でも構成主義の理念に共感を示す動向を一本化する触媒としての重要な役割を担うことになったのが、エル・リシツキーだった。デ・ステイル*7、Gグループ*8（図11.4）、ダダイズム*9、MAグループ*10など、西欧の前衛芸術運動との連携が図られていくのである。その結果、西欧化されたかたちで国際的な構成主義の勢力が結集され、モダンムーヴメントの一翼が形成されていった。その成果を記したのが、1922年に開催された「進歩的芸術家の国際会議」（図11.5）と「構成主義者とダダイストの国際会議」だった。また、芸術性を含意する「建築」という用語を捨て去り、代わりに即物的に「建てること」を意味するドイツ語の「バウエン」（構成主義における「コンストラクション」の意味合いとほぼ同意）という概念を唱えて建築像の刷新を図る、ABCグループ*11（図11.6）も誕生した。こうしてロシア出自の構成主義は、「国際構成主義」へと姿を変えて、西欧の前衛芸術運動にも深く根を下ろしていった。

このように構成主義という革新的な近代芸術理念は、革命ロシアの成立という状況の下に開花した。また単に発祥地のソヴィエト連邦で進展、深化していくのみならず、モダンムーヴメントの発展・展開の過程にあった同時代の西欧社会においても、一大勢力を形成することとなった。そしてこの構成主義という潮流を、輸出するかたちで1920年代における西欧の前衛芸術運動へと接ぎ木し、後者との融合の下でさらに活性化させるという、いわば架け橋と触媒としての重要な役割を果たしたのが、リシツキーだった。リシツキーは、絵画、タイポグラフィ、グラフィック、写真、インスタレーション、建築など、多領域を横断する総合的な活動を行った多才の人物でもあった（図11.7）。

図11.4　雑誌『G』創刊号 (1923)[4]

図11.5　進歩的芸術家の国際会議での集合写真。肩車されているのがリシツキー (1922)[5]

図11.6　雑誌『ABC：バウエンへの貢献』創刊号 (1924)[6]

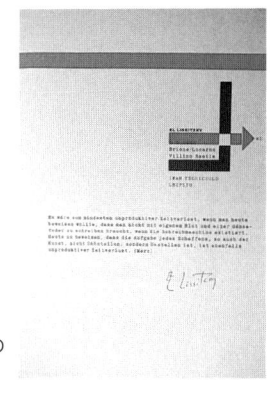

図11.7　リシツキーのレターヘッド[7]

El Lissitzky　99

図11.8 ヴィテブスク美術技術学校にて。右から3番目がシャガール、左端がリシツキー（1919頃）[8]

図11.9 黒い正方形（K. マレーヴィチ、1914–15）[9]

図11.10 ウノーヴィス・グループ。右端にリシツキー（1920）[10]

図11.11 雑誌『物象』第3号（1922）[11]

(左)図11.12 雑誌『アスノヴァ』創刊号（1926）[12]
(右)図11.13 ドレスデン国際衛生博覧会ソヴィエト連邦館（1930）[13]

11.2 エル・リシツキーの生涯（1890–1941）

11.2.1 生い立ちと原体験：画家志望からの転身

リシツキーは1890年11月23日、スモレンスク地方の田舎町ポチノクのユダヤ人家庭に生まれた。小中学校では美術と数学を得意科目としていたが、長じて画家を志した。サンクト・ペテルブルクの美術アカデミーを受験するが、ユダヤ人であることを理由に不合格とされる。そのため渡独し、ダルムシュタット工科大学（1909–14）に学んだ。専攻したのは、美術と数学という双方の才能を活かせる建築学だった。第一次世界大戦の勃発を受け帰国したリシツキーは、母国で建築家として活動するためには国内の学位が要求されたため、大戦の影響でモスクワに移転していたリガ工科大学に、再び学んだ。

11.2.2 構成主義への接近：ソヴィエト連邦での活動

1916年の卒業後はキエフに移り、ユダヤ文化復興運動に関わった。また1918年にはイゾ[*12]のメンバーとなる。そして1919年には、マルク・シャガール[*13]の招聘によりヴィテブスクの美術技術学校の教職に就いた（図11.8）。同校でリシツキーは、同僚カジミール・マレーヴィチ[*14]と親交を深め、非対象芸術理論スプレマティズム[*15]の洗礼を浴びる（図11.9）。そして1920年には、マレーヴィチと共に芸術運動体ウノーヴィス[*16]の設立に参画した（図11.10）。だが一方では、スプレマティズムを基盤に自らの造形理念「プロウン」[*17]（3節参照）を唱え始めた。1921年初頭にモスクワに戻ったリシツキーは、ヴフテマスの建築部門の教員となった。また、インフクで連続講義を行うなど、構成主義運動との関わりを深めていった。

11.2.3 構成主義の伝道：西欧での活動

1921年末にリシツキーはベルリンへと向かった。これ以降、ドイツ（1921–24）とスイス（1924–25）を拠点として、西欧の前衛芸術運動と積極的に交流しながら、精力的に構成主義の普及活動に携わっていった。その喧伝手法は、『物象』誌[*18]（図11.11）の創刊をはじめとする出版活動、インスタレーションや出品を通しての展覧会活動、国際会議への参加や講演活動など多岐にわたった。その結果、リシツキーが西欧に蒔いた構成主義という種は、既述のように順調にその地平を拡大させていった。だがリシツキーの西欧での活動は、肺結核の療養も兼ねて滞在していたスイスの当局から「好ましくない人物」として査証の更新を断られたため、突然に終止符を打った。

11.2.4 構成主義の退潮の流れの中で：ソ連での活動

1925年6月に帰国したリシツキーは、翌年1月にヴフテマスに復帰し、同年暮れにはニコライ・ラドフスキー[*19]らと共に雑誌『アスノヴァ』[*20]を創刊した（図11.12）。1920年代後半以降、ソヴィエト連邦内では構成主義が退潮する一方で、社会主義リアリズム[*21]が興隆するという状況が生じる。だがこうした状況の中でも、リシツキーは、政府関連の国内外での展覧会事業のプロデューサー役を務めるなど、第一線での活動を保っていった（図11.13）。1941年12月30日、肺結核の進行によりリシツキーはモスクワでその生涯を閉じた。

11.3　生成変化する環境へのまなざし

11.3.1　総合化のための造形原理「プロウン」

　リシツキーの活動の根幹を成していたのは、プロウンと呼ばれた造形原理だった（図11.14）。「絵画から建築への乗換駅」と定義されたように、プロウンは二次元の世界と三次元の世界とを橋渡しする存在と位置づけられていた。そのため、グラフィックに始まり、建築、さらには都市の領域に至るまで、諸領域を横断的かつ総合的に包括する造形原理の模索・探求が行われた。いわば総合化された環境の確立こそが、その目標とされていたのである。そしてその総合化のプロセスを導くためのパラメーターは、社会主義社会の到来という現実と構成主義の理念に求められていた。それゆえプロウンという造形原理は、単に個別の領域における革新に留まらず、総体的な環境を形成する存在として様々なレベルからの変革を迫るものとなった。つまりプロウンとは、社会主義という新しい思潮に見合った新しい生活様式を誘導・創造するための背景、すなわち有機的な環境をもたらすための総合的なシステムとして考慮されたものだった。

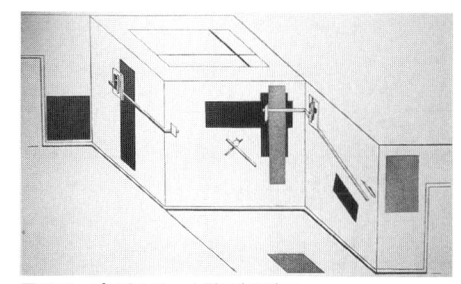

図11.14　プロウンルーム計画（1923）[14]

11.3.2　存在から生成への視点の転換

　リシツキーの芸術観に見られるもう一つの特徴は、モニュメンタリティやフォルムに対する独自の視点にあった。一般にピラミッドなど永遠性を願って創造された不動の存在こそが、モニュメンタルと理解される。しかしリシツキーは、モニュメンタリティを「人間の営みの絶えざる拡張」、つまり生成変化を許容するものと捉えていた。また、作品にもたらされるフォルムも「凝結した目標」ではなく、「生成のプロセスのなかでの停留場」と見なしていた（図11.15）。つまりフォルムを、完成された不変の存在ではなく、状況に応じて変化する未完の過程と把握し直したのである。こうした認識は、人間のフォルムやモニュメンタリティに対する一般的な理解を、生存競争のために必要に応じて生成変化していく自然界のフォルムの在り方へと再帰させたものでもあった。自然界のフォルムは、あくまで合目的、機能的でありながら、各々に美も顕現させている。そして有機的なシステム＝環境を形成させて共生してもいる。さらには状況の変化に応じた進化の可能性も内在させている。こうした環境の実現こそを、リシツキーは目指していたのである。

図11.15　記録（走者）（1926）[15]

11.3.3　生まれくる世代のための環境づくり

　ABCグループの活動などで共同し、リシツキーを「神」とも崇めていたマルト・スタム[*22]は、リシツキーの活動の真骨頂を「未来の子供たち」へと向けられたまなざしにあったと述懐している。つまり「時間」という要素に対する着眼である。時間の経過に伴い不可避となるテクノロジーの進化などにより、社会の要求や生活の様式もまた変化していくからである。それゆえリシツキーは、生まれくる将来の世代のためにこそ、総合的なシステムとして考慮された環境を、言い換えれば、時代の変化に応じてより良い環境へと柔軟に鋳直せる空間的基盤の具現を、追究していたのである。

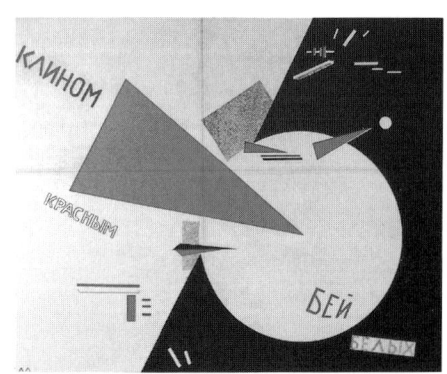

図 11.16　赤い楔で白を討て（1920）[16]

図 11.17　プロウン―都市（1921）[17]

図 11.18　『二つの正方形の物語』（1922）[18]

図 11.19　V. マヤコフスキー著『声のために』（1923）[19]

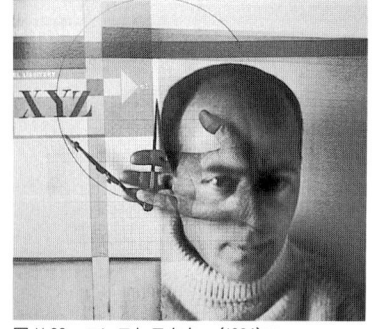

図 11.20　コンストラクター（1924）[20]

11.4　エル・リシツキーの作品

11.4.1　「視覚」の革命：二次元の作品

　世界変革のための芸術がもつべき機能として重視されたのは、過去から決別した視覚伝達の技法だった。歴史的に固定されてしまった表現と意味の関係性、すなわち表象の体系を解体し、新たに読解されるべき対象＝テクストへと変換し直すことが目標とされた。
　「赤い楔で白を討て」（図 11.16）は、斜めのラインでダイナミックに二分された白／黒という領域と、そこに一部が重なるように配された白い円形と赤い三角形＝楔により構成されている。この抽象的な表現形式は、同時に新たな視覚言語として革命への賛歌ともなっていた。つまり、当時のソヴィエト連邦の動向という文脈の下で、白→善、黒→悪、白い円→白軍→打破されるべき既成勢力、赤い楔→赤軍→革命の進行と白軍の撃破という意味が明快に示されている。
　「プロウン―都市」（図 11.17）では、アクソメトリック図法を用いた立体的な構成＝二次元上の三次元の表現を行うことで、ルネサンス時代以降、支配的となっていた透視図法を用いた空間表現、すなわち固定的なもの見方からの解放が図られている。
　『二つの正方形の物語』（図 11.18）は、子供向けの絵本として作成されたもので、読むことではなく見ることが求められていた。赤と黒の二つの正方形の位置や大小の関係を基に構成された一連のグラフィックにより物語は展開されるが、最終的に赤い正方形が前面を占める。こうしてここでも革命勢力の勝利が示唆される。つまり文字により一義的な読解を強いるのではなく、単純な形態と色彩により読者の自由な想像力に委ねながら、革命の道筋を連想させている。
　ウラジミール・マヤコフスキー*23の詩集『声のために』（図 11.19）のブックデザインは、電話帳に見られるようなサムインデックスと、コンピュータのアイコンメニューのような記号を先駆的に用いることで、詩集の構成を一瞬の内に検索可能としている。各頁においても視覚記号のみで、直観的に詩の内容を理解できるよう工夫されている。これは読み書きのできない読者（労働者）に、執筆内容を視覚的に伝達するための努力でもあった。それゆえ後に20世紀ブックデザインの到達点の一つとも評価されることになった。
　セルフ・ポートレートを盛り込んだフォトモンタージュ「コンストラクター」（図 11.20）は、複数の写真を重ね合わせていくことで、多重・多義的な意味を誘発させつつ、各構成要素がもつイメージから構成主義の理念とリシツキーの確固たる姿勢をも指し示す作品となっている。
　これら一連の作業を通じてリシツキーは、「視覚」という働きがもつ解釈能力を、それまでにないかたちで、つまり新たな読解の可能性を開拓しながら、目に見えるものとしていったのである。

11.4.2　運動性を伴って統合化された空間：二次元から三次元へ

　二次元の作業で追究された視覚の革命、つまり既存の解釈の体系の転換は、三次元の世界＝空間にも拡張されていった。まず空間構

成要素を天井―壁面―床面という部位に分類し、表現として分節していく方法が解消された。また壁面の存在を前提として、その表面に二義的に装飾的要素として付加される絵画作品という主従関係、つまり階層性も清算された。こうして既存の空間認知の枠組みは、空間を構成する要素のすべてが一体となって統合化された環境へと再編され、三次元の世界でも、固定的な解釈を導く表現と意味の関係は、多様なイメージを誘発するテクストへと姿を変えた。

これは第1回大ベルリン芸術展での「プロウンルーム」(図11.21)や、ドレスデン国際芸術展での「構成主義芸術の部屋」(図11.22)のインスタレーションで具現された。いずれも、建築的要素と絵画的要素とが等価に扱われることにより、壁―天井、壁―絵画といった異なる部位間の境界、主従関係は取り払われ、その結果、室内環境を形成するあらゆる要素が視覚的に一体となった、流れるような運動性を持つ革新的な空間が実現された。言い換えれば、部屋全体が抽象絵画そのものであるかのような性格を持つ、統一的で、想像力を喚起する空間=環境が出現したのである。

11.4.3 構成主義のモニュメンタリティ：建築作品

既述したように捉え直されたモニュメンタルなフォルムは、テクノロジーが持つ技術的・表現的可能性を徹底的に突き詰めた無装飾でダイナミック、かつ軽快な造形として実現された。

「レーニン演説台」(図11.23)は、1920年にリシツキーの指導の下でヴフテマスの学生が作成した作品を土台として、1924年にリシツキーが手を加えて完成させたものである。ダイナミックに斜め上方に延び行く鉄骨のトラス柱に、演説するという行為に要求される機能を充たすための要素のみが、必要に応じて付加されている。こうして演説という行為に求められる諸機能が過不足なく直截に表現されつつ、鉄骨造ならではの軽快な美の在り方も示されている。

「雲の鐙」(図11.24、25)は、1924年にABCグループとの共同作業の下に制作された作品で、いわば水平の高層ビル計画案である。ここでも鉄骨造の可能性が追究されており、とりわけキャンテレバーの形態の在り方が主題とされている。エレベーター室と階段室からなる3本の垂直のシャフトに支持され、空中に執務空間が浮遊するように突き出していくという、過激なフォルムを持つ。港湾地区の貨物搬出入用のクレーンの構造体(図11.26)を源泉として構想された。非現実的とも思われるが、20世紀を代表する構造技術者ロベール・マイヤール*24の教え子エミール・ロート*25が構造計画を行っており、構造計算上では実現性は保証されていた。モスクワの中心地区から郊外へと延びる放射状幹線道路と環状幹線道路との主要交差部に8棟を建設することが意図されていた。通常は車両交通のためにだけ使われる道路の上空部に水平に延び行く執務空間を設けることで空間を重層化し、立体的なシステムとして多機能かつ効率的に用いる方法が具体化されている。また、その立地と、見る角度により姿を変える左右非対称のフォルムにより、モスクワ市内におけるロケーションを明示するためのランドマークとしての機能も果たす。

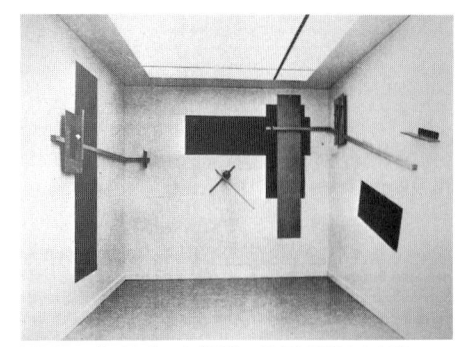

図11.21 プロウンルーム(1923)。65年に再建された姿[21]

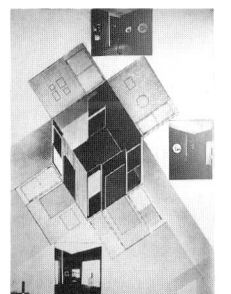

(左)図11.22 構成主義芸術の部屋(1926)[22]
(右)図11.23 レーニン演説台(1924)[23]

図11.24 雲の鐙(1924)[24]

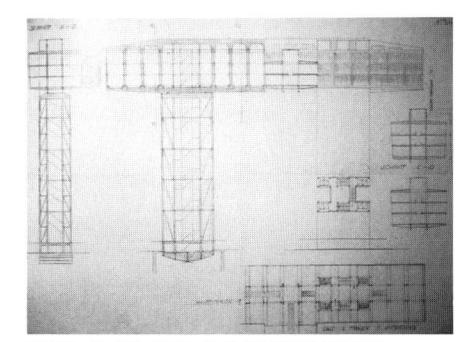

図11.25 雲の鐙、E.ロート作成の構造図(1924)[25]

図11.26 港湾地区に建設されたクレーン(1922頃)[26]

＊1　ウラジミール・タートリン　Vladimir Tatlin：1885-1953。画家・建築家。「素材の文化」を追求することで、ロシア構成主義の基盤を築いた開拓者。

＊2　インフク　Inkhuk：芸術文化研究所。芸術理論の探求を目的として1920年3月に設置された機関で、運動体としての構成主義の根拠地となった。

＊3　ヴフテマス　Vkhutemas：国立高等芸術技術工房。造形美術局イゾ（IZO）による芸術教育機構の再編政策のもと、1920年11月に開設された芸術教育機関。モスクワ校には構成主義の躍進の中核を担った人々が集結し、バウハウスにも比肩する存在となった。1927年にヴフテイン（Vkhutein、国立高等芸術技術学院）に改組。

＊4　アレクセイ・ガン　Aleksej Gan：1893-1940。芸術家・芸術理論家。1921年に構成主義という名称を初めて掲げて結成された「構成主義第1作業グループ」の中核メンバー。『構成主義』を通じて、左翼理論として構成主義の理論を定立させた。

＊5　『構成主義』：1927年に黒田辰男訳により『構成主義芸術論集』と題されて金星堂から邦訳が出版されており、わが国への包括的な構成主義紹介の嚆矢ともなった。

＊6　コンポジション　Composition：ルネサンス以降強く意識されるようになった、芸術作品の形態を決定し、美の基準をなしている概念。主題または作者の作為に従い、色やヴォリュームなどを調整していくことで、各部分の形態を一つの全体、つまり作品へとまとめあげること。

＊7　デ・ステイル：第10章参照。

＊8　Gグループ：雑誌『G』(1923-26)をコアとした運動体。その誌名はGestaltung（形成）の略で、構成主義におけるコンストラクションとほぼ同一の意味を内包。リシツキー、ミース、ドゥースブルフ、K. シュヴィッターズ、H. アルプ、W. グレフら多くの構成主義関係者が関与。第8章参照。

＊9　ダダイズム　Dadaism：1916年にチューリッヒで生まれた反芸術運動。既成の価値観を破壊することで教条的思考や形式性からの解放を目指した。全欧的な活動の拡がりも示した。

＊10　MAグループ：雑誌『MA(今日)』(1915-16, 1920-26)をコアとしたハンガリーの構成主義グループ。モホイ=ナジ・ラースロー、カーライ・エルネー、カシャーク・ラヨシュらが中核メンバー。第13章参照（ハンガリー人の名前の表記については第13章＊1参照）。

＊11　ABCグループ：雑誌『ABC：バウエンへの貢献』(ABC: Beiträge zum Bauen, 1924-28)をコアとした運動体。オランダ人（M. スタム）、スイス人（H. シュミット、E. ロート）、ロシア人（リシツキー）という国際的な共同作業により実現。

＊12　イゾ　IZO：造形美術局。教育人民委員部の下部機関として1918年に設立された。

＊13　マルク・シャガール　Marc Chagall：1887-1985。画家。20世紀初頭にロシアで起こった民衆文化が内包する根源的な世界をモチーフとする芸術運動プリミティヴィズムと、前衛芸術運動の嚆矢としてパリに生まれた抽象芸術運動キュビズムとを融合させた独自の境地を築いた。革命後ヴィテプスクの美術技術学校長となるが、マレーヴィチ派に追われ、1922年にはパリに亡命した。

＊14　カジミール・マレーヴィチ　Kasimir Malevich：1878-1935。画家。キュビズム、プリミティヴィズムの影響を抜け出た後、非対象絵画の道に進み、1915年にスプレマティズムを提唱。革命後は「アルヒテクトン」の呼称のもと、建築モデルの造形実験にも携わった。

＊15　スプレマティズム　Suprematism：マレーヴィチが唱えた造形理念で絶対主義の意。対象の再現＝具象性を拒否し、絶対的な抽象を追求した非対象芸術運動。

＊16　ウノーヴィス　UNOVIS：「新芸術の主張者」の意。マレーヴィチ、リシツキーらがヴィテプスクで結成したスプレマティズムのグループ。

＊17　プロウン　PROUN：「新しさを主張するプロジェクト」の意。リシツキーが唱えた独自の造形原理だが、その綴りはウノーヴィス＝スプレマティズム賛同者とも読解できる。

＊18　『物象』　Veshch/Objet/Gegenstand：1922。リシツキー、I. エーレンブルクによりベルリンで露独仏語の三ヵ国語で出版。西欧での構成主義運動に多大な影響を与えた。

＊19　ニコライ・ラドフスキー　Nikolay Ladvsky：1881-1941。建築家。ヴフテマス教授。1920年代の構成主義建築運動を牽引する両輪の一つとしてオサ（OSA、現代建築家連盟、1925年結成）と肩を並べたアスノヴァを1923年に創設し、その理論的中心ともなった。

＊20　アスノヴァ　ASNOWA：「新建築家連盟」の意。1923年にラドフスキーを中心としてヴフテマスで創設された建築家組織。1926年に同名の機関誌を1冊だけ刊行。

＊21　社会主義リアリズム　Socialist Realism：1920年代後半から提唱され、1930年代前半までにソ連国内で支配的となる芸術理念。民衆がわかりやすい具体的な表現を行うリアリズムの実現がその骨子。

＊22　マルト・スタム　Mart Stam：1899-1986。オランダの建築家。ABCグループの創設メンバー。国際構成主義建築運動の中核を担い、オランダ、スイス、ドイツ、ソ連と近代建築運動の中心地を渡り歩いて活動。主な作品にヴァイセンホーフ・ジードルンクの連続住宅（1927）、ヘラーホフ・ジードルンク（1928-32）。

＊23　ウラジミール・マヤコフスキー　Vladimir Mayakovsky：1893-1930。ロシア・アヴァンギャルドを代表する詩人。視覚的喚起力を持つ実験詩から出発。革命後はプロパガンダ詩に転じる。政治と創作活動の板ばさみに陥り自殺。

＊24　ロベール・マイヤール　Robert Maillart：1842-1921。スイスの構造技術者。鉄筋コンクリート構造に卓越した才能を示し、3ヒンジアーチ形式を採用して支間90mを実現させたサルギナトーベル橋（1929-30）を始め、多くの橋梁を設計。

＊25　エミール・ロート　Emil Roth：1893-1980。スイスの建築家。ABCグループの創設メンバー。主な作品にノイビュール・ジードルンク（1930-32）。

■エル・リシツキーおよび構成主義について理解を深めるための参考図書
† 寺山祐策編『エル・リシツキー　構成者のヴィジョン』武蔵野美術大学出版局、2005
† エル・リシツキー／阿部公正訳『革命と建築』彰国社、1983
† 佐々木宏「エル・リシツキー　亡命せずに帰国したデザイナー」『20世紀の建築家たちII』相模書房、1976
† 『本の構成者エル・リシツキー』武蔵野美術大学美術資料図書館、2002
† レイナー・バンハム／石原達二他訳『第一機械時代の理論とデザイン』鹿島出版会、1976
† 八束はじめ『近代建築のアポリア　転向建築論序説』PARCO出版局、1986
† 八束はじめ『ロシア・アヴァンギャルド建築』INAX出版、1993
† シーマ・イングバーマン／宮島照久他訳『ABC：国際構成主義の建築 1922-1939』大龍堂書店、2000
† ジャン＝ルイ・コーエン／中村敏男、矢代眞己訳「〈連載〉ソヴィエト近代建築史 1900-1937 1-4」『a+U』1991年3, 6, 8, 10月号
† 五十嵐利治他編『ロシア・アヴァンギャルド　コンストルクツィア　構成主義の展開』国書刊行会、1991
† マーガレット・A. ローズ／長田謙一他訳『失われた美学　マルクスとアヴァンギャルド』法政大学出版局、1992
† 亀山郁夫『ロシア・アヴァンギャルド』岩波書店、1996
† ボリス・グロイス／亀山郁夫他訳『全体芸術様式スターリン』現代思潮新社、2000
† Sophie Lissitzky-Küpers, *El Lissitzky – Life, letters, Texts*, Thames and Hudson, 1968, 1980, Reprinted 1992
　妻ゾフィーにより編纂された書で、リシツキーの書簡、論文、作品を網羅しながらその生涯を概観している。リシツキーを知るための必読文献（英文。独語版オリジナルは *El Lissitzky – Maler, Architekt, Typograf, Fotograf*, Verlag der Kunst, 1967）

12
アルヴァ・アールト
Alvar Aalto

川島洋一

ほぼすべての設計の仕事には、相互に対立関係にある要素が、数十か数百、時には数千種類も含まれていて、人間の意志だけがそれらを機能する状態にまで統合することができる。この統合に到達するには、芸術よりほかに手段がない。個々の技術的あるいは物理的要素は、このやり方でしか確かな役割を獲得できないのである。（1955年10月3日、フィンランド芸術院における会員就任講演より）

© The Alvar Aalto Archives, Helsinki

図12.1 O. クライナーが描いた1877年当時のヘルシンキ[1]

図12.2 フィンランドの風景[2]

図12.3 国立博物館（E. サーリネン他、1910、ヘルシンキ）[3]

図12.4 ヴィトレスク（E. サーリネン他、1903頃、ヘルシンキ郊外）[4]

12.1 フィンランドの成立とナショナル・ロマンティシズム

12.1.1 フィンランドの成立

ヨーロッパの周縁に位置する北欧の中で、ボスニア湾の東側のフィンランドは最もヨーロッパ大陸から遠く、ロシアと国境を接している。民族的に多数を占めるフィン人は中央アジアに出自を持ち、言語もヨーロッパ系とは異なる。文化的な共通性が強調される北欧諸国であるが、フィンランドは独自性が強く、ゲルマン系のスウェーデン・デンマーク・ノルウェーとは一線を画している。

12世紀以来スウェーデンの支配下にあったこの地域は、19世紀初頭に今度はロシアの統治下に入った。スウェーデンによる文化的支配からの自立を目指し、独自の民族文化を追求したのはこれ以降である。さらに19世紀末にロシアの支配が強圧的になると、政治的な独立運動が本格化し、ロシア革命を機に内戦が勃発した。フィンランドが正式に独立国家となるのは、ようやく1918年である。若き日のアルヴァ・アールトも内戦に参加した一人であった。こうした近代国家成立の事情と、ヨーロッパの辺境ともいえる地理的条件は、その後も同国に様々な影響を与えていく。建築もその例外ではない。

12.1.2 ナショナル・ロマンティシズムと近代建築運動の胎動

19世紀に民族意識に目覚めたフィンランド人は、独自の文化を探求し始めた。1835年に初版が出た『カレワラ』は、カレリア地方の民衆の間で語り伝えられていた叙事詩を集大成した文学であり、フィンランド語で書かれた英雄的物語として民族文化の象徴となる。

フィンランドのような小国にとって、民族意識の覚醒は武力により支配権を奪い返すことには直結せず、まずはナショナル・アイデンティティを求める精神的な運動となって結実した。ナショナル・ロマンティシズムと呼ばれるこの文化運動は、北欧をはじめヨーロッパ各地で19世紀に開花したが、他国に支配され続けたフィンランドでは、切実な事情から特別な熱を帯びる。1880年代には画家ガッレン＝カッレラが、森と湖に象徴される自国の典型的な風景（図12.2）や『カレワラ』を題材にして民俗を描いた。音楽家ジャン・シベリウスは1899年に勇壮な交響詩『フィンランディア』を発表する。

これらに続き、建築におけるナショナル・ロマンティシズムが開花した。エリエル・サーリネン、ヘルマン・ゲゼリウス、アルマス・リンドグレンの3人[*1]は、1910年竣工の国立博物館の壁面に国土の地盤を形成する花崗岩を用い、同国におけるこの運動の典型的な表現を確立する（図12.3）。また1903年頃彼らが建てたヴィトレスクは、郊外の豊かな自然環境に設けた共同住宅兼アトリエであり、深い森に精神的故郷を求める彼らの心情を象徴する作品となった（図12.4）。ナショナル・ロマンティシズムの建築は、民族的な表現を追求するために、古典主義をはじめとするヨーロッパ建築の伝統を否定するという意味では、近代への指向性を備えていた。20世紀に入り、本格的な工業化の時代を迎えた同国の建築家たちは、民族性の延長上に自らの近代的な建築のイメージを描こうとしたのである。

Alvar Aalto

12.2　アルヴァ・アールトの生涯（1898–1976）

12.2.1　アールトの育った環境

　人は生まれる場所や幼少時代を過ごす環境を選ぶことができない。それは運命に属する。たとえ自分の思い通りに築き上げたかに見える人生でも、幼少時代の環境から本当に自由になれたのだろうか？

　アルヴァ・アールト（図12.5）は、1898年2月3日、にフィンランド内陸部の村クォルタネで生まれる。彼が幼い頃一家は内陸部の町ユバスキュラに移り、高校卒業までそこで育つ。少年時代から建築家を志したのは、測量技師だった父親の影響であろう。フィンランドは国土の大半が森と湖であり、当時はヨーロッパの都市文化とは無縁の環境であった（図12.2）。その国のさらに地方に育ったアールトにとって、北国の厳しく豊かな自然こそが原風景となったのである。

12.2.2　学生時代

　1916年にアールトは上京し、ヘルシンキ工科大学の建築学科に入学した。アルマス・リンドグレン教授の指導を受ける。設計事務所で見習をするなど積極的に活動したが、設計が特別に優秀というわけではなかったらしい。社交的で感情表現の豊かな青年は、むしろ人柄の魅力で周囲の関心を集めたという。1920年にはスウェーデンに渡り、グンナール・アスプルンド*2に弟子入りを志願した。この時は断られたが、後に2人は心からの親交を結ぶ。13歳年上のこの敬愛する「師匠」は、アールトの建築観に決定的な影響を与えた。

12.2.3　建築家の誕生

　大学を卒業したアールトは、1923年、故郷ユバスキュラに事務所を構えた。当時の主流であった北欧新古典主義*3の様式に従って設計活動を開始する。翌年には4歳年上の建築家アイノ・マルシオ*4と結婚し、49年に彼女が他界するまで仕事を共にした（図12.6）。

　彼は建築家が仕事を得る正攻法であるコンペに、生涯を通して精力的に応募する。1927年にはトゥルクでのコンペ勝利を機に事務所を移すが、スウェーデンに近いこの古都への移動は、世界に目を向ける野心家にとって人生の布石となった。トゥルン・サノマット新聞社（図12.7）などトゥルクでの作品は突然の近代建築への転身であり、モダニストとして世界的に認知されCIAM*5にも参加する。33年、彼は新たな仕事を期待して、ヘルシンキに事務所を移した。

12.2.4　巨匠の光と影

　地縁のないヘルシンキでは期待はずれに終わったが、1937年のパリ万国博覧会フィンランド館（図12.8）および38年のニューヨーク近代美術館での展覧会により、アールトはアメリカで評価を受ける。40年にはマサチューセッツ工科大学の客員教授に招聘された。

　名声と共に帰国した彼はようやく仕事に恵まれ、50–60年代に大規模な作品を次々に実現した。だが母国の建築界は、それらを合理性に基づく普遍的な解答ではないと徐々に見なすようになる。最晩年には継続中の仕事を抱えてはいたものの、すでに影響力を失っていた巨匠は、1976年5月11日、ヘルシンキで静かに息を引きとった。

図12.5　アルヴァ・アールト（1970）[5]

図12.6　アイノとアルヴァ・アールト夫妻（1947）[6]

図12.7　トゥルン・サノマット新聞社（1927、トゥルク）[7]

図12.8　パリ万国博覧会フィンランド館（1937）[8]

図 12.9 ユバスキュラの労働者会館(1925)[9]

図 12.10 マイレア邸、外階段周辺(1938、ノールマルック)[10]

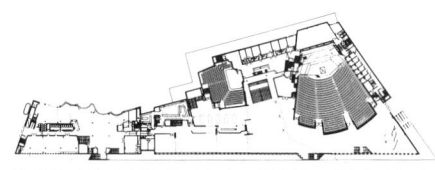

図 12.11 フィンランディア・ホール(1971、ヘルシンキ)、平面図[11]

図 12.12 コエ・タロ(アールト夏の別荘、1953、ムーラッツァロ)[12]

12.3 モダニズム精神の理解と自由な表現

12.3.1 モダニズムとの距離

1910年代から20年代にかけては、北欧建築界の主流がナショナル・ロマンティシズムから北欧新古典主義へと移行した時代にあたる。これは社会の変化に応じた新しい建築像を模索する過程で、より近代的な造形が追求された結果であった。アールトの場合も新古典主義に従って設計活動を開始したが(図12.9)、20年代後半にドイツ周辺で近代建築の主流が形成され始めると、直ちにその動向に追随している。北欧に近代建築が本格的に導入される契機は1930年のストックホルム博覧会[*6]であったが、彼は30年代半ばには近代建築の典型的な表現[*7]から距離を置き始める。彼の建築表現はナショナル・ロマンティシズムの価値観を思わせる地域性や歴史性を含んでおり、モダニズム概念の枠組みを問い直す姿勢が見てとれる。

12.3.2 北欧で達成されたモダニズムの本質とアールトの理念

モダニズムを産んだヨーロッパであっても、伝統的な様式建築を破壊してまで近代建築を建てることはめったに行われない。近代建築はあくまで現実を直視した合理的な解決方法であると理解されており、その一方でウィリアム・モリス[*8]が賛美したような手工芸や民俗文化などの素朴な伝統美に憧れる精神が生き続けている。それらは本来異なる次元に属する価値観といえよう。30年代半ば以降のアールトは、いわば両者を自由に行き来する立場に立つ(図12.10)。

彼は住宅の大量生産や規格化について積極的に発言を行うなど、近代建築運動の先頭に立ち闘ったが、すでに30年代半ばにはモダニズムに対し教条主義的でない態度を見せていた。それでも40年にこう主張する。「誤りは実は合理化が十分に深いところまで達成されていないことにある。近代建築の最も新しい段階は、合理的精神と闘うのではなく、合理的方法の対象を技術的領域から、人間的で心理的な領域にまで広げようと試みる」。合理的解決の領域を可能なかぎり広げようとするモダニズムの精神を、彼は正しく理解していた。彼はその対象を人間にまで広げようと試みる。こうしたヴィジョンは、北欧ではその対象を社会にまで広げて真摯に追求された。

12.3.3 部分の集積から生まれる全体：アールトの設計手法

アールトは初めに理念を掲げ、それに則して実際の設計を進める方法をとらなかった。彼が独自の建築理念を持たなかったのではない。彼は設計する建物の規模や敷地の状況、要求されるプログラム等に応じ柔軟に発想を変えることができた。大規模な建築では、あらかじめ全体を単純な形に決めてその中に諸機能を押し込むのではなく、必要な部分を集積しながら全体を構成していく(図12.11)。よく有機的[*9]と形容されるその形態は、科学的に分析不可能な人間や自然の諸領域までをも建築に取り込もうと試みる過程で、生命体にも似た複雑な部分の集合を直感に基づいて総合した結果であった。また住宅では、自然材料の素材感を表現の核にし、自然の中に精神的故郷を求める価値観に従った生活の場を創出した(図12.12)。

12.4 人間をテーマに据えて：パイミオのサナトリウム

12.4.1 世界の巨匠への第一歩

1927年にトゥルクに移ったアールトは、ドイツ周辺の新しい動向に強い関心を寄せていた。その頃設計したトゥルン・サノマット新聞社(図12.7)で早くも近代建築の表現に挑戦する。翌28年夏にはアイノ夫人と共にヨーロッパを旅し、最先端の実例を見学している。

同年11月に告示されたパイミオのサナトリウム[*10]のコンペで、彼は近代建築の表現で勝利を収めた。本格的な近代建築がコンペで1等を獲得し、その案が実現したのは史上最も早い例である。それがヨーロッパの辺境の小さな町の出来事であったことは、隅々まで配慮が行き届いた建築の質の高さと相まって評判となり、アールトは30代前半にして世界的な知名度を手に入れた。若さにまかせ、この作品で細部に至るまで徹底的にデザインした経験が、彼の能力を後に巨匠と呼ばれるにふさわしいレベルまで押し上げたのだった。

12.4.2 森と白い近代建築

これがサナトリウムであったために、アールトは機能的な要求を近代建築の手法で解決することの口実を必要としなかった。当時の結核治療は、患者が日光と清浄な空気の中で療養する方法であり、この施設も自然あふれる森の中に配置されている。周囲の緑に対し、純白のヴォリュームが鮮やかなコントラストを見せる外観は、医療施設には不可欠な清潔感を見事に体現する（図12.13）。

建物は病室棟・管理棟・治療室棟・サービス棟と用途が明解に区分された四つの棟で構成され、軸線を振りながら不規則に接続されている。左右対称や平行配置等の通常の作法に逆らったこの配置は、オランダの先例[*11]を参考にしたにせよ、どの棟からも森を眺められるよう内部からの視線を慎重に考慮した結果であった（図12.14）。平滑な壁面と面一[*12]に納めた水平連続窓や、キャンティレバー[*13]のバルコニーなど、近代建築の表現をすでに巧みに使いこなしている。

12.4.3 人間のための建築を目指して

人間のために建築ができることは何か、をアールトは追求した。病室棟の屋上には治療に必要な日光浴のテラスが設けられたが、患者同士が交流しやすいよう分割せず連続したプランとなっている。その奥の棟は少し折れ曲がって接続されており、果てしない森をテラスで眺め続ける患者に視線の変化を与え、風景の単調さを紛らわせたであろう（図12.15）。ベッドに寝たまま外の景色が見えるよう低い位置にとられた窓、横たわって上を眺め続ける患者のために色調を抑えた天井、水の撥ねる音を消すよう工夫された病室内の手洗器、足元を集中的に温める暖房の位置、感触が温かく身体になじむ形状の成型合板の椅子[*14]（図12.24）など、配慮はあらゆる次元で徹底的になされ具体的なデザインとして提示された（図12.16）。

有機的な形態や自然材料を用いる素材感など、彼独自の設計手法はまだ確立されていないが、人間を建築のテーマに据えた彼の原点が確認できる。若き日のアールトの情熱が刻み込まれた傑作である。

図12.13　パイミオのサナトリウム(1928-33)[13]

図12.14　パイミオのサナトリウム、鳥瞰[14]

図12.15　パイミオのサナトリウム、バルコニー[15]

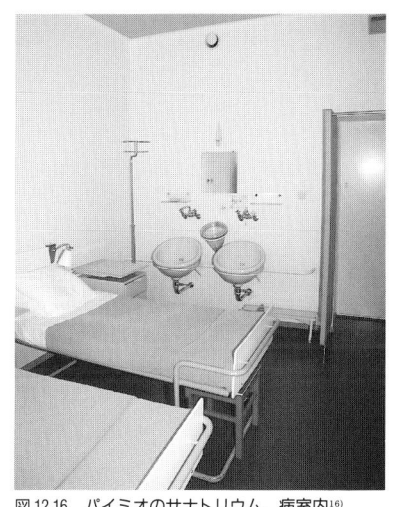

図12.16　パイミオのサナトリウム、病室内[16]

図 12.17　マイレア邸、正面[17]

図 12.18　マイレア邸、ウインターガーデン[18]

図 12.19　マイレア邸、居間[19]

図 12.20　アールト自邸（1936、ムンキニエミ）[20]

図 12.21　セイナッツァロのタウンホール（1949–52）[21]

12.5　素材の表情と絶妙なスケール感を生かした建築

12.5.1　マイレア邸

アールトは自身の家具の販売と資金面での協力者としてマイレ・グリクセンと知り合い、1935年にアルテック社[*15]を協同で設立した。グリクセン夫妻[*16]は、これ以後アールトの親しい友人になるとともに、強力なパトロンとなる。夫妻は経営するアールストレム社の一連の建築、さらに37年には自宅を彼に依頼する。ノールマルックに建てられた住宅は、マイレの名にちなんでマイレア邸（1938）と名づけられた。この仕事は建築家の裁量に多くが任され、予算に関する制約さえなかったといわれる。アールトは思いのままに理想を実現するチャンスを、親友から贈られたのだった（図12.17）。

ところが、すでにモダニストとして名を成していた彼が、ここでは近代建築の独特の表現にこだわっていない。白い外壁は平滑ではなく、下地のレンガの凸凹した質感がスタッコの仕上面に浮き出ている。木は至る所で多用され住宅の印象を決定づけているが、仕上材としてだけでなく装飾にも使われている。玄関ポーチや居間の階段周辺では、森の木立のような効果が演出される。2階のアトリエを覆う外壁は、木製の棒材を並べて柔らかい曲面を繊細につくりだす。初期のモダニストは材料を限定する傾向があったのに対し、アールトはここで様々な素材のコラージュを試みている。例えば、庭から上のテラスに昇る階段周辺の石の使い方は、ナショナル・ロマンティシズムで賞賛された土着の民家や教会を思わせる（図12.10）。

平面はL型をなし、居間・食堂・ウインターガーデン[*17]などが大きな一つの部屋としてやはりL型に接続される（図12.18）。微妙な床の段差と相まって、流れるような空間の連続性が心地よい視線の動きを誘うとともに、大きな部屋にほどよいスケール感とヒエラルキーをもたらしている（図12.19）。

自然と一体となる生活がここでのテーマであり、それは住宅に対するアールトの、そしてフィンランド人の信念[*18]でもあった。これに先立つ1936年にも、彼は木を多用した自邸（図12.20）を設計している。自然素材から雄弁な表情を引き出すことが、彼の住宅設計の手法であった。

12.5.2　セイナッツァロのタウンホール

役場や議場、図書館や店舗等の小規模な建物群が中庭を取り囲むように配置され、町の中核をなす施設である（1949–52、図12.21）。

レンガの素材感が強調されているが、こうした素材の限定と小じんまりとしたスケールが要所に使われることによって、中庭に親密な感覚が生まれたといえる。形態は片流れを基調とした比較的単純なものであるが、内部では木造の架構が空間に独特の個性を添えている。道路から2階レベルの中庭へ徐々に昇っていく演出や、議場を最も高い場所に配置することで精神的なヒエラルキーを視覚化するなど、派手さはないが基本的な計画手法と素材の特性を生かすことによって、建築に求められている役割を見事に実体化している。

12.6 建築的実践としてのインテリアと家具

12.6.1 うねる壁

1939年のニューヨーク万国博覧会フィンランド館は、展示空間のデザインのみの仕事であったが、アールトの名を再び世界に知らしめた。彼はパリ万国博フィンランド館やマイレア邸でも試みた木製の曲面の壁を応用し、うねる壁として提案している（図12.22）。すなわち4層に分かれてうねりながら迫り出してくる壁の、上から3層を展示パネル用とし、一番下の層をフィンランド製品の展示ブースとしたのである。木の素材感が強調されることで、展示空間自体がフィンランドらしさを表現しており、実に巧みな演出といえよう。

50年代以降の彼は大規模な建築を次々に実現したが、その過程でいわゆる有機的な建築の手法を確立した。それが空間として成功した代表例が、ヴォクセンニスカの教会である（1958、図12.23）。左右非対称の礼拝堂は、実用上の理由から三つに分節されているが、それぞれ天井と壁が自由に曲面を描き三次元的に複雑な形態を構成する。うねる壁は建築全体に拡がって、空間が今にも外に膨れ出るかのような緊張感を与えている。部分を集積して全体をつくる彼の手法に、さらに空間の動きの要素*19が加わっている。アールトは近代建築の枠組みにとらわれずに、こうした造形を自由に展開した。

12.6.2 日本建築の参照

マイレア邸のデザインには、日本建築の引用が見られる。ウインターガーデンの窓の組子は障子をモチーフにしているし（図12.18）、居間の吹寄せにした柱に籐が巻かれたのも数寄屋にヒントを得たのであろう。書斎の間仕切壁と天井とのすき間を塞いだ部分のアイデアは無双*20そのものである。こうした日本建築の参照は単なる異国趣味ではなく、アールトが日本の茶室*21から木の使い方に関する未知の知恵を学び、早速その成果を試みた表現であったのだろう。

12.6.3 家具とガラス

アールトは活動の初期から、家具デザインに意欲を見せていた。彼の家具は単体でも高い評価と人気を獲得しているが、元来は生活環境のすべてを細部に至るまで、同じコンセプトと趣味でデザインしたいという願望から生まれたものである。家具を構想する過程で着想した波形の造形を今度は建築に応用するなど、家具は彼にとって建築と同じ地平に属するものと位置づけられていた。

彼の独創性は木にこだわり続けたことにある。1930年のハイブリッド・チェアは、成型合板の技術を試行錯誤する過程で、スチール製のパイプ脚に木製の座面を接合する試みであった。そうした苦労は31年のパイミオチェア*22（図12.24）や33年の丸形ストゥール*23（図12.25）などの、すべて木でできた椅子に結実する。

家具の他にも多くのものをデザインしたが、ガラス製品は特に成功を収めた。1937年のパリ万博で発表された花瓶のサヴォイ（図12.26）は、今でもよく知られている。あのうねる壁へと発展していく優美な波形は、故郷フィンランドの湖の形を模したものであった。

図12.22 ニューヨーク万国博覧会フィンランド館、インテリア（1939）22)

図12.23 ヴォクセンニスカの教会、インテリア（1958）23)

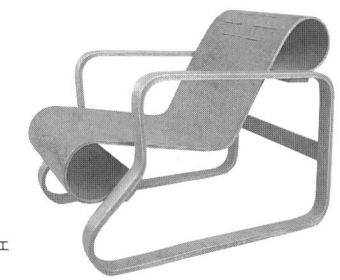

図12.24 パイミオチェア（1931）24)

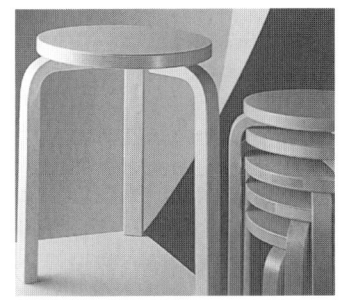

図12.25 丸形ストゥール（1933）25)

図12.26 花瓶サヴォイ（1937）26)

*1　エリエル・サーリネン、ヘルマン・ゲゼリウス、アルマス・リンドグレン　Eliel Saarinen, Hermann Gesellius, Armas Lindgren：1873-1950、1874-1916、1874-1929。フィンランドにおけるナショナル・ロマンティシズムの代表的な建築家。3人で協同の設計事務所を設立し、ヴィトレスクに住んだ。サーリネンは1923年にアメリカに渡り、活躍の場を向こうに移した。リンドグレンは1919年にヘルシンキ工科大学の教授に就任し、アールトの指導教官となった。

*2　エーリク・グンナール・アスプルンド　Erik Gunnar Asplund：1885-1940。1920年代以降、北欧建築界で最も影響力のあった建築家。教条主義的でないモダニズムの理解に基づき、ナショナル・ロマンティシズムや古典主義の価値観を、新しい時代の要求に合った作品として結実させた。代表作に「森の火葬場」「ストックホルム市立図書館」など。

*3　北欧新古典主義：特に1910〜20年代の北欧諸国で見られた古典主義のこと。軽快で繊細なプロポーションと装飾を抑えた抽象的な表現とを特徴とし、近代建築への移行を準備する段階であった。北欧ではおそらくその地理的条件がゆえに、古典主義にせよモダニズムにせよ、教条主義的に解釈されることはあまりなかったが、逆にその本質に迫り可能性を開花させることができた。

*4　アイノ・マルシオ　Aino Marsio：1894-49。ヘルシンキ工科大学出身の建築家で、アールトの事務所設立時の最初期のスタッフであった。設計の才能に加え、強い意志と落ち着いた態度で、夫の実務を影で生涯支え続けた。彼女が存命中のアールトの作品は、本来は2人の協同設計である。アールトはアイノの没後、52年に事務所のスタッフであった建築家エリッサ・マキニエミ（1922-94）と再婚した。

*5　CIAM：第10章参照。アールトはCIAMにおいて多くのモダニストと知り合ったが、特にモホイ＝ナジやS.ギーディオンと親交を深めた。

*6　ストックホルム博覧会：アスプルンドを主任建築家として1930年に開催された博覧会。鉄とガラスを多用したデザインは話題を集め、北欧に近代建築が導入される契機となった。アスプルンドにとって初めての近代建築の造形であったが、この言語を自在に駆使して新たな可能性を示した。

*7　近代建築の典型的な表現：1927年のヴァイセンホーフ・ジードルンクにおいて、近代建築運動の主導的な立場の建築家たちにより共有された表現のことを指す。その形態は白い箱形であり、無装飾で平滑な壁面による造形を基本とした。地域性や歴史性などの要素は本来そこから排除されるが、アールトとアスプルンドは、30年代半ばにはすでにそれらの要素を含む独自の表現を模索し始めている。

*8　ウィリアム・モリス：第1章参照。

*9　有機的：生物との類似性からこう形容される。アールトの場合は生物を直接モチーフとした装飾を施すことはない。幾何学図形には還元できない自由な形態により部分をつくり、そうした部分が集まることで出現する全体の複雑な形態などを指してこう呼ばれる。彼は、その際に部分の組合せ方法が無限のバリエーションを持つことや、全体が構成される際の生物が進化するかのような展開について、理想的な建築の方法であると言及したことがある。

*10　パイミオのサナトリウム　Paimio Tuberculosis Sanatorium：コンペの結果発表は1929年、竣工1933年。パイミオはトゥルク近郊の小さな町で、この建物はさらに町はずれの森の中に建つ。サナトリウムは結核療養施設のこと。この建物は、結核患者が激減した1963年以降、通常の病院として使われている。

*11　オランダの先例：ヨハネス・ダイケルが設計したゾンネストラール・サナトリウム（1926-28）のこと。アールトは1928年のヨーロッパ旅行の際、竣工が近いその建物を見学したといわれる。

*12　面一：面の位置を揃えること。様式建築の開口部の面は壁より少し奥に入った位置にあるのが普通。それに対し近代建築ではあえて異なる表現をとるために、壁と開口部を面一に揃え外壁をのっぺりとデザインすることが多いことを、ここでは指している。

*13　キャンティレバー：片持ち梁のこと。近代建築における典型的な表現の一つ。新しい技術である鉄筋コンクリートの特性を生かし、組積造による様式建築では無理があったこの構造を意図的に採用して、建築があたかも重力から解放されたかのような印象を与える近代建築の造形言語。

*14　成型合板の椅子：パイミオチェアとして知られる椅子。スチール製の椅子の冷たい感触を嫌って木を使うことにし、試行錯誤の末に成型合板の技術を確立した。アルテック社（後述*15）から販売された。

*15　アルテック社　Artek：マイレは美術愛好家でアートギャラリーの開設を希望しており、この出会いは双方にとって歓迎すべき出来事だった。アールトは美しいマイレに会うなり共同経営を決意したという、実に"人間的"なエピソードも残っている。今も年間10万本以上のアールトの椅子を販売中。

*16　グリクセン夫妻　Maire & Harry Gullichsen：夫ハリーと妻マイレの夫婦。夫妻は共にリベラルな思想を持ち、デザインによる環境改善や従業員に対する福利厚生の徹底化による社会全体の改善を構想するなど、実業家の枠に納まらない民主主義的な発想と行動力の持ち主であった。

*17　ウインターガーデン：冬の寒さが厳しい北欧では、屋外で活動しにくい季節のために室内に広間を設ける。多くの場合、ソファやテーブル、観葉植物などが置かれ、短い昼の光をふんだんに取り入れるよう大きな窓が設けられる。

*18　フィンランド人の信念：フィンランド人は、森に精神的な故郷を感じ、圧倒的な自然の生命力に抱かれることに価値を見出す。それはナショナル・ロマンティシズムの思潮の中で再発見された、郷土に誇りをもたらす文化であった。

*19　空間の動きの要素：幾何学図形が安定した形態であり静的な印象を与えるのに対し、その安定した形態を崩した歪んだ形や恣意的なカーブなどは、形に動きが加わったかのような動的な印象を与える。アールトはこうした動きの要素を造形に取り入れ、建築空間が人間の心理面に与える影響までをもデザインしようと試みていた。

*20　無双：数寄屋などで使われる装飾的ディテール。本来は換気窓。木製の連子の引戸による開口部のこと。

*21　日本の茶室：1935年にストックホルムの民俗博物館に寄贈された瑞暉亭のこと。北欧建築界に意外な大きな影響を与えた。アスプルンドもこれを熱心に研究した一人である。

*22　パイミオチェア　Armchair 41 (Paimio Chair)：彼が初めてすべてを木製でつくることに成功した椅子。柔らかなカーブを描く成型合板の座面が、白樺材のフレームで支えられる。成型合板の技術開発は、家具製作会社フォネカル・テヘダス社のディレクターであったオットー・コルホーネンの尽力によるところが大きい。

*23　丸形ストゥール　Stool 60：コピー商品も含めて、世界で最も普及しているアールトの椅子。スタッキング（積み重ね）できる上に軽量で安価。

■アルヴァ・アールトについて理解を深めるための参考図書

† ヨーラン・シルツ／田中雅美他訳『白い机（全3巻）』鹿島出版会、1989、1993、1998
† 『Alvar Aalto Houses アルヴァ・アアルトの住宅』『a＋U』臨時増刊、1998
† 『アルヴァ・アールト：1898-1976　20世紀モダニズムの人間主義』展覧会カタログ、1998
† 伊藤大介『アールトとフィンランド』（建築巡礼18）丸善、1990
† SD編集部編『現代の建築家　アルヴァ・アアルト』鹿島出版会、1978
† 武藤章『アルヴァ・アアルト』（SD選書34）鹿島出版会、1969

13
マルセル・ブロイヤー
Marcel Breuer

梅宮弘光

金属家具は近代的な部屋の一部である。それは「様式」をもたない。なぜならそれは自分の目的とそれに必要な構造以外にいかなる意図的な形態をも表さないはずだから。新しい部屋は建築家の自画像を表わすべきでもないし、直ちにその使用者の精神の個性的な表現でもない。（論文「金属家具と近代的な部屋」、『ダス・ノイエ・フランクフルト』誌1928年1月号所収より）

photo by Moholy-Nagy László © Constance L. Breuer

図13.1 ブタペストの街頭に貼られたポスター「赤軍兵士進め!」(U. ベーラ、1919)[1]

図13.2 ハンガリーのアヴァンギャルド雑誌『MA』(1921)の表紙[2]

図13.3 「家のある風景」(モホイ=ナジ、1919)[3]

図13.4 構成主義者とダダイストの国際会議(1922、ヴァイマール)に集まった芸術家たち。中央で『デ・ステイル』誌を巻き付けた帽子をかぶっているのがTh.v.ドゥースブルフ、その後ろでパイプをくわえているのがE.リシツキー、階段最上段の右端がモホイ=ナジ

13.1 バウハウスの開校とその前夜

13.1.1 戦間期の社会とアヴァンギャルド

　戦後処理から束の間の安定に至った1920年代、大恐慌の突発(1929)によって一挙に暗転し危機の時代へと突入していった30年代、そして時代は再び世界的な戦争へとなだれ込んでいった。こうした戦間期における社会の激動は、美術、デザイン、建築を含む文化状況にも影響せずにはおかなかった。そのなかでアヴァンギャルドたちもまた、自らの芸術を通して積極的な社会参加を目指した。この時代を生きたアヴァンギャルドの中には、時代がはらむ様々な要因によって、故郷を出て国を転々とし、その先で故郷とは異なる発音で名前を呼ばれ、そうした身の上と新しい環境から独自の創造的活動を行った人々が少なくない。

　第一次世界大戦の終結(1918.11)から第二次世界大戦の勃発(1939.9)に至るいわゆる「戦間期」の状況は、ヨーロッパのアヴァンギャルドの人生を左右するものであった。時代が彼らに、芸術を通して社会に対峙することを求めたからである。しかし、彼らの思想と社会との齟齬が決定的になった時、彼らは活動の場所を東欧から西欧へ、そしてアメリカへと移さざるをえなかった。それは、ヨーロッパで生まれたモダニズムがアメリカに移入され高度な資本主義の中で変容していく端緒でもあった。

13.1.2 ハンガリー革命と「行動主義」

　第一次世界大戦末期における戦況の変化は、オーストリアとハンガリーの連合によるハプスブルク帝国を崩壊に導いた。1918年10月のブルジョワ民主主義革命、翌19年3月の社会主義革命、しかしその新政権も内政の失敗と外国軍の干渉によってわずか133日で終わる。このめまぐるしい政変はハンガリー革命と呼ばれ、国内はある種の興奮状態におかれた。こうした状況下で詩人カシャーク・ラヨシュ[*1]を中心とするグループ「MA」(ハンガリー語で「今日」の意)の文学者、美術家たちは、芸術活動を通して革命に積極的に参加することを目指す「行動主義」を掲げた(図13.2)。

　「行動主義」の芸術家たちは、特権階級のための高級芸術を否定し、大衆と共にある芸術を主張した。それは制作主題のみならず、政治ポスターやメーデーの街頭装飾といった従来の純粋美術とは異なる表現形式となって現れた。しかし、1919年の社会主義革命の失敗によって「行動主義」は頓挫し、彼らはウィーンへ、そして同地を経由してベルリン、ヴァイマールへと亡命していった。その中には、後にブロイヤーが親交を結ぶことになる芸術家モホイ=ナジ[*2](図13.3)、建築家モルナール・フォルカシュ[*3]らもいた。

　こうした「行動主義」の活動の中にブロイヤー自身の姿を見出すことはできない。彼は「行動」するにはまだ若すぎた。しかし、ハンガリーのアヴァンギャルドの状況は彼の原風景であっただろう。1年後には彼もまたウィーンからヴァイマールへと移っていくからである。その先には国際規模でアヴァンギャルドが集結することに

なるバウハウスがあった。

13.1.3 バウハウスの開校

　ドイツでは第一次世界大戦が長期化するにつれ、前線の惨状と銃後の困窮が民衆の不満と怒りを呼び覚ました。ロシア革命が起こった1917年には、ドイツでもストライキなどの大衆行動が高揚した。西部戦線での総攻撃が失敗に終わり、敗戦が決定的になる1918年11月、戦争に疲れ平和を求める兵士や労働者によるドイツ革命が起こり、第二帝政は崩壊、ヴァイマール共和国が成立する。この時に結成された「芸術労働評議会」*4は革命によって生まれた直接民主主義の気運を反映したもので、ヴァルター・グロピウス*5やブルーノ・タウト*6ら建築家、美術家、評論家から構成されていた。彼らはその綱領で、芸術は民衆の生活と共にあるべきことを謳った。

　こうした運動が、大戦以前から始まっていた工芸の産業化運動、美術学校の改革運動と結びつき、ヴァイマール共和国成立の2ヶ月後に国立バウハウスが創設された。初代校長に迎えられたグロピウスは、あらゆる造形芸術を建築のもとに総合することを目指し、その具体化として予備課程（6ヶ月）から工房教育（3年）を経て建築教育へと至る独特なカリキュラム*7を組んだ（図13.7）。予備課程では既成概念からの解放が意図された。工房教育では陶器・織物・金属・家具などの材料に応じた訓練が施された。工房では当初、伝統の中で蓄積された手工技術を教える「手工親方」、伝統にとらわれない造形を教える「形態親方」の2人親方制がとられ、前者は修練を積んだ職人が、後者は自由な発想の芸術家が担当した（図13.8）。建築科が正式に設置されたのは、実は第2代校長ハンネス・マイヤー*8時代の1927年のことだが、それまではグロピウスの個人事務所の仕事に学生たちが参加するかたちで行われた。

　カリキュラムから受ける系統だった印象とは裏腹に、実際のバウハウスは、芸術と技術、芸術と産業、様式と機能をめぐって対立と複合をはらんだ錯綜体だった。個性の際立つ親方たちは決して一枚岩ではなく、見解の相違は彼らの去就にも影響した。

　しかし、時代の大きなうねりは、そうした混沌ごとバウハウスをのみ込んでいった。1925年、バウハウスは右派勢力からの弾圧により存続の危機にさらされ、受け入れを表明したデッサウに移転し市立学校として再出発が図られた（図13.9）。この時代、バウハウスは内部の矛盾を抱えながらも、工房教育の徹底、外部の生産機構との連携など教育・生産の両面において大きく飛躍する。しかし1931年、市議会の過半数を占めるに至ったナチスは、バウハウスの閉鎖を要求した。この時期、第3代校長であったミース・ファン・デル・ローエ*9は、ベルリンに移して私立学校として存続させることを画策するが、ナチスの強権によってついに終息させられ、バウハウスに関わった芸術家の多くは海外に移住することになった（図13.10）。

　20世紀が明けて間もない1902年生まれのマルセル・ラヨシュ・ブロイヤーにとって、自己形成と活動展開の背景にあったのは、こうした新しい世紀を貫く時代のうねりであった。

(左)図13.5　バウハウス綱領の表紙に用いられた木版画「大聖堂」(L. ファイニンガー、1919)5)
(右)図13.6　バウハウス展の会場入口(1923、ヴァイマール)6)

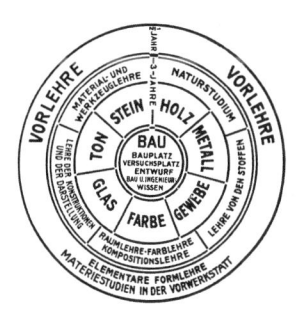

図13.7　バウハウスのカリキュラムを示す図式(1922)7)

図13.8　新築されたバウハウス校舎(デッサウ)屋上に集まった親方たち(1926)。中央で帽子をかぶり煙草を持っているのがグロピウス、その右隣の無帽の人物がブロイヤー8)

図13.9　デッサウの新校舎の概要を伝えるバウハウス機関誌『bauhaus』(1926年1月号)第1面9)

図13.10　バウハウスに対するナチスの弾圧を主題にした日本人留学生山脇巌*10のコラージュ「バウハウスへの打撃」(1932)10)

Marcel Breuer

図13.11 ハンガリー時代の油彩画「風景」(1917)[11]
図13.12 モホイ=ナジが撮影したブロイヤーの肖像 (1925)[12]

図13.13 ヴァイマールのバウハウス家具工房 (1923頃)[13]

図13.14 ドイツ政府主催の集合住宅設計競技への応募案 (1928)[14]

図13.15 ロンドン時代に制作した「新しい田園都市計画案」(F.R.S. ヨーク[*12]と協働、1936)[15]

図13.16 ブロイヤーとグロピウス (1954頃)[16]
図13.17 1970年頃のブロイヤー[17]

13.2 マルセル・ブロイヤーの生涯 (1902–81)

13.2.1 期待はずれのウィーン

1902年5月21日、ハンガリー南部の都市ペーチに生まれたブロイヤーは、画家・彫刻家を志して憧れのウィーン美術アカデミー[*11]に入学したが、その旧態依然とした教育にたちまち失望する。むしろ彼を刺激したのは、街のカフェに集うハンガリーからの亡命アヴァンギャルドたちだった。バウハウスの学生募集を知ったのは、そんなサークルの中であった。彼は早速ヴァイマール行きを決心する。

13.2.2 バウハウスの秀才

バウハウスで彼はデザインの才能を自覚し家具製作を志した。それはやがて建築への情熱に高まっていく。しかし、当時のバウハウスに建築教育はなかった。彼は自主的なグループで研究に勤しみ、校長グロピウスの事務所に出向いて教えを請うた。そんな彼をグロピウスは高く評価し、1925年、家具工房親方を要請する。適確な技術と斬新な造形感覚の両方を身につけたブロイヤーのような修了生が親方になることで、初めて「2人親方制」は解消された。この工房から、鋼管椅子をはじめ多くの傑作が生み出された (図13.13)。28年4月、彼はバウハウスを辞任する。工房製品の権利や量産化をめぐる問題が人間関係のトラブルにまで発展したことに嫌気がさし、そして何より、この頃の彼は建築家になることを望んでいた。

13.2.3 ベルリンそしてイギリスへ亡命

1928年、ブロイヤーはベルリンに事務所を開く。名刺の肩書きは「建築家」にしたが、来る仕事はインテリアとディスプレイばかり。それでも、多くの設計競技に果敢に挑んだ (図13.14)。32年、初めての実施設計ハルニシュマッハァ邸 (図13.32) は、建築界でも高い評価を得る。しかしこの頃からドイツの政情は悪化し始め、政権を握ったナチスはモダン・デザインを弾圧した。35年、すでにロンドンに逃れていたグロピウスを追うように、彼もまたイギリスに亡命する (図13.15)。

13.2.4 新天地アメリカ

1937年8月、ブロイヤーはハーバード大学建築科教授に就任するためアメリカに渡る。それを画策したのは、またしてもグロピウスだった。前年、ハーバードの大学院教授に終身在職権をもって迎えられていたグロピウスには、教育・設計両面での協力者が必要であった。そして、それはブロイヤーをおいて他にいなかったのである。この頃までのブロイヤーには常にグロピウスの影がついてまわる (図13.16)。しかし41年、彼はグロピウスとの訣別を決心する。ここからが本当の新天地だった。46年には自分の設計事務所をニューヨークに開設、世界をまたにかけた活躍が始まる。友人たちはブロイヤーを親しみを込めてライコーと呼んだ。ハンガリーではよくある名前「ラヨシュ」の愛称である。1981年7月1日、ニューヨークで死去。渡米時にはまだ英語の話せなかったこの建築家の偉業を称えて、アメリカ建築家協会はゴールドメダルを贈った。

13.3 機能分析と規格化

13.3.1 手工芸からデザインへ

バウハウスにおける理念の転換とその後の発展は、そのままブロイヤーの理念と活動の変遷と符合する。

「バウハウスはあらゆる芸術と手工芸のジャンルの統合によって新しい総合芸術作品—大いなる建築を生み出す」。1919年のバウハウス創設に際して校長ヴァルター・グロピウスは「芸術と手工芸の統合」をモットーに掲げた。しかし、社会が安定し工業化の進展が再び軌道に乗り始めた1922年、彼は以前のモットーに換えて新しい基本理念「芸術と工業技術の新たなる統一」を打ち出した。これによって各工房は生産実験工房として再出発することになった。

バウハウスにおけるこうした理念の転換と、それに伴う人間関係の軋轢は、まさに家具工房を舞台として顕在化した。実際的な設計と生産の仕事を工房教育に持ち込もうとするグロピウスと、手工芸を通した芸術家の育成を信条とする画家ヨハネス・イッテン[*13]との対立である。結果、イッテンが去り、グロピウスが家具工房の指導にあたった。ブロイヤーは、バウハウスの1期生としてイッテンの指導を受け、理念をめぐる対立を渦中で経験し、グロピウスの新しい理念に従い、やがてその理念を継承発展させるべく家具工房を指導する立場となった。

13.3.2 構成の美学

この理念のもとで工房が展開した具体的方法は、第一に、部分と全体との機能的関係を検討し、その関係を形態へと反映させるための「機能分析」、第二に、大量生産に適応し多様な使用場面にも適用させるための「規格化」であった(図13.18、19)。その結果として生み出される製品について、グロピウスは次のように書いている。「ものはその目的を実現すべきである、つまり、その諸機能を満足させ、丈夫で、安価で、そして〈美しく〉あるべきだからである。このような本質的探求の結果、現代的な製造方法、構造、材料のすべてをきちんと考慮することによって、慣習から逃れた、しばしば稀で、意外な効果をもたらすような形態が生まれるのである」。

ブロイヤーが1926年に発表した図版には、自作の椅子が制作年順に並べられている(図13.20)。その最後に、彼は「ついに私たちは弾力のある透明な支柱に支えられて座ることになるだろう」と書き添えた。彼にとって椅子のデザインは因習的な椅子を洗練していくことではなかった。椅子の既成イメージから発想を始めるのではなく、座るという姿勢とはそもそもどのような状態なのかという根本から発想し直すことこそがデザインという行為であった。こうした還元主義的な思想からすれば、家具や建築といっても、それらは人間を空間にしかるべく配置するために両者の関係を媒介する抽象的な構成物であることに違いはない。彼が同時期にデザインした事務机とアパートメント計画案とをスケールを無視して見比べると、アパートが家具に、家具が建築に見えてくるのである(図13.21、22)。

図13.18 コンビネーションの可能性、アイソメトリック図(W.グロピウス、1922)[20]

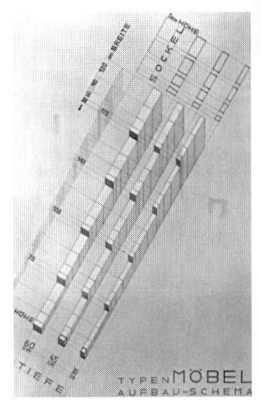

図13.19 規格化家具、アイソメトリック図(1925)[21]

図13.20 ブロイヤーによる椅子の展開課程を示すバウハウス機関誌『bauhaus』(1926年1月号)の記事[22]

図13.21 アパートメントハウス案(1924)、模型[18]

図13.22 本棚付き事務机、前面(上)と背面(下)(1924)[19]

Marcel Breuer 117

(上)図 13.23
アームチェア「ヴァシリー」(1926)23)
(下)図 13.24
角材椅子(1924)24)

図 13.25　バウハウス親方住宅のグロピウス邸室内(1926)25)

(左)図 13.26　「ヴァシリー」に座るブロイヤー(1928)26)
(右)図 13.27　ブロイヤーがデザインしたスタンダード家具会社製椅子の広告(1927)27)

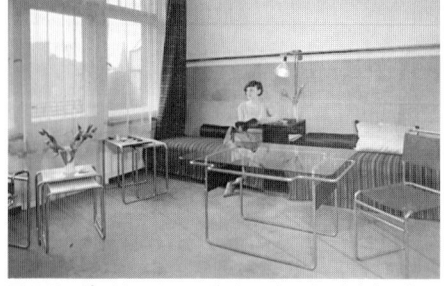

図 13.28　ピスカトールのアパートメントハウス室内(1927)28)

13.4　アームチェア「ヴァシリー」：機能と美の統合

13.4.1　世界で初めての美しい金属の椅子

「鋼鉄で美しい椅子をつくることは不可能だと思われる」。詩人パウル・シェーアバルト*14は、死の前年に発表した『ガラス建築』(1914)でそう書いた。その 12 年後、世界で初めての「美しい金属製椅子」が、ブロイヤーによって生み出された。もちろん、金属製の椅子はそれ以前にもあった。主に屋外に置かれるベンチや病院で使用されるものである。しかし、ブロイヤーの金属製椅子は、それらとはまったく異なるものだった。

今日それは「ヴァシリー」の名で知られている（図 13.23）。この名は 1960 年代にガヴィーナ社*15が、この椅子を愛用した画家ヴァシリー・カンディンスキー*16にちなんで名づけたことから定着した。しかし、ブロイヤー自身は制作当時、単に「金属製アームチェア」とだけ呼んでいた。この椅子は 1926 年 1 月にデッサウ市で開かれた彼の作品展で最初に発表されたが、その後同年 12 月にバウハウス新校舎の落成式でより広く知られることになった。

13.4.2　機能と美の革新

1924 年の「角材椅子」（図 13.24）と比べると、ブロイヤーは「ヴァシリー」にいくつかの改良を加えている。例えば、「角材椅子」では後ろから前の角材に張り渡されていた座面の布地張りは、「ヴァシリー」では横方向に変えられている。この方が、太腿の裏側に硬い部材が当たらず座り心地がよい。垂直だった背もたれは、傾斜のつけられた枠に置き換えられた。肘掛けにも新たに布地張りが用いられるようになった。一方、圧縮力を受ける部位（木材／鋼管）と引張力を受ける部位（布）を明確に分離している点は共通している。

バウハウスがこの椅子の権利を特許と意匠登録で保護しようとした時、椅子としての革新性を問う特許申請担当の法律家の質問に対して、ブロイヤーは次の点を指摘した。1)既成品の鋼管だけでできており組み立て／分解が容易。2)片手で持ち上げることができるほど軽量で耐久性に富む。審査の結果、ブロイヤーには、デザインに関わる 7 つの権利が認められることになった。

安価で軽く分解可能、しかも衛生的。鋼管という材料を採用した理由について、ブロイヤーはあくまで実際的な効能しか説明しようとしない。たしかに、それらはすべて真実であろう。しかし「ヴァシリー」の意義は、むしろ表現における前衛的な精神にこそあると言える。それが最も集約されているのは、前後が連続して一体につながる脚部の構成である。この一続きの線によって、椅子全体の骨格は、幾何学立体の構成として立ち現れることになる。磨かれた鋼管の反射はその三次元空間の透明性をさらに強調している。

シェーアバルトは来るべき世界をガラスの象徴性に託して表現したが、その同じ象徴性を輝く鋼管をもって証明したのが、ブロイヤーである。「ヴァシリー」はその革新的な現代性によって、来るべき新しい生活の象徴になったのである。

13.5　住宅：モダン・スタイルの継承と展開

13.5.1　建築家としてのブロイヤー

今日ブロイヤーといえば、まずその家具が思い起こされる。それほどまでにバウハウスの卓抜な家具デザイナーの印象は決定的だ。しかし、この印象ほど彼の活動実態にそぐわないものもない。たしかにイギリス亡命までに手がけた建築作品はたった2軒しかなかった。しかし、1937年にアメリカに渡って以来40年間で彼が実現させた建築作品は悠に200を超える。その中にはユネスコ本部(1955-58、図13.30)やホイットニー美術館(1966、図13.31)といった大プロジェクトも多い。彼の事務所では、R. マイヤー[*17]、H. サイドラー[*18]、芦原義信[*19]ら著名な建築家たちが修業時代を過ごした。彼はまぎれもなく20世紀の大建築家の一人なのだ。その作品系列でも、特にモダニズムとその変容という視点から興味深いのは住宅である。

13.5.2　ハルニシュマッハァ邸

フランクフルト近郊ウィスバーデンに建てられたこの別荘は、彼にとって最初の実施作である(図13.32)。鉄骨造主屋部分の白い立方体と連窓、バルコニーの外部階段やピロティ(図13.33)は、ル・コルビュジエ[*20]やJ.J.P. アウト[*21]の影響を感じさせる。これらはいわばフランスやオランダのモダン・スタイルであり、グロピウス流のドイツのモダン・スタイルとは異なる。一方、主屋とその延長として大胆に取り付けられたバルコニーは、あたかも机から引き出された抽斗（ひきだし）、あるいは相互貫入する箱のようにも見え、それが彼の家具と同じ構成原理でデザインされていることをうかがわせる。また、1階壁面を2階よりもセットバックさせることでもたらされた浮遊感は、戦後のアメリカの住宅作品にも通じる特徴である。この住宅は、鉄、ガラス、漆喰という限定された材料と白色塗装という同時代のインターナショナル・スタイル[*22]と共通する特徴と同時に、後のブロイヤー作品へと一貫する空間構成を備えた、記念碑的な作品である。

13.5.3　ブロイヤー自邸

コネチカット州ニューカナンに建設されたブロイヤー2度目の自邸(1947)には、戦後アメリカにおける彼の特徴と同時に、1920-30年代のドイツ時代のモダン・スタイルが併存している（図13.34)。コンクリートブロック造の1階壁面に貼られた粗石はイギリス時代から多用されるようになった彼のトレードマークともいえる材料である。木造の2階壁面にはヒマラヤスギ板が縦・斜めに貼り分けられているが、これはアメリカに来たブロイヤーが、モダン・スタイルを超えようとしていた時に見出した、お気に入りの材料である。しかし、全体の空間構成をみると、1階壁面をセットバックさせることで生み出される浮遊感、バルコニーの大胆な吊り構造、2階南側にキャンチレバーで張り出した部分など、これらはハルニシュマッハァ邸と共通する特徴でもある。ブロイヤーの空間と造形は、アメリカにおいて表情豊かな自然材料と広大な敷地を得ることによって、戦後のモダンなライフ・スタイルの象徴となったのである。

図13.29　ユネスコ本部設計中のブロイヤー事務所(1954頃)[29]

(左)図13.30　ユネスコ本部(P.L. ネルヴィと協働、1955、パリ)[30]
(右)図13.31　ホイットニー美術館(1966、ニューヨーク)[31]

図13.32　ハルニシュマッハァ邸(1932、ウィスバーデン)[32]

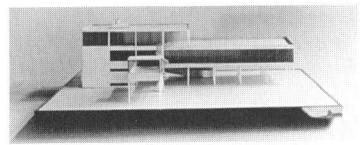

図13.33　シュナイダー邸、模型[33]

図13.34　ブロイヤー自邸(1947、ニューカナン)[34]

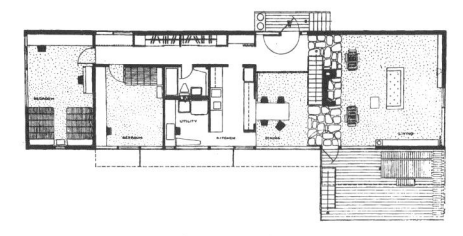

図13.35　ブロイヤー自邸、平面図[35]

＊1　カシャーク・ラヨシュ　Kássak Lajos：1887-1967。ハンガリーの詩人、美術家、前衛芸術の組織者。1916年、芸術雑誌『MA』を創刊。1918-19年、ハンガリー革命下で芸術による積極的な政治参加を表明し「行動主義」と称するが、革命の失敗によりウィーンに亡命（お断り：本書においてハンガリー人の名前は、現地の表記に従い、姓・名の順に表記します）。

＊2　モホイ＝ナジ・ラースロー　Moholy-Nagy László：1895-1946。20世紀の科学技術を芸術表現に導入して新しい芸術概念を創造したハンガリー出身の芸術家。1918年にハンガリー・アヴァンギャルドのグループ「MA」に参加。1923年、バウハウスに招かれ予備課程と金属工房を担当。アムステルダム、イギリスを経てアメリカに移住。シカゴで「ニュー・バウハウス」を設立。

＊3　モルナール・フォルカシュ　Molnár Farkas：1897-1945。ハンガリーの建築家。1921-25年、バウハウスに在学し、J.イッテンの予備課程、W.カンディンスキーの授業を受け、彫刻工房に入る。この間グロピウス事務所でも働く。

＊4　芸術労働評議会：第7章参照。

＊5　ヴァルター・グロピウス　Walter Gropius：1883-1969。建築家。ベルリンで生まれる。ミュンヘン工科大学、ベルリン工科大学で建築を学ぶ。P.ベーレンスの建築事務所の助手を経て、A.マイヤーと共にベルリンで設計事務所を開設。1911年、ドイツ工作連盟の会員になり、第一次世界大戦従軍後、1918年、芸術労働評議会の設立メンバーになる。1919年、ザクセン大公立工芸大学と同美術大学の校長としてヴァイマールに招請され、国立バウハウスと改名、家具工房の形態親方を兼務。1928年、バウハウス校長を辞任、ベルリンで設計活動ののち、イギリスに亡命。1936年、ハーバード大学大学院教授に迎えられる。

＊6　ブルーノ・タウト：第7章参照。

＊7　バウハウスのカリキュラム：バウハウスのカリキュラムは、1919年の開校当初から確立されていたわけではなく、またその後安定して運用されたわけでもなかった。設備も教員もカリキュラムも試行錯誤が繰り返され、結局それは33年の閉鎖まで続いたといえる。とはいえ、バウハウスの造形思想を端的に象徴しているのは、1922年発表の「ヴァイマール国立バウハウス入学案内」に掲載された、カリキュラムを表す同心円状の図（図13・7）である。それによると、バウハウスのカリキュラムは、予備課程から工房教育を経て総合芸術としての建築へと向かう3段階で組み立てられていた。

＊8　ハンネス・マイヤー　Hannes Mayer：1889-1954。先鋭的な機能主義のスイスの建築家。バウハウスの建築科講師を務め、1928-30年、グロピウスに要請されバウハウスの第2代校長と建築科主任を兼務、初めて建築学を正規カリキュラムに組み込んだ。1930年、政治的理由でバウハウスを解任され、モスクワの建築大学WSIに招聘される。

＊9　ミース・ファン・デル・ローエ：第8章参照。

＊10　山脇巌：1898-1987。建築家。日本人で2人目のバウハウス留学生。東京美術学校建築科卒業後、横河工務所設計部勤務を経て、1930-32年、バウハウスに妻・道子と共に在学。カンディンスキー、ミースに学ぶ。帰国後、モダンスタイルの住宅を多数設計。1949年、日本大学芸術学部美術学科の設置に尽力、同学科の主任教授を務めた。

＊11　ウィーン美術アカデミー　Wiener Akademie der bildenden Künste：造形芸術のアカデミーは、美術家の技術的教育、美術理論の教育と検討、美術と国家との関係維持、作品の展示公開などの目的を持つ。特に18世紀を通じてヨーロッパの主要都市に設立されるが、ウィーン美術アカデミーは1692年の創設で、パリ王立絵画彫刻アカデミー（1648）に次いで長い伝統を持つ。教育は、絵画・彫刻・素描・フレスコ画・修復術・建築などの様々なマイスター・コースから構成される。

＊12　フランシス・レジナルド・スティーブンス・ヨーク　Francis Reginald Stevens Yorke：1906-62。イギリスの建築家。イギリスのモダニズム建築運動グループMARS(Modern Architecture Reserch)の設立メンバー、事務局長。1935-37年、ロンドンでブロイヤーと共同事務所を経営。

＊13　ヨハネス・イッテン　Johannes Itten：1888-1967。スイスの美術家、美術教育家。シュトゥットガルト美術アカデミー卒業後、ウィーンに移住し芸術学校を開く。1919-23年、グロピウスの要請を受けバウハウスの親方となり、予備課程を確立するほか、多くの工房の親方も兼務。1923年、工房教育をめぐるグロピウスとの意見対立によりバウハウスを辞めスイスに帰国。

＊14　パウル・シェーアバルト　Paul Scheerbart：1863-1915。ドイツの作家、詩人。現実世界が崩壊した後に出現するユートピア世界を小説として表現。晩年の作品『ガラス建築』（1914）はブルーノ・タウトらに影響を与えた。

＊15　ガヴィーナ社　Gavina：イタリアの家具会社。D.ガヴィーナ（1922-）により1948年にボローニャで設立。ブロイヤーのデザインによる金属製アームチェアを「ヴァシリー」、片持ち梁式鋼管椅子を「チェスカ」（ブロイヤーの愛娘の名）と名づけて1962年より販売。

＊16　ヴァシリー・カンディンスキー　Wassily Kandinsky：1866-1944。主にドイツで活動したロシア出身の画家、芸術理論家。抽象絵画の創始者の一人と目される。1911年、ドイツ表現主義美術を代表するグループ「ブラウエ・ライター（青騎士）」を創設。1922-33年、バウハウスに招聘され「分析的デッサン」「抽象的形態要素」の授業を担当すると同時に壁紙工房の親方を務める。

＊17　リチャード・マイヤー　Richard Meier：1934-。白色を基調としたモダンスタイルで知られるアメリカの建築家。57年、コーネル大学で建築の学位取得。60年、SOMニューヨーク、61-63年にはマルセル・ブロイヤーの事務所に勤務。63年、ニューヨークに事務所を開設。84年のプリツカー賞をはじめ、受賞多数。

＊18　ハリー・サイドラー　Harry Seidler：1923-。オーストラリアを代表する建築家。ウィーン生まれ。ハーバード大学大学院でグロピウスのクラスを修了。ブロイヤー事務所でチーフ・アシスタントを務める。

＊19　芦原義信：1918-。建築家。東京大学建築学科卒業後、海軍技術士官を経て、坂倉準三建築事務所勤務。ハーバード大学大学院修了後、ブロイヤー事務所勤務。1956年、芦原義信建築設計研究所を創立。東京大学教授も務める。日本芸術院賞、日本建築学会大賞ほか受賞。

＊20　ル・コルビュジエ：第9章参照。

＊21　ヤコブス・ヨハネス・ピーター・アウト：第8章参照。1915年、Th. v.ドゥースブルフと知り合い、彼を通してP.モンドリアン、V.d.レックらと親交を結ぶ。1917年、彼らと共にデ・ステイルを結成。ロッテルダム市の建築行政に関わり、建築監督局および住宅局の局長となり1925-33年まで務める。1921年、デ・ステイルから離脱。

＊22　インターナショナル・スタイル：序章参照。

■マルセル・ブロイヤーについて理解を深めるための参考図書

† マルセル・ブロイヤー／芦原義信編訳『対立と調和　マルセル・ブロイヤー建築論』彰国社、1957

† 二川幸夫写真／芦原義信・保坂陽一郎文『マルセル・ブロイヤー』（現代建築家シリーズ11）美術出版社、1969

† 二川幸夫編『マルセル・ブロイヤー』（GAグローバル・アーキテクチュア43）A.D.A. EDITA Tokyo、1977

† 二川幸夫編『マルセル・ブロイヤー』（GAディテール5）A.D.A. EDITA Tokyo、1977

† マルセル・ブロイヤー・アソシエイツ編『マルセル・ブロイヤーの遺産』プロセスアーキテクチュア、1982

† 『ホイットニー美術館／マルセル・ブロイヤー』（世界建築設計図集36）同朋舎出版、1984

† デビッド・マセロ／滝浦浩訳『マルセル・ブロイヤーの住宅』鹿島出版会、2001

† ノールインターナショナルジャパン編「ミース、ブロイヤーとサーリネン」『バウハウスとノールデザイン』鹿島出版会、1992

† マグダレーナ・ドロステ「工房での生産活動：家具工房」『バウハウス1919-1933』展覧会カタログ、1995

† 加藤道夫「バウハウスの図的表現」『10+1』No.17、1999

† Robert F. Gatje, *Marcel Breuer: a memoir*, The Monacelli Press, 2000
　ブロイヤーに関する詳細な評伝。生涯にわたる作品（計画案を含む）の豊富な図版を掲載（英文）

† Isabelle Hyman, *Marcel Breuer, Architect: The career and the buidings*, Abrams, 2001
　特にアメリカ時代のブロイヤーに焦点を絞った評伝。作品写真は少ないが、多彩な活動を示すブロイヤー自身の貴重な写真を含む（英文）

† Bauhaus-Archiv, Peter Hahn, Manfred Ludewig, Magdalena Droste, *Marcel Breuer Design*, Taschen, 2001
　バウハウス時代からロンドン時代までの家具作品を、当を得た論説と豊富な大版写真で紹介（英・仏・独文併記）

14
ジュゼッペ・テッラーニ
Giuseppe Terragni

南　智子

合理的傾向の公理の一つは、まさに新しい建築形態が、ヴォイドとソリッドの関係、重量感のあるマッス（コンクリート、煉瓦、石）と軽快な構造（鉄、ガラス）の関係において、観る者に芸術的感動を与えることである。（1931年の論文「建築についての書簡」より）

14.1 未来派とイタリア合理主義

14.1.1 19世紀後半のイタリア

1861年にようやく国家統一が実現したイタリア。その政治・経済面での近代化は、イギリス、フランス、ドイツなどのヨーロッパ諸国に比べるとたち遅れた状況にあった。文化面では、18-19世紀を通じてローマの宗教的な力が弱まり、貴族階級のパトロンとしての役割も華々しさを失っていた。そのため、教会建築や公共建築が建設される機会自体が少なく、建築・芸術面でも、他のヨーロッパ諸国よりも数歩も遅れをとっていた。世紀末のアール・ヌーヴォーやユーゲントシュティール*1と呼ばれた建築・絵画の新潮流は、この国では「リバティ様式」と呼ばれたが（図14.1）、その後のイタリアの「近代」建築の流れを生み出すものにはならなかった。イタリアの建築界には、新しい時代への道を開くよりも、ルネサンス以来の古典主義様式*2を重んじる傾向が根強く残っていた（図14.2）。

図14.1 パラッツォ・カスティリオーニ(G. ソッマルーガ、1903、ミラノ)1)

図14.2 ヴィットリオ・エマヌエーレⅡ記念堂(G. サッコーニ、1885、ローマ)

14.1.2 未来派の出現

しかし、19世紀末から20世紀に入ると、ミラノやトリノを中心とする北部イタリアに、工業化と都市化の波が押し寄せた。蒸気機関車や自動車が走り、工場が出現する。都市の人口が膨れ、人々の生活が大きく変わり始めた。こうした状況の中、ミラノで生まれたのが未来派である。1909年、未来派のリーダー、F.T. マリネッティ*3は「未来主義の設立と宣言」を発表する。彼らは、新しい時代、新しい暮らしにあった文学、絵画・彫刻、音楽、建築・都市を求めて作品をつくり、人々を扇動していく。建築では、1914年にアントニオ・サンテリア*4の「未来主義建築宣言」*5が発表される。その「新都市」のドローイングは、鉄筋コンクリート、鉄、ガラスを材料に、高層ビルと交通・通信の複合機能が一体となった、ダイナミックな構想であった（図14.3）。しかし、21世紀の都市を予言するようなこの構想は、一つも実現されないままに終わる。第一次世界大戦でサンテリアは戦死。そして、アナーキーな思想に裏打ちされた未来派の活動も第一次世界大戦を機に転換を迎える。

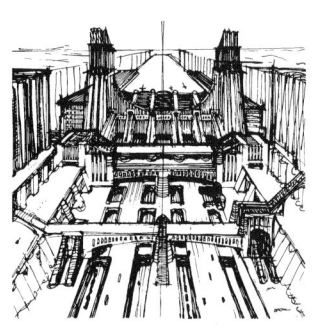

図14.3 「新都市」空港駅(A. サンテリア、1914)2)

14.1.3 ファシズムの台頭とイタリア合理主義

大戦によりイタリアは社会的・経済的に不安な時期を迎え、政治的安定を求め始める。そこで1921年に生まれたのがムッソリーニ率いるファシスト党である。ムッソリーニは、新しい国家体制に合う新しい建築を求め、「国家の建築」というビジョンを打ち出した。そこに、未来派や、古典主義を信奉する伝統主義者たちが、活動の場を求めて集まってきた。ローマ帝国を理想としたムッソリーニの志向に合わせ、ギリシア・ローマ以来の「伝統」と「近代」の融合を試みようとした「1900年代派（ノヴェチェント）」*6も誕生した（1922）。こうした状況の中で、テッラーニたちイタリア合理主義者*7たちが活動を開始する。彼らは、伝統と決別した未来派のラジカルで非現実的な構想には批判的で、ファシズムの社会で、より論理的で現実性のある建築を目指して現れたのである。

図14.4 EUR イタリア文明館(G. グエリーニ、M. ラ・パドゥーラ、M. ロマーノ、1939、ローマ)

図14.5 EUR 会議場(A. リベラ、1937、ローマ)

122 Giuseppe Terragni

14.2 ジュゼッペ・テッラーニの生涯（1904-43）

14.2.1 テッラーニの生い立ち

　ジュゼッペ・テッラーニは1904年4月18日、北イタリアのミラノ県メーダで生まれる。父親は建設業を営み、母親の教育方針で、子供の頃から建築家になるべく育てられた。後に共同で建築事務所を開くことになる兄のアッティリオは建築技師となっている。テッラーニは小・中・高校時代を、ミラノの北、スイスとの国境に近い都市コモで過ごす。コモは後にテッラーニの建築活動の拠点となる都市である。中学、高校は共に工業系の学校に進み、1921年、ミラノ工業大学の建築学部に入学して本格的に建築を学んだ。

14.2.2 テッラーニの建築を育んだ背景

　テッラーニは大学でミケランジェロの建築を研究している。ミケランジェロは、ルネサンス時代の建築家ではあるが、ジャイアントオーダーを用いるなど、古典の規範を逸脱し、空間的表現の効果を狙った作家である。テッラーニはミケランジェロから「特有な造形的ないし空間的感性」を吸収し、その頃、ミケランジェロ風の力強いタッチのスケッチを描いている（図14.6）。

　テッラーニが大学で学んでいた時期（1921-26）は、ル・コルビュジエ*8の『建築をめざして』やバウハウス*9叢書が出版され、ヨーロッパで近代建築運動が活発に展開されていた。テッラーニたち学生がこうした建築に刺激を受けていたことは間違いない。実際、大学卒業後の1926年に、テッラーニたちが結成したイタリア合理主義のグループ「グルッポ7」*10の設立時の論文には、ル・コルビュジエの影響が見られる。そこでは、「新しい精神」という言葉が用いられたり、建築のあるべき姿を「機械」に重ねている。

　イタリアにはテッラーニらに先んじて近代主義建築を展開する建築家は少なかった。折衷主義*11の古い様式に変わる新しい建築を自らがつくり出そうという意志に燃えて、彼の建築活動は始まった。

14.2.3 テッラーニとファシズム

　古い社会を改革し、新しい国家を求めたファシズムは、政治と芸術を同じレベルで考え、「国家の建築」を求めた。テッラーニは、その目指す時代をファシズムの実現する社会に重ね、二つのカサ・デル・ファッショの設計、「ファシスト革命記念展」（図14.11）、ファシスト党本部「リットリオ宮」設計競技（図14.7、8）、EUR42の会議場計画設計競技（図14.9）への参加など、ファシストの建築家として、「国家の建築」に活動の場を見出していった。

　また、第二次世界大戦が始まると従軍する。しかし、バルカン戦線、ロシア戦線での苛酷な体験から精神的に追いつめられ、1943年には戦線を離れてコモへ戻ってくる。極度に追い詰められた精神状態から再起することなく、1943年7月19日、テッラーニは死を迎える。実質わずか15年ほどの建築家としての活動期間に、計画案も含めたテッラーニの作品は80を超える。イタリアに新しい建築をつくり出そうとする情熱にあふれた生き方であった。

図14.6　ミケランジェロ的な建築デザインのスケッチ（1925）[3]

図14.7　リットリオ宮第一次設計競技案　A案（1934）[4]

図14.8　リットリオ宮第一次設計競技案　B案（1934）[5]

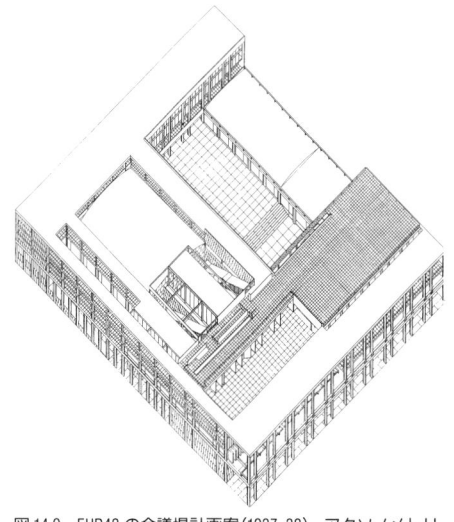

図14.9　EUR42の会議場計画案(1937-38)、アクソノメトリック図[6]

図14.10 戦没者慰霊碑(1926-32、エルバ・インチーノ)[7]

図14.11 ファシスト革命記念展1922年の間(1932、ローマ)[8]

図14.12 ノヴォコムン(1927-29、コモ)[9]

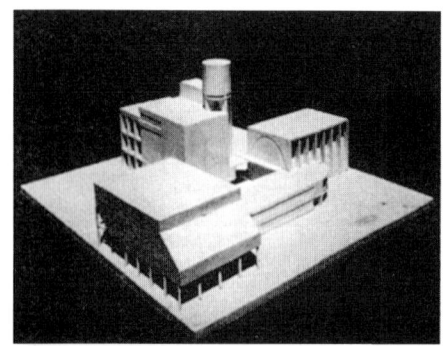

図14.13 ガス工場計画案(1927)[10]

14.3 イタリアの伝統とモダニズムの融合

14.3.1 イタリアの伝統の継承

　テッラーニら7人の若手建築家が結成した「グルッポ7」。彼らは1926年に自分たちが目指す建築のあり方を雑誌に発表する。そこでは、建築とは論理性と合理性に裏打ちされたものであり、形態は建物に求められる要求から導かれるものであると考えられている。ヨーロッパの近代建築運動からの影響が見られるが、さらに彼らイタリア合理主義に独自といえる考え方がうかがえる。それは、イタリアの伝統の継承であり、古典にも共通する幾何学の使用を表明していることである。テッラーニの作品には、1926年の戦没者慰霊碑計画案やエルバ・インチーノの戦没者慰霊碑（図14.10）など、特に初期のものに、ロマネスク[*12]や古典主義様式を思わせるものが多くある。ムッソリーニの目指したファシズム社会を理想としていた彼らにとって、イタリアの伝統を放棄することはありえなかったのであろう。しかし、グルッポ7の語る伝統は、単にオーダーやアーチの使用といった前時代の折衷主義のように表面的なものではない。伝統とは、その姿形を変えながらも、論理性や必要性に基づいて、受け継がれるものだと捉えている。伝統的な形態も、彼らの考える時代の必要性から導かれているものである。

14.3.2 形態の象徴性の追求

　こうした伝統との関連を見せる作品がある一方、テッラーニは同時期に、未来派（ファシスト革命記念展、図14.11）やロシア構成主義[*13]（ノヴォコムン、図14.12）、ル・コルビュジエやW.グロピウス[*14]ら近代主義建築の影響をうかがわせる作品（ガス工場計画案、図14.13）も制作している。伝統的な様式からの影響を含め、こうした様々な形態を用いることは、テッラーニが自らのスタイルを生み出すための模索であったとともに、形態の象徴性の追求でもあった。例えば、墓碑や記念碑に使用される古典の形態は、歴史や時間の流れ、永遠性というものをイメージさせ、墓碑の役割につながる。また、ファシスト革命記念展の未来派的なタービンのモチーフは（図14.11）、革新性や躍動感を感じさせる。テッラーニは、形態がプロポーションの調和や、光と影の調和などによって、人々に感動を呼び起こすものであると考えていた。形態は実用性に導かれるだけではなく、形態自体の持つ機能の可能性を、彼は追求していたと言える。

14.3.3 内部と外部の関係性の創出

　テッラーニの手法の中でも、内部と外部の関係性を創出する方法は特筆すべきものがある。ガラス素材を巧みに扱うことはもちろん、立方体の箱に穴を穿って内部を透かして見せたり、壁を奥に前にとずらして内部と外部を浸透させる。あるいは、内部の平面構成を立面構成に投影する。こうした方法によって、建物の閉鎖性が取り除かれ、外部（庭、都市、山や空といった周辺の自然環境など）との関係性や連続性が生み出される。モダニズムの特徴である透明性を、テッラーニは様々な方法で実現し、その意義を追求している。

14.4 透明性の実験：カサ・デル・ファッショ

14.4.1 幾何学に基づく構成

ファシスト党のコモの地方本部であったカサ・デル・ファッショ・ディ・コモ（1932-36）は、1辺が約33.2m四方のほぼ正方形の平面、高さはその1/2と、幾何学的な規則にのっとって構成されている。建物中央に1、2階吹き抜けのエントランスホールを持ち、四周を部屋で囲む平面構成は、中央に中庭を持つイタリアの伝統的なパラッツォ[*15]に似ている（図14.14、15）。西側正面は5スパン4層のグリッドと、2スパン分の白い壁面から構成されている（図14.16）。ほかの立面はそれぞれ異なる表情を見せているが、窓の位置から7スパン・4層の構成を感じさせ、西側ファサードに表されたグリッドが四周を巡っていることを暗示している（図14.17）。この建物に見られる平面と立面の比例関係、比例にのっとって分割されたグリッドで構成される立面、そして中庭をエントランスホールに変えたプランには、古典主義の伝統が継承されている。

14.4.2 透明性の獲得

テッラーニはこのファシスト党本部の建物を計画するにあたって、ムッソリーニの「ファシズムはガラスの家である」という言葉を、建築に透明性を与えることで実現しようとした。立面に平面構成を暗示させることで、外部と内部をつないでいるのである。

西側ファサードは、一見、5スパンからなるグリッドと白い壁の二つに分かれているが、よく見ると、中央の3スパンのところだけ、4層目が空隙のテラスになって強調されている。北側と東側立面でも、中央の3スパン分がグリッドによって分節され、東側では西側と同様に4層目が空隙に、北側では4層目の壁面が後退している。この三つの立面から、建物の中央に3スパン分のスケールの空間があることが示されているのである。また、西側と東側の立面には2：3：2と、同じグリッドのリズムが存在し、一方、南側は2：5の比例で、北側とはリズムを異にしている。ここから、建物の軸の方向が東西に設定されていることがわかる。エントランスからホール、そして東側の出入口へと抜けるこの軸は、建物前の広場と建物内部のホールをつなぐ動線であり、視線でもあった。

14.4.3 都市との関係性

この東西の軸線は、建物前の広場を挟んで向かいに建つコモの大聖堂の後陣の接線として設定されている（図14.18）。実際に、大聖堂の南側の道路からカサ・デル・ファッショを目指して歩いていくと、建物の正面が視線の正面に収まる。そしてその視線は、建物4階中央のテラスのフレームを通して後ろにそびえる山へとつながる。フレーム内に山の緑が取り込まれることで、建物と自然とが一体と化している。また、建物の中に入って外を見ると、1階のエントランスからはガラスを通して大聖堂の姿が見え、4階のテラスからは、フレームの枠内に大聖堂のクーポラが収まっている。ここでは、都市や周辺の自然と建物の関係づけが、周到に計画されている。

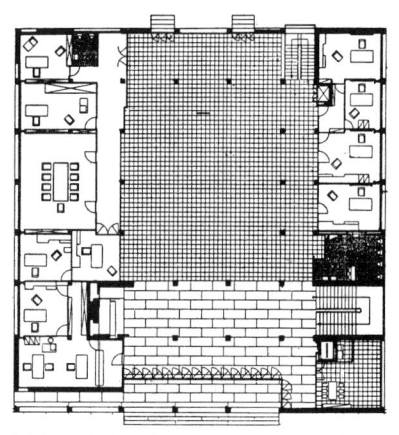

図14.14 カサ・デル・ファッショ・ディ・コモ（1932-36、コモ）、1階平面図[11]

図14.15 カサ・デル・ファッショ、玄関ホール[12]

図14.16 カサ・デル・ファッショ、正面ファサード[13]

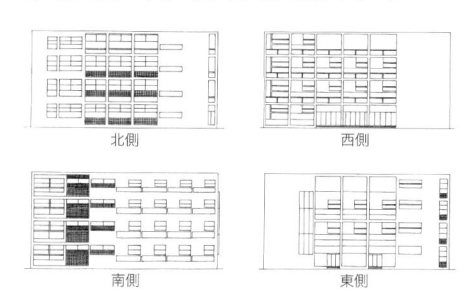

北側　西側
南側　東側

図14.17 カサ・デル・ファッショ、立面図[14]

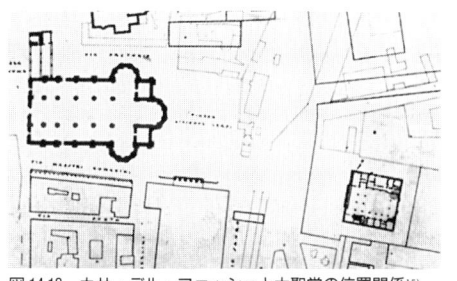

図14.18 カサ・デル・ファッショと大聖堂の位置関係[15]

Giuseppe Terragni

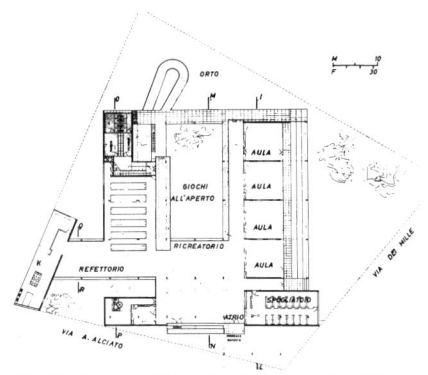

図 14.19　サンテリア幼稚園（1934、36-37、コモ）、平面図[16]

図 14.20　サンテリア幼稚園、中庭[17]

図 14.21　ヴィッラ・ビアンカ（1936-37、セーヴェゾ）、背面[18]

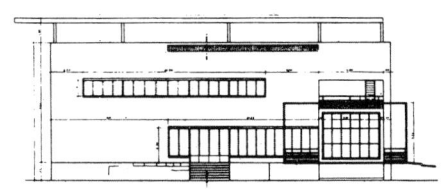

図 14.22　ヴィッラ・ビアンカ、立面図[19]

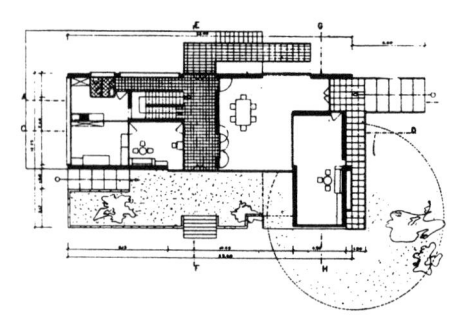

図 14.23　ヴィッラ・ビアンカ、1階平面図[20]

14.5　形態の持つ機能の探求

14.5.1　内部と外部の浸透：サンテリア幼稚園

　カサ・デル・ファッショ・ディ・コモと同じコモ市の、未来派の建築家の名前をとったサンテリア地区という新興住宅地に建てられた幼稚園である（1934、36-37）。平面はカサ・デル・ファッショと同じ正方形平面で中庭を持ち、5.71×7.71 m のグリッド上に柱が並ぶ構造をしている（図 14.19）。しかし、ここではカサ・デル・ファッショのように枠組み構造に壁の位置や平面のあり方が拘束されることはなく、平面は自由である。

　四周のうちの1方向は柱のフレームだけを残して開放され、中庭は外部とフレームを介して連続している。中庭を挟んで対面する二つのヴォリュームは、壁の位置が同じだけ同じ方向にグリッドからずらされているので、一方では柱が外部に飛び出し、もう一方では、柱はガラスのウォールの内側に収まっているのが見える（図 14.20）。通りのヴィア・デイ・ミッレ側の四つの教室はガラス張りで、天井が外部へと伸びるのが見え、内部空間は外部へと拡張する。さらに、その先には柱のフレームがあり、ここに日除けテントが張られることで、一層教室とその前の庭とは一体と化す。

　ここでは内部と外部は、壁によって分断されることなく相互に浸透し合っている。柱のフレームは内部にも外部にも存在して両者に一体感をもたらす。白い壁やガラス、天井はフレームから自由に配置されることで、外部と内部をつなぐ役目を果たしている。

14.5.2　開放的な箱：ヴィッラ・ビアンカ

　広大な敷地に建てられたこの住宅（1936-37、図 14.21）は、平面がほぼ1：2、立面もほぼ1：2の直方体の箱を基本としている（図 14.22、23）。この箱はいくつかの巧妙な仕掛けで、皮膜として意識されるように置かれている。例えば、屋上のテラスを囲む壁に穴があいていたり、側面に開けられた穴からはテラスへと向かう階段が覗けたりする。また、テラスの日除けを支える柱は壁の内側から立ち上がり、窓のガラス面が壁の厚さ分内側に後退していることで、箱は内部を包む薄い膜のような存在に感じられるのである。

　こうして内部は壁によって包み込まれるが、一方で、ここではカサ・デル・ファッショともサンテリア幼稚園とも違った方法で、内部と外部が浸透し、建物と周辺環境が結びつけられている。

　屋上テラスの2枚の平板な庇は、外部に突き出すように伸びている。バルコニーは箱から外へと飛び出し、居間の一部は内部から外へはみ出るようにせり出している。また、建物へのアクセスは、斜路や階段によって、斜めに動きながら箱の内部へ導かれる。箱から外へと飛び出す動きと、内側へ入り込む動きが意識してつくり出されることで、建物は外部と連結されるのである。また、ここでも、カサ・デル・ファッショで見られたように、屋上テラスの庇を支えるフレームの中に空の青が取り込まれることで、建物は自然と一体となって周辺にとけ込んでいる。

14.5.3　象徴的な空間の表現：ダンテウム計画案

　ローマのコロセウムに通じる帝国通り沿いの敷地に計画された、ルネサンスの詩人ダンテの博物館(1938)である。平面はその向かいの古代ローマ時代のマクセンティウスのバシリカ[*16]と相似の長方形で、縦横の比が黄金比[*17]を持つ（図14.24）。大きく4分割された内部はダンテの「神曲」[*18]の構成を表現している。来場者は何もない中庭から100本の柱が並ぶ「森」を通り抜け内部へと導かれる。そこから、神曲の「地獄篇」「煉獄篇」「天国篇」を表す黄金比長方形の三つの間を順次巡っていく。光のほとんど入らない地獄の間は、黄金比長方形により螺旋状に7分割され、7本の柱が配されている。煉獄の間も黄金比長方形により天井が七つに区切られ、そこから光が入る。そして階段を昇った先にある天国の間は、クリスタルの柱と梁で構成され、光が満ちる開放された空間である。神曲の物語が空間表現に翻案されている。またここでは、神曲の構成を特徴づける1、3、7、10の数が構造の決定に働いている。例えば、前述の7分割や10の2乗にあたる100本の柱、3の倍数に設定された三つの間の階高など。建築の象徴性や記念性というテーマが幾何学や数の規範を用いて空間に表現されており、モダニズム建築の中で異彩を放つ作品である。

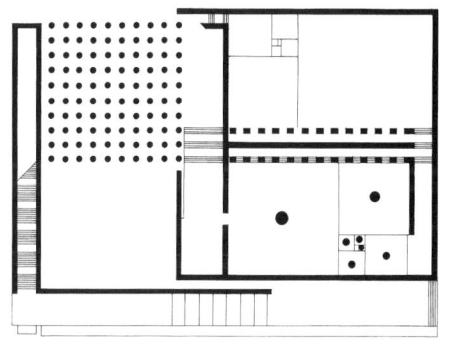

図14.24　ダンテウム計画案(1938、ローマ)、6m高さでの平面図[21]

14.5.4　解体される箱：ジュリアーニ・フリジェーリオ集合住宅

　最後の実施作品となった集合住宅(1939–40)の特徴の一つは、窓やバルコニーなどの位置や形によって、まったく違う表情を見せる立面である。北側立面は、その大部分を横長の連続窓が開けられた壁面が占め、後退した右側の壁と最上階のバルコニーによって印象づけられる。全体は窓とバルコニーの手すりの規則的な並びから11等分されているが、バルコニーの柱を見ると不規則に8分割されてもいる（図14.25）。反対の南側は、左コーナーに壁面を残し、1階の露出した柱と2階からはバルコニーによって4層6列に細分割されている（図14.26）。西側は、窓の穿たれた壁面とバルコニーの並ぶ面がほぼ1：2に分割され（図14.25）、東側は、小さな窓や開口部が全体を大きく3分割しており、開放的な他の立面に比べ、壁面が支配する閉鎖的な印象を醸し出している（図14.26）。どの立面も壁面が後退したり突出したりして、窓や開口部のデザインで、この建物の基本の形状がどんなものなのかが、非常に曖昧にされている。そして、上下、左右、前後に振動するかのような動きのあるこの壁面が、この建物と外部をつないでいる。

図14.25　ジュリアーニ・フリジェーリオ集合住宅(1939–40、コモ)、北西コーナー[22]

14.5.5　浮遊感漂うインテリア

　カサ・デル・ファッショの正面入口の天井には、黒いスタッコが貼られ、外部の情景を映し出し、非現実的な空間をつくっている。テッラーニのインテリアにはこうした光沢のある素材とガラスが好んで用いられている。ガラスを多用した、ヴィトルム商店のショーケース（図14.27）や、カサ・デル・ファッショの椅子のデザイン（図14.28）など、光の効果を計算した金属やガラスの使用は、重量や実体、ヴォリュームを感じさせず、浮遊感が漂う。これは、ダンテウムの「天国の間」など、幻想的な空間のつくり方と相通じるものがある。

図14.26　ジュリアーニ・フリジェーリオ集合住宅、南東コーナー[23]

(左)図14.27　ヴィトルム商店のショーケース(1930、コモ)[24]
(右)図14.28　カサ・デル・ファッショの椅子(1935–36)[25]

*1　ユーゲントシュティール：第 7 章参照。
*2　古典主義様式：古代ギリシア・ローマの建築にならい、オーダーを用いて、比例による調和を実現しようとする建築様式。ルネサンス様式、バロック様式、新古典主義様式などをさす。
*3　フィリッポ・トマーソ・マリネッティ　Filippo Tommaso Marinetti：(1876-1944) イタリアの作家。未来派のリーダーとして活躍。ムッソリーニとも親交をもった。著作に、戯曲「たらふく王」(1905)、「ザン・トゥム・トゥム」(1914) などがある。
*4　アントニオ・サンテリア　Antonio Sant'Elia：(1888-1916) 未来派を代表する建築家。1914 年 5 月、「新傾向」展において「新都市」のドローイングを展示。階段状の住宅や住宅と交通システムが一体となった新しい都市の姿を表現する。
*5　未来主義建築宣言　Manifesto of Futurisut Architecture：サンテリアが「新都市」のドローイングに添えたメッセージを、1914 年 7 月にマリネッティが「未来主義建築宣言」として発表。伝統的な様式との決別を宣言している。
*6　1900 年代派（ノヴェチェント）　Novecent：オーダーや比例による調和など、古典の特徴を近代的に表現しようとしたグループ。1922 年に組織される。代表的な建築にジョヴァンニ・ムツィオの「カ・ブルッタ」(1923) がある。
*7　イタリア合理主義：イタリアにおける近代建築運動。ファシズム体制の社会の中で、近代建築のあり方を模索する。イタリア合理主義の建築家としては、テッラーニやアダルベルト・リベラたちグルッポ 7 のメンバーの他に、アルベルト・サルトリスやジュゼッペ・パガーノ、エドアルド・ペルシコらがいる。リベラが中心となり、1928 年には MIAR (Movimento Italiano per l'Architectura Razionale：イタリア合理主義建築運動) が組織された。
*8　ル・コルビュジエ：第 9 章参照。
*9　バウハウス：第 13 章参照。
*10　グルッポ 7　Gruppo7：ミラノの若手建築家 7 人が結成したグループ。彼らが 1926 年に『ラッセーニャ・イタリアーナ』に発表した「建築 I」という論文が、イタリアにおける近代建築運動の始まりとされる。メンバーはテッラーニの他に、ルイジ・フィジーニ、グイード・フレッテ、セバスティアーノ・ラルコ、アダルベルト・リベラ、ジーノ・ポッリーニ、カルロ・エンリコ・ラーヴァ。
*11　折衷主義：古代ギリシア・ローマ、ロマネスク、ゴシック、ルネサンス、バロックなどの過去の様式を、理念や価値評価に基づいて選択するのではなく、建築家が主観的な好みで取り混ぜて使用した建築。パリのオペラ座やロンドンのウエストミンスター大聖堂など、19 世紀のヨーロッパで数多くつくられる。
*12　ロマネスク：10-12 世紀、イタリア、フランス、ドイツなどの西ヨーロッパで、キリスト教会の勢力拡大とともに発展し、形成された教会建築の様式。地方によって異なった様相を見せるが、ラテン十字型の平面、アーチ型の窓や装飾、天井高の高い堂内に小さな高窓から光が差し込むほの暗い空間を特徴としている。
*13　ロシア構成主義：第 11 章参照。
*14　ヴァルター・グロピウス：第 13 章参照。
*15　パラッツォ：イタリア都市部の貴族の邸宅。中庭を持ち、回字状に部屋が配置される。正面入口より中庭に入り、部屋へは中庭からアクセスする。
*16　バシリカ：古代ローマ時代の商業取引所。長方形の平面を持ち、広間は円柱の列柱によって主廊と側廊に分けられている。マクセンティウスのバジリカは、4 世紀前半に完成した。
*17　黄金比：第 9 章参照。黄金比長方形から、短辺でできる正方形を切り取ってできる長方形は、黄金比長方形になるという法則性を持っている。
*18　神曲　La Divina Commedia：最初のルネサンス人とされるイタリアの詩人ダンテ・アリギエーリ (1265-1321) が書いた大叙事詩。ダンテ自身が登場し、彼が師と仰ぐ、古代ローマ時代の詩人ヴェルギリウスに導かれ、地獄、煉獄、天国を遍歴する様を描く。

■ジュゼッペ・テッラーニについて理解を深めるための参考図書
† ブルーノ・ゼヴィ／鵜沢隆訳『ジュゼッペ・テッラーニ』(SD 選書 181) 鹿島出版会、1983
† 鵜沢隆監修『ジュゼッペ・テラーニ　時代を駆けぬけた建築』(INAX 叢書 15) INAX 出版、1998
† 『Giuseppe Terragni』(FH Represent 1) アー・ドゥー・エス パブリシング、1998
† 『Giuseppe Terragni Casa del Fascio&Asilo Infantile Antonio Sant'Elia』『GA』No.74、A.D.A. EDITA Tokyo、1994

図版出典

【序章】
(扉写真)［赤い家］小林正子撮影、［グッゲンハイム美術館］©The Solomon R. Guggenheim Foundation、［ヒルハウス］Wendy Kaplan ed., *Charles Rennie Mackintosh*, Abbeville Press, 1996、［分離派館］谷本尚子撮影、［E.1027］©Eileen Gray Archive、［アインシュタイン塔］Bruno Zevi, *Erich Mendelsohn*, Rizzoli, 1985、［バルセロナ・パビリオン］田所辰之助撮影、［サヴォア邸］廻はるよ撮影、［［デ・ステイル］誌創刊号］*De Stijl*, vol 1, 1917, no. 1、［［構成主義］表紙］八束はじめ『ロシア・アヴァンギャルド建築』INAX出版、1993、［コエ・タロ］森國洋行撮影、『bauhaus』誌』*Bauhaus*, I, 4, XII, 1926、［［新都市］空港駅］©Verlag Gerd Hatje
1) 佐藤仁『世界史の焦点整理』池田書店、1973 より作図
2) 『ブリティッシュ・スタイル 170 年』展覧会カタログ、1987
3) 『ヴィクトリア朝の栄光』展覧会カタログ、1992
4) David Dernie & Alastair Carew-Cox, *Victor Horta*, Academy Editions, 1995
5) photo by Eric Thorburn (Wendy Kaplan ed., *Charles Rennie Mackintosh*, Abbeville Press, 1996 より)
6) 谷本尚子撮影
7) 『ガウディのデザインと空間』展覧会カタログ、1990
8) ©Bauhaus-Archive, Berlin (Thomas Föhl et al., *Bauhaus-Museum*, Deutscher Kunstverlag, 1996 より)
9) ©Bauhaus-Archive, Berlin (『bauhaus1919-1933』展覧会カタログ)
10) Sophie Lissitzky-Küppers, *El Lissitzky: Life, Letters, Texts*, Thames and Hudson, 1968

【1 ウィリアム・モリス】
(扉写真) 友部直監修『ラファエル前派とオックスフォード』展覧会カタログ、1987
1) T. ピッカーによるリトグラフ。©The Victoria and Albert Museum Picture Library, London
2) ©Royal Institute of British Architects Drawings Collection (Paul Atterbury & Clive Wainwright, *Pugin A Gothic Passion*, New Haven and London, 1994 より)
3) A. W. N. Pugin, *Contrasts*, 2nd ed., Leicester University Press, 1973
4) 藤田治彦『ウィリアム・モリスへの旅』淡交社、1996
5) ©ウォーダム・カレッジ学長および評議会 (友部直、前掲書より)
6) ©The Educatuin Trust Ltd's collection at the Ruskin Galleries, Bembridge School, Isle of Wight (ジェイムズ・ディアディン、河村錠一郎監修『ジョン・ラスキンとヴィクトリア朝の美術展』展覧会カタログ、1993 より)
7),9),10),12),13),16),17),18)©The Victoria and Albert Museum Picture Library, London (内山武夫監修『モダンデザインの父ウィリアム・モリス』展覧会カタログ、1997 より)
8) Edward Hollamby, *Red House Philip Webb*, Phaidon Press, 1991
11),14) 内山武夫、前掲書
15) ©William Morris Gallery (鈴木博之監修『ウィリアム・モリス展』展覧会カタログ、1989 より)
19) 大阪芸術大学所蔵 (内山武夫、前掲書より)
20) Nikolaus Pevsner, *The Sources of Modern Architecture and Design*, Thames and Hudson, 1968

【2 アントニオ・ガウディ】
(扉写真),7)『アントニ・ガウディ展』展覧会カタログ、1995
1) ©Museu d'Història de la Ciutat Barcelona (『カタルニア賛歌：芸術の都バルセロナ展』展覧会カタログ、1987 より)
2),3),18)『ガウディのデザインと空間』展覧会カタログ、1990
4),5),6),10),17) 加嶋章博撮影
8) 鳥居徳敏『ガウディの建築』鹿島出版会、1987
9) ©Branguli, Barcelona (鳥居徳敏『ガウディの七つの主張』鹿島出版会、1990 より)
11) ©Cátedra Gaudei, Barcelona (鳥居徳敏、前掲書 9 より)
12) ©Editorial Canosa, Barcelona (鳥居徳敏、前掲書 9 より)
13) 沖中由佳作図
14) ©Templo de la Sagrada Familia, Barcelona (鳥居徳敏、前掲書 8 より)
15) 谷敏子作図
16) ©Cátedra Gaudei, Barcelona (鳥居徳敏、前掲書 8 より)

【3 フランク・ロイド・ライト】
(扉写真),7),8)Pedro E. Guerrero, *Picturing Wright*, Pomegrante Artbooks, 1994
1),2),3),4)Leonardo Benevolo, *History of Modern Architecture* vol.1, The M.I.T. Press, 1971
5) 荘司雅子『フレーベルの教育学』玉川大学出版部、1984
6) Carla Lind, *The Wright Style*, Thames and Hudson, 1992
9) ©Chicago Historical Society (Alexander O. Boulton, *Frank LLoyd Wright: Architect*, Rizzoli International Publications, 1993 より)
10) Henry-Russell Hitchcock, *In the Nature of Materials* (ケヴィン・ニュート／大木順子訳『フランク・ロイド・ライトと日本』鹿島出版会、1997 より)
11) photo by Sam Nugroho (Kathryn Smith, *Frank Lloyd Wright Hollyhock House and Olive Hill*, Rizzoli International Publications, 1992 より)
12),13),14) 伊藤祐行作図
15) photo by Thomas A. Heinz (Edgar Kaufmann jr., *Fallingwater: A Frank Lloyd Wright Country House*, Abbeville Press Publishers, 1986 より)
16) 渋川尚子作図
17),20),24),27),28)William Allin Storrer, *The Frank Lloyd Wright Companion*, The University of Chicago Press, 1993
18) Robert McCarter, *Fallingwater: Frank Lloyd Wright*, Phaidon Press, 1994
19) photo by Christopher Little (Edgar Kaufmann jr.、前掲書より)
21),22)©The Frank Lloyd Wright Foundation (Alexander O. Boulton、前掲書より)
23) ©The Solomon R. Guggenheim Foundation (David Heald 撮影の絵葉書より)
25) Donald Hoffmann, *Frank Lloyd Wright's Robie House*, Dover Publications, 1984
26) photo by Scot Zimmerman (David Gebhard, *The California Architecture of Frank Lloyd Wright*, Chronicle Books, 1997 より)
29) photo by Paul Rocheleau (Alexander O. Boulton、前掲書より)

【4 チャールズ・レニー・マッキントッシュ】
(扉写真),3),5),6),9),10),11)©The Glasgow School of Art, Mackintosh Collection
1) Thomas Annan & Anita Ventura Mozley, *Photographs of the Old Gloses and Streets of Glasgow 1868/1877*, Dover Publication, 1977
2) Michael Moss, *The Clyde a Portrait of a River*, Canongate Books, 1977
4),8)『チャールズ・レニー・マッキントッシュ展』展覧会カタログ、1985
7) ©Hunterian Art Gallery, University of Glasgow, Mackintosh Collection

【5 ヨゼフ・ホフマン】
(扉写真)©Austrian Museum of Applied Arts/ Contemporary Art
1),6)*The Studio* summer issue 22/23, 1906
2),3),16)Eduard F. Sekler, *Josef Hoffmann: Das architektonische Werk, Monographie und Werkverzeichnis*, Residenz Verlag, 1982
4) *Deutsche Kunst und Dekoration* 23, 1909
5) ©Hochschule für angewandte Kunst, Archiv (『ウィーン世紀末：クリムト、シーレとその時代』展覧会カタログ、1989 より)
7) *Moderne Bauformen* 7, 1908
8),9)*Deutsche Kunst und Dekoration* 18, 1906
10),11),17)*Moderne Bauformen* 13, 1914
12) *The Studio* vol.22-23, 1901
13) Giuliano Gresleri, *Josef Hoffmann*, Rizzoli, 1985
14) *Deutsche Kunst und Dekoration* 34, 1914
15) *Moderne Bauformen* 21, 1932
18) *Moderne Bauformen* 25, 1926
19) Dorotheee Müller, *Klassiker des modernen Möbeldesign: Otto Wagner, Adolf Loos, Josef Hoffmann, Koloman Moser*, Keyser Verlag, 1984

【6 アイリーン・グレイ】
(扉写真),1)photo by Berenice Abbott (Peter Adam, *Eileen Gray: Architect/ Designer*, Harry N. Abrams, 1987 より)
2) 遺族より譲り受けて筆者所有
3) イヴォンヌ・ブリュンメール／竹内次男訳『1925 年様式／アール・デコの世界』岩崎出版社、1987
4) *L'Architecture Vivante*, Albert Morancé, Hiver, 1925 の 1975 年リプリント版 (京都工芸繊維大学図書館所蔵)
5),9),18),25),26),27)©Eileen Gray Archive (Peter Adam、前掲書より)
6) *Wendingen*, series 6, no.6, 1924 (京都工芸繊維大学美術工芸資料館所蔵 AN. 3662)
7) *L'Architecture Vivante*, Albert Morancé, Hiver, 1924 の 1975 年リプリント版 (京都工芸繊維大学図書館所蔵)

8)photo by Lucien Hervé. ⓒFondatuin Le Corbusier, Paris（Peter Adam、前掲書より）
10),11),20),22)Philippe Garner, *Eileen Gray: Designer and Architect*, Benedikt Taschen, 1993
12),30),31),32)ⓒEileen Gray Archive（Stefan Hecker & Christian F. Müller, *Eileen Gray*, Gustavo Gili, 1993 より）
13),16),19),21)*L'Architecture Viante*, Albert Morancé, Hiver, 1929 の 1975 年リプリント版（京都工芸繊維大学図書館所蔵）
14),23)Stefan Hecker & Christian F. Müller、前掲書より筆者作図
15)Jean-Paul Rayon & Brigitte Loye, *Eileen Gray Architetto 1879-1976*, Casabella, 46, no.480 より筆者作図
17),29)ⓒEileen Gray Archive（Caroline Constant & Wilfried Wang eds., *Eileen Gray: An Architecture for All Senses*, Harvard University Graduate school of Design and Deutsches Architektur-Museam, 1996 より）
24)ⓒEileen Gray Archive（Philippe Garner、前掲書より）
28)ⓒEileen Gray Archive（Peter Adam、前掲書より筆者作図）
33)photo by Todd White. ⓒMonika kinley Gallery, London

【7 ブルーノ・タウト】
(扉写真),7)ⓒStadtarchiv Magdeburg（Winfried Nerdinger, Manfred Speidel con Kristiana Hartmann e Matthias Schirren, *Bruno Taut 1880-1938*, Electa より）
1) ヴォルフガング・シヴェルブシュ／小川さくや訳『光と影のドラマトゥルギー：20世紀における電気照明の登場』法政大学出版局、1997
2)Hans H. Hostätter, *Jugendstil, Druckkunst*, Holle-Verlag, 1968
3)ⓒBildarchiv Foto Marburg, Marburg（Jost Hermand ed., *JUGENDSTIL*, Wissenschaftliche Buchgesellschaft, 1992 より）
4)Bruno Zevi, *Erich Mendelsohn*, Rizzoli, 1985
5),9)ⓒHeinrich Taut（マンフレッド・シュパイデル編著『ブルーノ・タウト 1880-1938』トレヴィル、1994 より）
6)ⓒArchitekturmuseum Technische Universität München（マンフレッド・シュパイデル、前掲書より）
8) ブルーノ・タウト／篠田英雄訳『日本美の再発見』（増補改訂版）岩波新書、1988
10),20)Kurt Junghanns, *Bruno Taut 1880-1938 Architektur und sozialer Gedanke*, E.A.Seemann, 1998
11)ⓒStiftung Archiv der Akademie der Künst, Berlin, Sammlung Baukunst（ブルーノ・タウト／水原徳言訳『アルプス建築』（タウト全集6）育生社弘道閣、1944 より）
12)ⓒLandeshauptstadt Magdeburg（Wolfgang Pehnt, *Die Architektur des Expressionismus*, Verlag Gerd Hatje, 1998 より）
13)ⓒWenzel Hablik Stifung, Itzehoe（Winfried Nerdinger、前掲書より）
14)ⓒJahresbericht des Deutschen Werkbundes 4, 1915（Frederic J. Schwartz, *The Werkbund, Design Theory and Mass Culture before the First World War*, Yale University Press, 1996 より）
15),17)ⓒDr. Franz Stoedtner, Heinz Klemm, Düsseldorf（Wolfgang Pehnt、前掲書より）
16)Wolfgang Pehnt、前掲書
18)ⓒBerliner Architekturwelt 13, 1911/12（Frederic J. Schwartz、前掲書より）
19)Winfried Nerdinger、前掲書
21) 三沢博昭撮影（マンフレッド・シュパイデル、前掲書より）
22) 村井修撮影（SD編集部編『ブルーノ・タウト 1880-1938』鹿島出版会、1982 より）
23) 田中宏明撮影（SD編集部、前掲書より）
24) マンフレッド・シュパイデル、前掲書

【8 ミース・ファン・デル・ローエ】
(扉写真)ⓒSergius Ruegenberg, Berlin（Fritz Neumeyer, *Mies van der Rohe, Das kunstlose Wort, Gedanken zur Baukunst*, Siedler, 1986 より）
1)Berlin/Historisches Stadtbild Nr.H4, Sammlung Eickemeyer
2),6)Deutscher Werkbund ed., *Der Verkehr*, Jahrbuch des Deutschen Werkbundes 1914, Eugen Diederichs, 1914
3),4),8)Tilmann Buddensieg & Henning Rogge ed., *Industriekultur, Peter Behrens und die AEG 1907-1914*, Gebr. Mann, 1979
5)Hartmut Probst & Christian Schädlich ed., *Walter Gropius, Band 3, Ausgewählte Schriften*, Ernst & Sohn, 1988
7)ⓒWilliam & Meyer Co., Chicago/The Museum of Modern Art, New York（Terence Riley & Barry Bergdoll ed., *Mies in Berlin*, The Museum of Modern Art, New York, Harry N. Abrams, 2001 より）
9)Marion von Hofacker ed., *G, Material zur elementaren Gestaltung*, Reprint, Der Kern, 1986
10),16)ⓒThe Museum of Modern Art, New York（Terence Riley & Barry Bergdoll、前掲書より）
11)Terence Riley, *The International Style, Exhibition 15 and The Museum of Modern Art*, Rizzoli, 1992
12)ⓒThe Art Institute of Chicago（Phyllis Lambert ed., *Mies van der Rohe in America*, Canadian Centre for Architecture, Montréal, Whitney Museum of American Art, New York, Hatje Cantz Publishers, 2001 より）
13),14),15)ⓒThe Museum of Modern Art, New York（Terence Riley & Barry Bergdoll、前掲書より）
17),18)ⓒStädtische Kunsthalle, Mannheim（Terence Riley & Barry Bergdoll、前掲書より）
19)ⓒThe Museum of Modern Art, New York（Terence Riley & Barry Bergdoll、前掲書より）
20)Anatxu Zabalbeascoa, *Houses of the Century*, Editorial Gustavo Gili, SA, 1998
21)ⓒThe Mies van der Rohe Archive, The Museum of Modern Art, New York（Phyllis Lambert、前掲書より）
22)photo by Ezra Stoller. ⓒCanadian Centre for Architecture, Montréal, PH1990:0216（Phyllis Lambert、前掲書より）
23),24)Matilda McQuaid, *Lilly Reich, Designer and Architect*, The Museum of Modern Art, New York, Harry N. Abrams, 1996
25)photo by Thomas Dix. ⓒArchiv Vitra Design Museum（Alexander von Vegesack & Matthias Kries, *Mies van der Rohe, Furniture and Buildings in Stuttgart, Barcelona, Brno*, Vitra Design Museum, 1998 より）
26),29)Terence Riley & Barry Bergdoll、前掲書
27)ⓒBerliner Bild Bericht, Berlin/The Museum of Modern Art, New York（Terence Riley & Barry Bergdoll、前掲書より）
28)photo by Hedrich Blessing. ⓒChicago Historical Society, HB-26823-B（Phyllis Lambert、前掲書より）
30)photo by William S. Engdahl. ⓒChicago Historical Society, HB-13809-J6（Phyllis Lambert、前掲書より）

【9 ル・コルビュジエ】
(扉写真)photo by Cassina
1)P.Sipriot, *Ce fabuleux XIXe siècle*, Belfond, 1990（福井憲彦『世紀末とベル・エポックの文化』山川出版社、1999 より）
2)ⓒThe Museum of Modern Art, New York（ローズマリー・ランバート／高階秀爾訳『20世紀の美術』岩波書店、1989 より）
3)ⓒTate Gallery, London（ローズマリー・ランバート、前掲書より）
4) 水谷重憲撮影（富永譲『ル・コルビュジエ―幾何学と人間の尺度』（建築巡礼12）丸善、1988 より）
5) ル・コルビュジエ／石井勉他訳『東方への旅』（SD選書148）鹿島出版会、1979
6) アメデ・オザンファン、ル・コルビュジエ／吉川逸治訳『新しき芸術』河出書房、1956
7) ウィリ・ボジガー編／吉阪隆正訳『ル・コルビュジエ全作品集 第5巻』A.D.A. EDITA Tokyo, 1978
8),9) ル・コルビュジエ／吉阪隆正訳『建築をめざして』（SD選書21）鹿島出版会、1967
10),11),16) ウィリ・ボジガー、オスカル・ストノロフ編／吉阪隆正訳『ル・コルビュジエ全作品集 第1巻』A.D.A EDITA Tokyo, 1979
12),14),21) ウィリ・ボジガー編／吉阪隆正訳『ル・コルビュジエ全作品集 第4巻』A.D.A EDITA Tokyo, 1978
13) ル・コルビュジエ／樋口清訳『ユルバニスム』（SD選書15）鹿島出版会、1967
15) 西濱浩次撮影
17) ウィリ・ボジガー編／吉阪隆正訳『ル・コルビュジエ全作品集 第2巻』A.D.A EDITA Tokyo、1978
18)ⓒCharlotte Perriand（『ル・コルビュジエ』展覧会カタログ、1996 より）
19),20) 西山紀子撮影

【10 ヘリット・トーマス・リートフェルト】
(扉写真)photo by Ad Windig（Theodore M. Brown, *The Work of G. Rietveld Architect*, A.W.Bruna & Zoon, 1958 より）
1)*De Stijl*, vol 1, 1917, no.1
2)*Wendingen*, vol 1, 1918, no.1
3)『フランク・ロイド・ライト回顧展』展覧会カタログ、1991
4) 笠原一人撮影
5)*De Stijl* vol.7, 1927, no.79-84
6)Theodore M. Brown、前掲書
7)*De Stijl* vol.2, 1919, no.9
8)*De Stijl* vol.2, 1919, no.11
9),19),22)ⓒRietveld Schröder Archive, Centraal Museum Utrecht（以下、RSA/

CMU）（Marijke Kuper, et al., *Gerrit Th. Rietveld 1888-1964, The Complete works*, Central Museum Utrecht, 1992 より）
10)ⓒCIAM Archives, gta/ETH, Zürich（Eric Mumford, *The CIAM Discourse on Urbanism, 1928-1960*, The MIT Press, 2000 より）
11)*De Stijl* vol.5, 1922, no.12
12),13)*L'architecture Vivante* vol.3, Fall&Winter, 1924/25
14) 河西範幸撮影
15)ⓒRSA/CMU（G. Th. Rietveld, *Rietveld, 1924 Schröder huis*, Utrecht, Steendrukkerij de Jong & Co., 1963 より）
16)ⓒRSA/CMU
17)*Wenndingen*, vol.8, 1927, no.2
18)*i10*, vol.7, 1928, no.13
20)ⓒStedelijk Museum, Amsterdam（Marijke Kuper, et al.、前掲書より）
21)G. H. Rodijk, *De huizen van Rietveld*, Waanders Uitgevers, 1991
23)Marijke Kuper, et al.、前掲書
24)ⓒNetherlands Architecture Institute, Rotterdam（Marijke Kuper, et al.、前掲書より）
25)photo by Fischer, Curaçao（Theodore M. Brown、前掲書より）
26)photo by Cas Oorthuys, Amsterdam（Theodore M. Brown、前掲書より）

【11 エル・リシツキー】
（扉写真）J. Christoph Bürkle, *El Lissitzky: Der Traum vom Wolkenbügel*, gta, 1991
1),2)David Elliott, *New Worlds: Russian Art and Society 1900-1937*, Rizzoli, 1986
3) 八束はじめ『ロシア・アヴァンギャルド建築』INAX 出版、1993
4)Fritz Neumeyer, *Mies van der Rohe: Das kunstlose Wort*, Siedler Verlag, 1986
5),8),10),14),17),19),22)Sophie Lissitzky-Küppers, *El Lissitzky: Life, Letters, Texts*, Thames and Hudson, 1968
6)*ABC:Beiträge zum Bauen*, reprint TU Delft, 1969
7),16)Victor Malsy ed., *El Lissitzky: Konstrukteur, Denker, Pfeifenraucher, Kommunist*, Verlag Herman Schmidt, 1990
9)John Milner, *Kazimir Malevich and the Art of Geometry*, Yale University Press, 1996
11)*Veshch/ Objet /Gegenstand*, reprint Verlag Lars Mueller, 1994
12)*ASNOWA*, 1926
13),15),20),24)Margarita Tupitsyn, *El Lissitzky Beyond the Abstract Cabinet: Photography, Design, Collaboration*, Yale University Press, 1999
18)El Lissitzky, *About 2*, reprint Artists Bookworks, 1990
21),26)Kai-Uwe Hemken, *El Lissitzky: Revolution und Avantgarde*, DuMont Buchverlag, 1990
23),25)J. Christoph Buerkle, *El Lissitzky: Der Traum vom Wolkenbuegel*, gta, 1991

【12 アルヴァ・アールト】
（扉写真),11)ⓒThe Alvar Aalto Archives, Helsinki（Peter Reed ed., *Alvar Aalto Between Humanism and Materialism*, The Museum of Modern Art NY, 1998 より）
1)Helsinki City Planning Department, *Helsinki Urban Guide*（フィンランド大使館商務部「Excellent Finland SISU」vol.1、2000 より）
2),3),4) フィンランド政府観光局提供
5)photo by Heikki Havas. ⓒThe Alvar Aalto Archives, Helsinki（Peter Reed、前掲書より）
6)photo by Herbert Matter（Peter Reed、前掲書より）
7),9),12),13),16),20),21),23) 三島雅博撮影
8)Peter Reed、前掲書
10)Richard Weston, *Alvar Aalto*, Phaidon Press, 1995
14)ⓒSuomen Ilmakuva Oy（Peter Reed、前掲書より）
15)photo by Gustaf Welin（Peter Reed、前掲書より）
17)Malcolm Quantrill, *Finnish Architecture and the Modernist Tradition*, E & FN Spon, 1995
18)Alvar Aalto Museum, *Aalto Interiors 1923-1970*, 1986
19)photo by Rauno Träskelin（Peter Reed、前掲書より）
22)ⓒEsto Photograghics Inc.（Peter Reed、前掲書より）
24)Artek 社（Charlotte & Peter Fiell, *Design of the 20th Century*, Taschen, 2000 より）
25)Artek 社（Charlotte & Peter Fiell、前掲書より）
26)Iittala 社（Bernd Polster, *Design Directory Scandinavia*, Universe Publishing, 1999 より）

【13 マルセル・ブロイヤー】
（扉写真）photo by Moholy-Nagy László. ⓒConstance L. Breuer（Isabelle Hyman, *Marcel Breuer, Architect: The Career and The Buildings*, Harry N. Abrams, 2001 より）
1),2)Steven A. Mansbach, *Standing in the tempest: painters of the Hungarian Avant-garde*, Santa Barbara Museum of Art, 1991
3)ⓒGalerie Klihm, München（Krisztina Passuth, *Moholy-Nagy*, Weingarten, 1982 より）
4),27)Hans M. Wingler, *The Bauhaus*, The Mit Press, 1978
5)ⓒBauhaus-Archive, Berlin（Thomas Föhl et al., *Bauhaus-Museum*, Deutscher Kunstverlag, 1996 より）
6),7)Thomas Föhl et al.、前掲書
8),17)ⓒBauhaus-Archive, Berlin（Magdalena Droste et al., *Marcel Breuer Design*, Benedikt Taschen, 2001 より）
9),22)*Bauhaus*, Ⅰ, 4, Ⅻ, 1926
10) 山脇巖・道子資料室所蔵
11),12),26)ⓒConstance L. Breuer（Isabelle Hyman、前掲書より）
13)*Bauhaus 1919-1923*（Magdalena Droste et al.、前掲書より）
14),15),32)ⓒBauhaus-Archive, Berlin（Isabelle Hyman、前掲書より）
16),29)ⓒArchives of American Art, Smithsonian Institution, Washington, D.C., Marcel Breuer Papers, Lucian Hervé撮影（Isabelle Hyman、前掲書より）
18),19),21),24),25),28)Magdalena Droste et al.、前掲書
20)Busch-Reisinger Museum, Harvard University Art Museums. Gift of Walter Gropius（Bauhaus 1919-1933 展覧会カタログより）
23)ⓒBauhaus-Archive, Berlin（Bauhaus 1919-1933 展覧会カタログより）
30),33),35)ⓒArchives of American Art, Smithsonian Institution, Washington, D. C., Marcel Breuer Papers（Isabelle Hyman、前掲書より）
31)ⓒEsto, Ezra Stoller 撮影（Robert F. Gatje, *Marcel Breuer: A Memoir*, The Monacelli Press, 2000 より）
34)Syracuse University Library, Department of Special Collections, Marcel Breuer Papers（Isabelle Hyman、前掲書より）

【14 ジュゼッペ・テッラーニ】
（扉写真),3),4),7),8),11),15),16),18),19),20),22),23),24)Bruno Zebi, *Giuseppe Terragni*, Triangle Architectural Publishing, 1989
1)ⓒBurkhard Verlag Ernst Heyer（日本建築学会編『近代建築史図集』彰国社、1988 より）
2)ⓒVerlag Gerd Hatje（日本建築学会、前掲書より）
5),6),10)Ada Francesca Marcianò *Giuseppe Terragni: opera completa 1925-1943*, officina Edizioni, 1987
9),12),13),17) 彰国社「建築文化」編集部撮影
14),21)Bruno Zebi、前掲書より筆者作図
25)Charlotte & Peter Fiell, *Chairs*, Taschen、1997

＊注記のないものは各章執筆者撮影・所有

索引

事項索引

【あ】
AEG　71,74
アーツ・アンド・クラフツ運動　14,15,18,20,**23**,34,43,44,45,52,54
アーツ・アンド・クラフツ展示協会　23
アール・デコ　43,44,46,47,51,**58**
アール・ヌーヴォー　**14**,15,26,42,43,44,46,54,60,83,122
アスノヴァ　100
新しい建築の五つの要点　84
アテネ憲章　86
アムステルダム派　90
イゾ　100
イタリア合理主義　16,**122**,123,124
インターナショナル・スタイル　16,44,45,47,78,119
インフク　98,100
ヴァイセンホーフ・ジードルンク　70,75,78,84
ヴァグナー派　50
ウィーン学派　52
ウィーン工房　45,**50**,51,53,58
ウィーン分離派　15,26,34,36,43,45,**50**,51,54,55
ヴェル・サクルム　50,54
ウノーヴィス　100
ヴフテマス　98,100,103
ABC　99,101,103
MA　99,114
オーストリア工作連盟　51
オックスフォード運動　18,19
オップバウ　90
オランダ新即物主義　90,94

【か】
カタロニア・ルネッサンス　15,26
ガラスの鎖　69
キュビスム　58,60,82,85
ギルド　20,23
近代建築：国際展覧会　16,75
グラスゴー・スタイル　43,44,47
グラスゴー派　15,26,**45**,46
グルッポ7　123,124
クンストシャウ　51
芸術労働評議会　66,67,69,115
G　75,76,99
ケルムスコット・プレス　23
現代芸術家連盟　58
建築的プロムナード　85
ケンブリッジ・キャムデン協会　18
行動主義　114
国際構成主義　75,99
古建築物保護運動　22
古建築物保護協会　22
ゴシック・リヴァイヴァル　18,22
コモンウィール　22
コリーン・サークル　67

【さ】
ザ・フォー　43,44,45,46
CIAM　**16**,90,91,93,107

シカゴ・アーツ・アンド・クラフツ協会　34
シカゴ派　**34**
7人クラブ　51
社会主義リアリズム　100
ジャポニズム　34
手工芸ギルド　23,50
象徴主義　60
新古典主義　75
スプレマティズム　100
折衷主義　123

【た】
ダダイズム　75,99
ダルムシュタット芸術家村　68
デ・アフト　90,93
デ・アフト・エン・オップバウ　90
デ・ステイル　16,35,76,**90**,91,92,99
田園都市運動　74
田園都市構想　74
ドイツ工作連盟　14,15,54,69,**74**,75,78
ドイツ表現主義　16,**66**
ドミノ・システム　84

【な】
ナショナル・ロマンティシズム　15,**106**,108,110
日本インターナショナル建築会　67
日本漆芸　58
ノベセンティスモ　26
1900年代派（ノヴェチェント）　122

【は】
バウクンスト　76,77,79
バウハウス　15,16,45,59,74,75,90,**115**,116,117,118,123
ピュリスム　83,85
物象　100
フリー・スタイル　54
プリミティヴィズム　36
プレーリーハウス　35,39
プロウン　100,102
ホーエ・ヴァルテ　52
北欧新古典主義　107,108
ボザール　43

【ま】
未来主義建築宣言　122
未来派　**122**,124
民芸運動　45
モデュロール　84,87
モデルニスモ　15,**26**
モリス商会　21,45
モリス・マーシャル・フォークナー商会　21

【や】
ユーゲントシュティール　15,16,34,**66**,68,122
ユーソニアン・ハウス　39
ユニヴァーサル・スペース　77,79

【ら】
ラファエル前派　19,21
ラルシテクチュール・ヴィヴァントゥ　59
リバティ様式　122
ロシア構成主義　16,**98**,99,100,101,102,103,124

人物索引

【あ】
アールト，アルヴァ **105–112**
アウト，ヤコブス・ヨハネス・ピーター 59,78,119
芦原義信 119
アシュビー，チャールズ・ロバート 23,50,52
アスプルンド，グンナール 107
イッテン，ヨハネス 117
ヴァグナー，オットー 50,51,52
ヴィオレ・ル・デュック，ウジェーヌ・エマニュエル 27,28
ウェブ，フィリップ 20,21,22
ヴォイジー，チャールズ・フランシス・アンズリー 45
エッフェル，ギュスターヴ 13
エマーソン，ラルフ・ウォルド 34,36
エンデル，アウグスト 66
岡倉覚三 36
オルタ，ヴィクトル 14
オルブリヒ，ヨゼフ・マリア 15,45,50,51,54

【か】
ガイヤール，リュシアン 58
ガウディ，アントニオ 15,**25–32**
カシャーク・ラヨシュ 114
ガン，アレクセイ 98
キースラー，フレデリック・ジョン 59
ギマール，エクトール 54
クリムト，グスタフ 50,53,55
グレイ，アイリーン **57–64**
グロピウス，ヴァルター 37,59,74,78,115,116,117,119,124
ゲゼリウス，ヘルマン 106
ゴードウィン，エドワード・ウィリアム 44
コール，ヘンリー 18

【さ】
サーリネン，エリエル 106
サイドラー，ハリー 119
サリヴァン，ルイス・ヘンリー 34
サンテリア，アントニオ 122
シャガール，マルク 100
ジャンヌレ，ピエール 87
ジョーンズ，オーウェン 18,21,36
シルスビー，ジョセフ・ライマン 35
シンケル，フリードリッヒ 75
菅原精造 58,59,60
スタム，マルト 62,101
ストリート，ジョージ・エドムンド 19,20
スネル，イルデフォンス・セルダー 26
ゼンパー，ゴットフリート 50

【た】
タートリン，ウラジミール 98
ダウ，アーサー 36
タウト，ブルーノ **65–72**,115
辻村松華 58
テッラーニ，ジュゼッペ **121–128**
デュナン，ジャン 58
ドメーネック・イ・モンタネル，ルイス 15,26
ドレッサー，クリストファー 18

【は】
ハーゼナウアー，カール・フォン 51
バーン=ジョーンズ，エドワード 19,20,21,23
パクストン，ジョゼフ 13,18
バドヴィッチ，ジャン 59,61

バリー，チャールズ 14
ハワード，エベネザー 74
ピカソ，パブロ 82
ピュージン，オーガスタス・ウェルビー・ノースモア 14,18,19
ヒルバースアイマー，ルードヴィッヒ 75
ファン・ドゥースブルフ，テオ 59,75,90,91,92,114
フィッシャー，テオドール 67
フェノロサ，アーネスト 36
ブラウン，フォード・マドックス 21
ブラック，ジョルジュ 82
ブロイヤー，マルセル 62,**113–120**
ベーネ，アドルフ 66,67
ベーレンス，ペーター 66,68,71,74,75,83
ペリアン，シャルロット 58,62,87
ベルラーヘ，ヘンドリク・ペトルス 36,75,90,91
ペレ，オーギュスト 83
ホイッスラー，ジェームス・アボット 44
ホイットマン，ウォルド 34,36
ホフマン，フランツ 67
ホフマン，ヨゼフ 45,**49–56**

【ま】
マイヤー，ハンネス 115
マイヤー，リチャード 119
マイヤール，ロベール 103
マクドナルド，マーガレット 43,44
マクネイアー，ハーバード 43
マクマードウ，アーサー・ヘイゲイト 23,45
マッキントッシュ，チャールズ・レニー 15,34,**41–48**,50,52
マリネッティ，フィリッポ・トマーソ 122
マルシオ，アイノ 107,109
マレーヴィチ，カジミール 100
ミース・ファン・デル・ローエ，ルードヴィッヒ 62,**73–80**,115
ムテジウス，ヘルマン 74
メーリンク，ブルーノ 67,70
メンデルゾーン，エーリヒ 66
モーザー，コロマン 50
モース，エドワード 36
モホイ=ナジ・ラースロー 37,114
モリス，ウィリアム **17–24**,45,52
モルナール・フォルカシュ 114
モンドリアン，ピート 92

【ら】
ライト，フランク・ロイド **33–40**,76,90,91
ライヒ，リリー 62,78
ラスキン，ジョン 18,19,20,22,26
ラドフスキー，ニコライ 100
リートフェルト，ヘリット・トーマス 59,**89–96**
リシツキー，エル 75,**97–104**,114
リチャードソン，ヘンリー・ホブソン 34
リヒター，ハンス 75
リベラ，アダルベルト 122
リュルマン，エミール=ジャック 58
リンドグレン，アルマス 106,107
ル・コルビュジエ 58,59,61,62,74,78,**81–88**,119,123,124
ル・バロン・ジェニー，ウィリアム・ 34
レサビー，ウィリアム・リチャード 23
レン，クリストファー 23
ロース，アドルフ 52,59
ロート，エミール 103
ロセッティ，ダンテ・ガブリエル 19,20,21

作品索引

【あ】
AEG タービン組立工場　74
アーガイル・チェア　47
アールト自邸　110
アインシュタイン塔　66
赤い家　20
赤い楔で白を討て　102
アポロ蠟燭店　54
アムステルダム証券取引所　90
アルプス建築　68
アンカラ大学文学部　71
E.1027　59,60,61
イギリス国会議事堂　14
イムーブル・ヴィラ　87
イリノイ工科大学キャンパス計画　79
ヴァシリー　118
ウィーン郵便貯金局　50
ヴィラ・ピアンカ　126
ウィロー・ティールーム　43,47
ヴェネチア・ビエンナーレのオランダ館　95
ヴォクセンニスカの教会　111
宇宙建築師　69
エスタース邸　79
エスプリ・ヌーヴォー館　58,87
エッフェル塔　13,82
エラスムスラーンの低層集合住宅　94
エルヴィラ写真館　66
エルバ・インチーノの戦没者慰霊碑　124
オランダ航空(KLM)のDC8型エアークラフトのインテリア　95
オルタ自邸兼アトリエ　14

【か】
輝く都市　86
カサ・ヴィセンス　28
カサ・カルベット　31
カサ・デル・ファッショ　123,125,127
カサ・バトリョ　26,31
カサ・ミラ　28,31
カタロニア音楽堂　26
ガレージ付き運転手の家　93
キャバレー・フレーダーマウス　50,51,55
グエル公園　30
グッゲンハイム美術館　35,38
クニプス邸　55
雲の鐙　103
クラウンホール　79
グラスゴー美術大学　46
グラスハウス　68,69
グリーン・ダイニングルーム　21
建築の七灯　19
建築をめざして　83,123
構成主義芸術の部屋　103
コエ・タロ　108
声のために　102
コロニア・グエル聖堂　28,30
コンストラクター　102

【さ】
サグラダ・ファミリア　27,28,29,30,31
サヴォア邸　83,85
サヴォイ　111

サンテリア幼稚園　126
300万人のための現代都市　86
シーグラム・ビル　77,79
ジェイコブス邸I　39
ジェイコブス邸II　39
シェーズ・ロング　87
ジェフリー・チョーサー著作集　23
ジグザグ・チェア　94
シャトーブリアン通りのアパルトマン　62
ジュリアーニ・フリジェーリオ集合住宅　127
シュレーダー邸　91,92,94
障害児のための家　95
ジョンソン・ワックス・ビル　35,39
新国立ギャラリー　79
新都市　122
水晶宮　13,18,82
スイス学生会館　83
ステルトマン・チェア　94
ストゥープ邸　94
ストックレイ邸　50,53,55
セイナッツァロのタウンホール　110
ソンスベーク公園の彫刻パヴィリオン　95

【た】
第三インターナショナル記念塔　98
タリアセン・イースト　35
タリアセン・ウエスト　35
ダンテウム計画案　127
タンプ・ア・ペア　62
チューゲントハット邸　78
帝国ホテル　38
鉄のモニュメント　70
トゥルン・サノマット新聞社　107,109
都市の冠　68

【な】
ニッポン　67
日本美の再発見　67
ニューヨーク万国博覧会フィンランド館　111
ノヴォコムン　124

【は】
バーンズ・ドール邸　36
ハイバック・チェア　47
パイミオチェア　111
パイミオのサナトリウム　109
ハウス・コア　93
バセット・ロック邸　43,44
馬蹄型ジードルンク　70
パリ万国博覧会フィンランド館　107
バルセロナ・チェア　78
バルセロナ・パビリオン　77,78,79
ハルニシュマッハァ邸　116,119
日向別邸　71
ヒル・ハウス　15,42,45,46
ファシスト革命記念展　123,124
ファルケンベルク　70
ファレ邸　83
ファン・スロベ邸　94
ファンスワース邸　77,79
ファン・デン・ドール邸　94
フィンランディア・ホール　108
二つの正方形の物語　102
フリードリッヒ通りのオフィスビル案　76
ブリックスクリーン　60

プルカースドルフのサナトリウム　45,50,53
ブルノ・チェア　78
フレーダーマウス椅子　55
ブロイヤー自邸　119
プロウン―都市　102
プロウンルーム　16,101,103
分離派館　15,45,50
ベルリン軀体材料販売会社のパヴィリオン　70
ベルリン・チェア　92
ホイットニー美術館　119
ポータブル・ハウス・コア　93

【ま】
マイレア邸　108,110,111
マッキントッシュ自邸　44
マルセイユのユニテ・ダビタシオン　87
ミラード邸　39

【や】
ユネスコ・プレスルーム　95
ユネスコ本部　119
ユバスキュラの労働者会館　108
ユルバニスム　86

【ら】
落水荘　37
ラ・トゥーレット修道院　86
ラ・ロッシュ＝ジャンヌレ邸　85
リール邸　75
リットリオ宮　123
レイク・ショア・ドライブ 860/880　79
レーニン演説台　103
レッド・アンド・ブルー・チェア　92
レフォルム　67
ロビー邸　39,90
ロンシャン礼拝堂　83,86

【わ】
ワンピース・チェア　94

黒田智子　　Tomoko Kuroda
武庫川女子大学生活環境学部生活環境学科・短期大学部生活造形学科教授。
1958 年兵庫県生まれ。京都工芸繊維大学工芸学部環境学科卒業、神戸大学大学院自然科学研究科環境科学専攻博士後期課程単位修得退学、スイス連邦工科大学建築理論研究所客員研究員を経て、2010 年より現職。著書に『近代日本の作家たち』（編著）、『Encyclopedia of the City』（共著）、『Anthologie zum Städtebau Band III 』（共著）など。

小林正子　　Masako Kobayashi
成安造形大学、摂南大学、帝塚山大学非常勤講師。
ユニバーシティ・カレッジ・ロンドン留学。京都工芸繊維大学大学院工芸科学研究科博士後期課程修了。博士（学術）。一級建築士。共著書に『ヨーロッパ建築史』『近代建築史』『カラー版 図説 西洋建築の歴史』など。

木村博昭　　Hiroaki Kimura
木村博昭／Ks Architects 主宰。神戸芸術工科大学環境デザイン学科教授。
1952 年大阪府生まれ。1979 年グラスゴー大学マッキントッシュ・スクール・オブ・アーキテクチュア大学博士課程修了、博士号取得。83 年 Ks Architects 共同設立、86 年現事務所に改組改称。著書に『マッキントッシュの世界』『STEEL SHEET HOUSE KIMURA HIROAKI』など。作品に「コモンシティ星田住宅施設」「苦楽園プロジェクト Glider House」など多数。

谷本尚子　　Naoko Tanimoto
京都精華大学デザイン学部教授。
1962 年生まれ。京都工芸繊維大学工芸学部意匠工芸学科卒業、同大学院工芸科学研究科博士後期課程単位取得退学。博士（学術）。著書に『国際構成主義　中央モダニズム再考』、共著書に『デザインの力』『デザイン科学事典』など。

川上比奈子　　Hinako Kawakami
摂南大学理工学部住環境デザイン学科教授。
1963 年生まれ。京都工芸繊維大学工芸学部住環境学科卒業、同大学大学院工芸科学研究科博士後期課程修了。博士（学術）。建築研究所アルセック、夙川学院短期大学を経て 2009 年より現職。共著書に『モダニスト再考［海外編］』『国際デザイン史』。論文に「アイリーン・グレイが学んだ菅原精造の日本漆芸の背景」「アイリーン・グレイの家具・インテリア・建築の謎」「光バイオ燃料電池と融合する光合成建築」など。

本田昌昭　　Masaaki Honda
大阪工業大学工学部建築学科教授。
1963 年京都府生まれ。京都工芸繊維大学大学院工芸科学研究科博士後期課程単位取得満期退学。博士（学術）。大阪府立工業高等専門学校助教授、京都工芸繊維大学研究員等を経て現職。著書に『テキスト建築の 20 世紀』（共編著）、『ヨーロッパ建築史』『近代建築史』『カラー版 図説 西洋建築の歴史』（以上共著）など。

田所辰之助　　Shinnosuke Tadokoro
日本大学短期大学部建設学科准教授。
1962 年東京都生まれ。日本大学理工学部建築学科卒業、同大学院理工学研究科博士課程修了。博士（工学）。1988-89 年、ダニエル・リベスキンド主宰アーキテクチュア・インターメンディウムに参画。2007 年より現職。共著書に『材料・生産の近代』『近代工芸運動とデザイン史』『クッションから都市計画まで　ヘルマン・ムテジウスとドイツ工作連盟』『マトリクスで読む 20 世紀の空間デザイン』『建築モダニズム』、共訳書に『建築家・吉田鉄郎の「日本の住宅」』『建築家・吉田鉄郎の「日本の庭園」』など。

廻はるよ　　Haruyo Meguri
廻はるよ建築＋デザイン事務所代表。京都造形芸術大学空間演出デザイン学科准教授。
1965 年大阪府生まれ。京都工芸繊維大学工芸学部住環境学科卒業、同大学院工芸科学研究科博士前期課程修了。修士（工学）。㈱東畑建築事務所設計室インテリア部を経て現職。論文に「建築におけるジェンダー論に関する考察」。作品に「D-セミナーハウス」「大阪城平成の大改修」（以上、東畑建築事務所）、「ex-Settlement clinic」、デザイン展プロデュース「Boarding Location 1・2」など。

奥　佳弥　　Kaya Oku
大阪芸術大学芸術学部建築学科准教授。
1962 年大阪府生まれ。奈良女子大学家政学部住居学科卒業。オランダ政府給費生としてアムステルダム自由大学文学部美術史学科に留学。京都工芸繊維大学大学院博士後期課程修了。博士（学術）。神戸芸術工科大学環境デザイン学科助手、大阪芸術大学建築学科専任講師、アムステルダム自由大学客員研究員などを経て、2004 年より現職。著書に『リートフェルトの建築』、共著書に『デ・ステイル 1917-1932』『国際デザイン史』『近代日本の作家たち』など。

矢代眞己　　Masaki Yashiro
日本大学短期大学部建設学科准教授。
1961 年東京都生まれ。日本大学理工学部建築学科卒業、同大学院博士前期課程修了後、オランダ政府給費留学生としてデルフト工科大学留学。1996 年日本大学大学院理工学研究科建築学専攻博士後期課程修了。博士（工学）。著書に『カリスマ建築家偉人伝』、共著書に『マトリクスで読む 20 世紀の空間デザイン』『建築モダニズム』、訳書に『オランダの都市と集住』など。

川島洋一　　Yoichi Kawashima
福井工業大学工学部建設工学科教授。
1962 年大阪府生まれ。千葉大学工学部建築学科卒業。スウェーデン政府給費生としてルンド大学大学院留学。京都工芸繊維大学大学院工芸科学研究科博士後期課程修了。博士（学術）。日本学術振興会特別研究員を経て設計活動を開始。2002 年福井工業大学専任講師。同准教授を経て、2008 年より現職。著書に『アスプルンドの建築』など。作品に「福井工業大学デザイン学科スタジオ」「久御山のワークハウス」「記憶の輪郭」「Cafe Brize」など。

梅宮弘光　　Hiromitsu Umemiya
神戸大学大学院人間発達環境学研究科准教授。
1958 年兵庫県生まれ。近畿大学工学部建築学科卒業、鹿島出版会勤務、京都工芸繊維大学大学院修士課程修了、神戸大学大学院自然科学研究科博士課程修了。博士（学術）。近代建築史専攻。共著書に『バウハウス 1919-1933』『近代建築史』『阪神間モダニズム』『建築 MAP 大阪／神戸』『国際デザイン史』、共訳書に『デザインのモダニズム』など。

南　智子　　Tomoko Minami
京都工芸繊維大学大学院工芸科学研究科博士後期課程建築学専攻。
1965 年京都市生まれ。京都工芸繊維大学工芸学部住環境学科卒業、同大学院工芸科学研究科住環境学専攻修士課程修了。研究対象はバロックの建築家フランチェスコ・ボッロミーニ。共著書に『近代日本の作家たち』『カラー版 図説 西洋建築の歴史』。

(執筆順)

作家たちのモダニズム
建築・インテリアとその背景

2003 年 2 月 10 日　初版第 1 刷発行
2022 年 4 月 10 日　初版第 6 刷発行

編　者………黒田智子
発行者………井口夏実
発行所………株式会社学芸出版社
　　　　　　京都市下京区木津屋橋通西洞院東入
　　　　　　電話 075-343-0811　〒600-8216

装　丁………有光茂樹
印　刷………イチダ写真製版
製　本………山崎紙工

© 黒田智子ほか 2003　　Printed in Japan
ISBN 978-4-7615-2307-7